100배
식당 장사의

100배 식당 장사의 비밀

초판 1쇄 인쇄 2024년 2월 19일
초판 1쇄 발행 2024년 3월 4일

지은이 이미나

발행인 백유미 조영석
발행처 (주)라온아시아
주소 서울특별시 서초구 방배로 180 스파크플러스 3F

등록 2016년 7월 5일 제 2016-000141호
전화 070-7600-8230   **팩스** 070-4754-2473

값 19,000원
ISBN 979-11-6958-096-0 (13320)

라온북은 독자 여러분의 소중한 원고를 기다리고 있습니다. (raonbook@raonasia.co.kr)

그 식당 메뉴, 팔면 얼마 남을까?
100배
100배 식당 장사의 비밀
이미나 지음
"돈과 사람을 끌어 모으는 100배 식당 메뉴 전략을 아는가?"
"식당 이익 100배 높이는 메뉴 전략 3단계 프로세스 공개!"
유튜브 채널 장사 권프로 권정훈 대표 강력 추천!
백년가게 청주왕족발보쌈 정하욱 대표 강력 추천!
배달의 민족 사장님 비즈니스성장센터장 권용규 상무 강력 추천!
경기침체, 식재료비 상승, 인건비 부담
매출은 오르지 않는데 만만치 않은 비용 부담에 영업이익 감소까지!
해법을 찾아야 한다!
체계적인 장사, 창업을 위한 메뉴구성, 원가 관리,
턱없이 낮아진 마진으로 고민인 식당 사장님들의 필독서
RAON BOOK

RAON BOOK

책을 보는데, 내가 읽고 있다기보다, 저자가 옆에서 직접 이야기해주는 느낌이 들었다. 여러 유명 외식기업에서 쌓아온 노하우를 알려드리고자 함과 더불어 작은 골목식당 사장님들의 어려움까지도 고려하고 있음을 알 수 있었다. 여기에 있는 내용은 저자의 기술적인 노하우 만으로 작성되지 않았다. 다양한 동네식당 사장님들을 직접 만나고, 사장님들의 상황에 맞춰 시도하고, 성공한 결과들이기에 시중의 어떤 외식업 실전서보다 검증되고 실천적인 실전서임을 확신한다.

권용규 (배달의민족 사장님비즈니스성장센터장 상무)

나는 이기적이다. 남들이 이 책을 안 봤으면 하는 마음이 들기 때문이다. 식당 종사자라면 이 책은 거의 전과와 다름없다. 답도 있는데 친절한 해설까지 있다. 자영업자분들은 뜬구름 잡는 이야기를 제일 싫어한다. 이 책은 뜬구름은 전혀 없고 실전 이야기만 가득하다. 제발 이 책을 안 봤으면 좋겠다. 오랜만에 이기심이 드는 책이 나와서 흥분된다. 주말이 즐거워지려고 한다.

장사권프로 권정훈 (나무야컴퍼니 대표)

이 책은 외식업계의 현실을 톡톡히 찌르는 책입니다. 동시에 사장님들에게 꼭 필요한 메뉴 운영 전략과 수익 관리의 핵심을 알려주는 실용서이기도 합니다. 소소하지만 뼈아픈, 그러나 꼭 알아야 할 현실에 대해 진솔하게 묘사하였으며 현실적인 해결책을 함께 제시하고 있습니다. 이런 현실을 알기 싫더라도 알아야 살아남을 수 있다는 건 모두가 알고 있기에 식당 운영에 관심 있는 분들에게 강력히 추천합니다.

정하욱 (청주왕족발보쌈 사장)

실전 성공경험이 풍부한 저자가, '고객을 위해 진심으로 도전하는 분들의 진짜 성공'을 돕고자 정리한 외식 바이블 같은 책입니다. 앞으로 나아갈 방향이 보이지 않아 막연할 때, 대단히 실제적인 이 책이 '스스로 진단하고 답을 찾아갈 수 있는' 좋은 이정표가 되어 줄 것입니다.

김준수 ((주)이랜드킴스클럽 대표)

'앞으로 남고 뒤로 밑진다.'는 말이 있다. 장사가 잘 안되어도 문제이지만, 잘되는데도 막상 수익이 없을 때 막막함은 더 커진다. 저자는 대기업 및 해외 유수 브랜드의 고가, 중저가의 다양한 외식 런칭 경험을 통해 쌓은 메뉴 기획 노하우를 누구나 쉽게 적용할 수 있도록 비법 보따리를 시원하게 풀어내어 알려준다. 이 책을 읽는 순간 메뉴 성공 비책을 하나씩 빠짐없이 담게 될 것이다.

차상우 (더워터멜론 컨설팅&커뮤니케이션 대표)

고객이 전부인 사장님!

코로나 기간, 방송에서 고민을 털어놓은 사장님 한 분이 계셨습니다. 식당의 문제점을 찾아서 해결 방안을 제시해 주는 〈백종원의 골목식당〉이라는 프로그램을 통해 알려진 사장님인데요. 방송 중 백종원 대표가 직접 매장에 방문해 돈가스를 시식해 보고 극찬한 후 유명세를 얻게 된 식당, '연돈' 돈가스 사장님이 바로 그 주인공입니다. 방송에서 하시는 말씀이, 1년 장사해서 13억 원을 벌었는데 인건비, 임대료, 식재료비 등 다 주고 나니 7천만 원이 남았다며, 무척 속상하다는 것이었습니다. 그리고 이 말을 듣던 사회자와 옆에 있던 패널들이 "와! 그것밖에 안 남는다고요?"라면서 놀라는 반응들을 보였습니다.

금액으로만 보면 7천만 원은 적지 않은 숫자입니다. 하지만 따져보면 5.4% 이익이라서 보통 사장님들이 목표하시는 마진율이 25~30% 수준인 것에 비하면 한참 모자란 상황이라 계속 장사를 해야 하나 고민이 될 수 있겠다고 생각했습니다. 황금색 빛깔에 바싹하게 튀겨진 돈가스를 한 입 베어 물으면 도톰한 치즈가 쭉 늘어나는 인기 많은 메뉴를 준비하느라 장을 보고 재료를 준비해서 고객 맞이에 온 정성을 쏟으셨을 사장님을 생각하면 야속한 결과라고밖에 생각이 들지 않더군요.

 그런데 장사가 잘되는데 남는 게 별로 없어서 고민이라고 말하는 사장님이 연돈 돈가스 사장님뿐이었을까요? 사실 이 책이 나오게 된 것도 2020년부터 제가 〈배민아카데미〉에서 외식업 사장님을 대상으로 실전 메뉴 원가 관리에 관한 주제로 강의를 하게 된 것이 발단이었습니다. 매출 올리는 다양한 장사 전략들은 배우시지만, 정작 우선순위에 밀려서 수익관리를 놓치시는 분들이 많다는 것을 알게 되었기 때문입니다.

 사실 현장에서 사장님들을 만나보면 수많은 사연으로 고민하시는 분들이 계시는데, 이 가운데 특히 연돈 사장님과 같은 고민을 하시는 분들이 꽤 많았습니다.

> "한 달 장사했는데 얼마가 남는지 모르겠어요, 줄 서는 식당이라 장사가 잘되는데 마감하고 나면 남는 게 없는 거 같아요"
>
> "요즘 같은 불경기 시대에 매출 올리는 게 너무 어려운 거 같아요"

"나도 모르게 새어 나가는 돈이 있는지 알고 싶어요"

"창업 예정이고 하고 싶은 업종도 결정했는데 어떤 메뉴를 구성하면 좋을지 막막해요"

"30년 넘게 장사만 하느라 원가 관리에 소홀했던 거 같아요"

"관리를 시작해야 할 것 같은데 어디서부터 해야 할지 막막해요"

"해외 진출의 꿈이 있어요"

"지금 장사하고 있는 걸 체계적으로 정리해 보고 싶은데 어떻게 하면 좋을지 방법이 궁금해요"

"프랜차이즈로 사업을 확장해 볼 계획이 있어서 체계적으로 운영해 보고 싶어요"

어쩌면 위 고민 중에 한두 개 정도는 '나한테 해당되는 거네!'하고 생각하는 분들도 계실 겁니다. 물론 식당 운영에서 비용을 아끼는 것보다는 우선 많이 팔고 매출을 올리는 일이 더 중요하지만, 여기서 핵심은 많이 팔고 이익도 있어야 한다는 것입니다. 무작정 아끼자는 것이 아니라 불필요한 지출을 줄여서 이익을 남기자는 것이니 오해하지 않으셨으면 좋겠습니다.

그러면 차별화된 가치를 주고 가격을 올려서 매출만 증대하면 문제가 다 해결될 수 있을까요? 그렇지 않기 때문에 매출도 올리고 이익도 남길 수 있는 방법을 함께 찾아보자는 것입니다.

특히 메뉴보다 중요한 게 더 많은데요! 요즘은 마케팅 전성시대인 듯합니다. 다양한 채널을 통해 적은 비용으로도 내 가게를 알릴 수 있는 방법들이 무척 많아졌는데, 덕분에 고객들은 각종 채널을 통해서 새로 오픈한 맛집 정보들을 확인하고 지도에 표시해 놓은 후 주말이 되면 찾아가기 바쁩니다. 경험을 중요하게 생각하는 고객들이 생기면서 그동안 접해보지 못한 새로운 콘셉트의 F&B 식당 방문을 원하는 분들도 늘었습니다.

작년에 성수동에 태국의 이국적인 감성을 그대로 연출해 놓은 식당이 생겼는데 대기가 엄청나다는 소리를 들었습니다. 식사를 하려면 배를 타고 들어가야 한다고 해서 특별하고 이색적인 경험을 할 수 있었던 곳이었습니다. 우대 갈비 맛집인 삼각지의 〈몽탄〉이 제주도에도 새로 생겼다는 소식에 많은 사람들의 주목을 받기도 했습니다. 지금껏 보지 못한 압도적인 분위기와 콘셉트까지 훌륭하다는 말에 가 보고 싶은 신상 맛집들이 넘쳐나면서 고객들은 행복할 따름입니다.

그런데 이러면 이럴수록 사장님들은 머리가 아파집니다. 경험을 중요하게 생각하는 고객들에게는 메뉴뿐만 아니라 인테리어, 분위기, 서비스, 소품들까지 즐길 거리가 한가득이지만, 사장님은 오히려 신경 써야 할 것들이 많아졌기 때문입니다. 다른 곳과 차별하기 위해 하나둘 고민할 것들이 생기면서 외식업의 본질인 메뉴에 소홀해지게 됩니다. 정작 먼저 챙겼어야 하는 중요한 것을 놓치게 되는 상황이 벌어지게 되는 것이죠. 콘텐츠 중에서 가장 우선순위로 챙겨야 하는 메뉴 말고 다른 요소들에 너무 집중하게 되면 기대감을 얻고 온 고객에게 재미 요소는 줄 수 있을지 몰라도 식당의 본질인 메뉴에 대한 실망이 커질 수 있습니다. 잔뜩 기대감만 부풀려 놨다가 막상 경험 후 실망을 하게 될 가능성이 있다는 것입니다.

식당에서 메뉴의 존재는 월등합니다. 다 괜찮은데 메뉴가 별로이면 어떨까요? 한번 상상해 보세요. 고객이 밥을 먹으러 왔는데 메뉴가 정말 실망스러웠다면요. 마치 팥앙금 빠진 단팥빵을 먹고 있는 기분이지 않을까요? 아마 그것보다 더할 수 있겠어요. 메뉴가 별로인데 어떻게 서비스를 할 수 있고, 홍보를 할 수 있을까요? 그 공간의 존재 이유가 없어지는 것인데 말이에요. 그래서 메뉴가 중요하다는 것입니다. 메뉴가 기본이 되고 그리고서 하나씩 외식 경험을 채워주는 요소를 만들어야 합니다. 브랜드 콘셉트에 따라서 인테리어, 서비스, 음악 등 각자의 요소들에 색깔을 입히고 그것들이 완결체가 되어서 손님을 맞을 준비가 됐다면 비로소 사장님은 "우리 가게 여기 있어요"라고 알릴 수 있다는 사실! 꼭 기억하셨으면 좋겠습니다.

'안 그래도 챙길 것들이 참 많은데 이렇게까지 메뉴에 신경 써야 한다고?' 물론 필요 없다고 생각하실 수도 있겠어요. 요즘은 메뉴 말고도 고객들에게 매력적으로 보일 수 있는 장치들을 이용해 충분히 인기를 끌 수도 있으니까요. 그런데 고객이 좋아할 만한 공간들이 요즘에 너무 많이 생기고 화려한 겉모습에 반해 한번 경험하고 식당을 다시 방문하지 않는 경우들이 있다 보니 발길을 돌리는 고객을 다시 잡을 핵심 무기가 필요하다는 것입니다.

그렇게 존재감이 뛰어난 메뉴는 그럼 어떻게 준비하면 좋을까요? 고객이 원하는 메뉴는 어떻게 찾으면 좋을까요? 어떻게 하면 고객에게 사랑받는 메뉴도 팔면서 매출도 늘리고 사장님의 이익도 챙길 수 있을까요?

이 책을 쓴 이유가 바로 여기 있습니다. 저는 사장님들이 식당의 본질인 메뉴 경쟁력을 키우고 수익관리를 통해 건강하게 식당을 운영하실 수 있도록 돕고 싶습니다. 그렇게 함으로써 작지만 알차게 차근차근 성장하는 외식 브랜드를 만들고, 더 나아가 국내뿐 아니라 해외에 진출도 해보는 꿈을 가지시면 좋겠습니다. 그러한 꿈을 위해 매일 도전하는 사장님과 HOW를 나누고 싶다는 마음에서 그동안의 실무 경험을 바탕으로 이 책을 준비하게 되었습니다.

외식기업은 각 영역에 전문가들을 배치하고 풍부한 자본과 자원을 갖추어서 식당을 오픈한 후에 브랜드를 알리는 일을 하고 있습니다. 하지만 사장님은 어떨까요? 제한된 예산과 전문성이 부족한 걸 느껴서 하고 싶었던 것을 충분히 구현하기 힘듭니다. 각자 다른 조건에서 시작하긴 하지만 브랜드를 론칭하고 나서 고객 중심의 운영을 하는 데 어려움을 겪는 것은 둘 다 마찬가지이긴 합니다. 오히려 요즘은 개인이 고객의 취향을 빠르게 파악하려고 탐구하다 보니 소규모로 오픈한 브랜드들이 훨씬 더 유명해지고 진취적으로 사업 확대를 하는 걸 종종 보게 됩니다. 외식기업은 조직이 방대해서 현장에 변화를 적용하기에 시간도 많이 걸리고, 의사결정을 하기가 어려운 반면, 사장님은 혼자 장사하는 경우가 대부분이다 보니 의사결정의 속도가 무척 빠를 수 있습니다. 그러니 이 부분을 장점으로 생각하고 고객에게 감동을 주는 요소들을 끊임없이 개발하고, 가게의 핵심 경쟁력, 식당의 본질인 메뉴를 무기 삼아 고객과 적극적으로 소통하는 방법을 배워 보신다면 외식기업처럼 처음부터 거대하게 시작하지 않았지만 대신 알차게 성장하실 수 있다고 믿습니다.

장사는 내 브랜드를 좋아해 주고 충성심이 있는 단골이 있어야 유지되고 오래 버틸 수 있습니다. 고객에게 사랑받는 브랜드로 성장하기 위해서 필요한 것이 바로 업의 본질에 접근하는 일이라고 생각합니다. 여기서 말하는 식당의 본질은 메뉴이고, 가게 운영의 본질은 이익이겠지요. 메뉴를 제대로 알고 고객의 기대감이 만족도로 이어지는 식당을 운영하면 결국에 매출 상승과 이익 개선까지 이룰 수 있게 됩니다.

《100배 식당 장사의 비밀》은 식당과 가게 운영의 본질에 접근하여 오래 지속 가능한 식당을 만드는 해결의 실마리를 제공하고 있습니다. 순서대로 읽으셔도 좋고 도움 되는 부분만 찾아서 참고해도 좋을 듯합니다.

반짝하고 떠나보내는 하루살이가 아니라 고객의 머릿속에 오래 기억되고 소중한 누군가에게 추천하고 데리고 가고 싶은 마음이 드는 가게를 만들어 보셨으면 좋겠습니다. 그리고 사장님의 식당이 사랑하는 사람과 배고픈 허기를 달래고 따뜻한 이야기를 나누고 싶어 방문하는 공간으로 기억되길 바랍니다. 오늘도 불 꺼진 식당에서 이러한 가게를 만들기 위해 고군분투하고 계실 사장님을 위해 이제부터 하나씩 메뉴 성공 비책에 대한 이야기를 해보려고 합니다. 너무 어렵지는 않으니 부담 갖지 말고 천천히 저와 함께 여정을 시작해 보시겠어요?

이미나

Contents

Chapter.1

그 식당에는 왜 늘 사람이 몰릴까?

Chapter. 2

사람들은 '있어 보이고, 자극 받고, 스토리가 있는' 메뉴에 모인다

Chapter. 3

돈과 사람을 끌어모으는 100배 식당 메뉴 전략 ABC

Chapter. 4

식당의 이익을 100배 높이는 원가 관리 노하우

Chapter. 5

F&B 전문가가 공개하는 식당 수익 100배 높이는 메뉴관리 노하우

Chapter.6

식당 장사의 판이 바뀌는 시대

그 식당에는
왜
늘
사람이 몰릴까?

식당 장사의 핵심은
매출이 아니고 수익이다!

☞ **1년 이내 폐업 40%, 무작정 외식업 창업은 도박이다**

저성장 시대로 접어든 요즘에도 100억, 200억, 500억 신화를 만들어가는 외식업 고수들이 존재합니다. 불과 몇 년 전만 해도 외식기업이 아닌 개인이 장사해서 이렇게 큰돈을 벌었다는 이야기는 흔하지 않았는데, 자수성가한 사장님들이 생기다 보니 장사를 하지 않는 사람들도 성공 신화를 써 내려가는 장사의 고수에게 상당한 관심을 쏟고 있습니다. 크고 작은 성공 사례가 온라인과 매스컴에서 심심치 않게 보입니다. 상황이 이러다 보니 어느 누구라도 유튜브에 소개되는 외식업 분야의 다양한 성공 사례를 접하면 '나도 장사를 한번 시작해 보면 어떨까'라는 진지한 고민을 하는 경우가 생기곤 합니다.

하지만 이러한 성공 사례만 보고 창업을 결심하기에는 현재 외식업 상황이 너무 어렵습니다. 코로나 사태로 큰 타격을 입은 분야 중 외식업이 단연 손꼽혔고, 팬데믹 이후에도 호전될 기미는 보이지 않습니다. 코로나 때 거리 두기로 인해 손님이 줄어서 매출이 나빴다면, 현재는 경기 침체 탓으로 소비 위축까지 이어지는 바람에 더욱 그다지 좋지 않습니다. 식재료비 상승과 인건비 부담으로 식당 장사에 어려움을 호소하는 자영업자들이 상당히 많습니다. 특히 매출은 오르지 않는데 만만치 않은 비용 부담에 영업이익 감소까지 이어지고 있는 상태입니다.

최근 통계청 자료에 따르면 현재 자영업체 수는 2023년 기준 572.9만 명 수준으로 전체 취업자 수에서 19.96%를 차지하고, 이 가운데 직원 없이 혼자 일하는 자영업자 수는 417만 명으로 15년 만에 최대치를 기록했다고 합니다. 경기가 어려워져서 인건비 부담까지 가중되는 바람에 나 홀로 장사를 이어 가는 경우가 늘고 있는 겁니다.

가게 운영에 대한 비용 부담을 감당할 수 없으면 결국 폐업을 하게 되는 상황까지 치닫게 되는 현실입니다. 통계에 의하면 1년 미만 폐업률이 40%에 달하고, 5년 이내 폐업률은 약 82%에 해당한다고 합니다. 요즘과 같은 경제환경에서 매출은 줄고, 비용이 늘고 있는 가운데 장사를 하는 것이 얼마나 어려운 일인지 알 수 있는 대목입니다. 하지만 이런 상황에도 불구하고 앞서 말한 성공 사례를 꿈꾸면서 창업을 계획하는 분들이 여전히 많습니다.

☞ 줄서는 식당, 무엇이 다른가?

길을 가다가 줄 서는 식당을 마주하면 평소 꿈꿔오던 아이템으로 창업에 대한 결심이 더 서게 됩니다. 그래서 정말 장사를 시작하기도 합니다. 결과는 어떨까요? 창업하면 성공할 거라는 생각으로 시작하지만, 실제로 성공하기까지 넘어야 할 산들이 많다는 사실을 알지 못하고 창업을 하는 경우가 많아서, 중간에 메뉴 운영, 직원관리, 마케팅,

고객 응대 등의 어려움에 봉착하게 되면 해결 방안을 찾다가 결국 장사를 접는 결말을 맞이하게 됩니다. 물론 이 중에서 정말 성공하는 사례들이 나오긴 합니다. 그리고 한 번에 성공하기보다는 시행착오를 겪고 재기해서 성공하기도 합니다.

성공하면 일단 손님들이 알아서 찾아옵니다. 그런데 어떻게 성공을 했냐고 물어보면 저마다 숨겨진 스토리와 장사 노하우를 가지고 있다는 걸 알 수 있습니다. 그러면서 스스로 성공하기까지 무단히 노력했던 시간과 나름의 장사 철학이 뒷받침되었기 때문에 가능했다고들 합니다. 그리고 이렇게 성공한 분들은 줄 서는 식당의 허와 실이 있다는 것도 알고 있습니다. 겉으로만 보고는 진짜 돈을 벌고 있는지 아니면 손님만 많아 보이는 상태인지는 모를 수 있다는 것도 압니다.

인기가 많은 식당이라 손님이 많고 바빠진 덕분에 매출이 높아졌지만, 남는 게 없어서 고민하는 사장님들이 생각보다 꽤 많습니다. 열심히 일하는데 월말이 돼서 정산하고 나면 정말 기운이 빠진다는 이야기를 하는 분들도 종종 만나 뵙곤 합니다. 앞에서 이야기한 것처럼 돈을 10억 넘게 버는데 마진율이 약 5%라 고민이라며 매스컴에 소개된 사례도 있습니다. 사실 요즘 같은 상황에서 5~9% 수준의 마진율로는 식당을 오래 유지하기 힘들 수 있습니다.

그런가 하면 작은 브랜드이지만 마진율 40%가 넘는 수준까지 달성하며 내실 있게 장사하는 사장님들을 만날 때가 있습니다. 특정한 카테고리만 마진율이 그렇게 나올 수 있다고 생각할 수 있지만, 가격 책정을 잘하고 손익관리를 어떻게 하느냐에 따라 달성 가능한 수치이기도 합니다. 외식업에서 일반적으로 25~30%의 영업이익이면 괜찮다고들 말하는데, 여기에 비하면 정말 놀라운 결과입니다. 결국, 많이 버는 것도 중요하지만 더 중요한 건 이익이 나는 상태여야 합니다.

　아무리 좋은 의도로 창업하고 고객에게 인정받는 브랜드로 성장시키고 싶더라도 이익이 없는 상태에서는 소용없는 일이 됩니다. 손해 보면서 장사를 하면 가게를 오래 유지할 수 없습니다. 식당을 오픈해서 자리를 잡아야 하니까 손님에게 많은 서비스를 제공하고, 가격도 저렴하게 운영하면서 하나도 남는 것 없이 손해를 보면서까지 영업하는 경우도 있는데, 이렇게 운영하는 식당은 오래 버티기 힘듭니다. 이익이 나는 상태인지 아닌지 정확하게 파악하지도 못한 채 우선 매출이 나오니까 운영하는 상황 역시 장기적으로 봤을 때 지속할 수 없는 장사입니다. 장사하는데 손해를 보고 있다는 기분이 계속해서 들고, 실제로 마이너스 상태가 발생하면 잘못되고 있다는 신호로 봐야 합니다. 줄 서는 식당이 여기저기에 보이니까 돈도 많이 벌 거라고 착각하는 환상은 갖지 말아야 하겠습니다.

☞ 매출과 이익, 식당을 성공시키는 양 날개

　식당 장사를 통해서 성공했다고 말할 때는 진짜와 가짜로 판단할 수 있습니다. 진짜와 가짜가 비슷하다고 생각할 수 있지만, 전혀 다른 의미입니다. 진짜로 성공해야 성공했다고 말할 수 있습니다. 단순히 사업 규모를 늘리는 것을 성공 목표로 삼고 장사를 한다면 어쩔 수 없지만, 이 역시 진짜가 바탕이 되어야 원하는 목표도 이룰 수 있을 것입니다. 진짜는 오래가지만, 가짜는 오래가지 못할 수 있습니다.

　진짜와 가짜가 무엇이냐고요? 바로 이익과 매출을 말합니다. 진짜가 이익이고 가짜는 매출입니다. 이익은 남는 돈이고 매출은 물건을 팔아서 얻은 대가입니다.

매출에는 이익과 비용이 함께 합니다. 일단 장사를 해서 돈을 벌고, 그 돈으로 장사하기 위해 썼던 비용을 모두 지불하고 남은 돈이 비로소 내 돈이 됩니다. 당연한 이야기이지만 매출에서 비용이 많은 부분을 차지한다면 이익은 별로 없을 것입니다. 비용이라는 변수가 있기 때문에 매출이 많다고 하더라도 돈도 많이 남는다는 이야기는 아닐 수 있다는 사실을 아는 것이 무엇보다 중요합니다. 매출도 중요하지만 이익이 뒷받침해 줘야 비로소 장사에서 성공했다고 말할 수 있습니다. 성공한 장사의 고수들도 이 두 가지에 큰 차이가 있다는 사실을 잘 알고 있습니다. 이익으로 성공의 맛을 보았기 때문에 장사를 계속하는 것입니다. 어떻게 장사를 해야 고객도 만족시키고 돈도 벌 수 있는지 아는 것입니다.

매출과 이익의 관계를 이해하고 장사를 시작하면 시행착오를 조금 줄일 수 있습니다. 외식기업은 매출부터 생각하고 사업을 결정하지 않습니다. 사업을 해야 하는 이유를 분명히 하고 이익을 고려해서 계획을 세운 후에 일을 시작합니다. 또 비용을 얼마만큼 지출해야 할지 구체적인 기준을 정합니다. 그리고 그 기준에서 벗어나지 않기 위해 매뉴얼을 준비하고 시스템을 만들어서 철저하게 관리합니다.

장사하다 보면 결국 매출과 이익에 대해 깊게 고민해야 하는 순간을 맞이합니다. 브랜드가 안정기에 돌입해서 전국에 프랜차이즈로 확산시키는 걸 목표로 할 때, 현재 매출이 낮은 편이 아니지만, 더 내실 있게 장사를 잘하고 싶은 마음이 생길 때 그렇습니다. 장사가 아니라 더 큰 사업으로 확장할 경우 이익구조에 대해 꼼꼼히 따져보게 되는데, 어쩌면 당연한 일입니다. 매출이 어느 정도 안정기에 접어들면 이후부터는 수익성이 더 중요해집니다. 회사가 일하는 방식이 진짜 필요한 때가 된 것입니다. 그런데 이럴 때만이 아니라 처음 장사를 시작할 때부터 회사가 일하는 방식을 적용해 보시면 좋겠습니다.

장사하는데 무슨 이렇게까지 이익을 따지고 손해 보지 않으려고 하냐고 말할 수 있습니다. 다들 그렇게 장사하면 안 된다고들 합니다. 당연히 지속 가능한 경영을 하려면 먼저 장사부터 잘되도록 만들어야 합니다. 장사를 시작하는 초기 단계에서는 고정적으로 발생하는 비용도 부담해야 하고 자리도 잡아야 하므로 이익을 따지기보다는 매출을 높이는 것을 목표로 우선 장사하는 것이 맞습니다. 손님에게 서비스도 많이 주고 식당도 알려야 합니다. 하지만 그렇다고 적자까지 보면서 장사를 하면 그 여파는 오래 지속될 것입니다. 특히 고물가로 비용 부담이 커지고 있는 가운데 기준 없이 장사하면 안정적으로 운영할 수 없게 될 것입니다.

이제는 매출도 중요하지만, 수익의 중요성을 인지하는 가게만이 살아남는 시대가 되었습니다. 줄 서는 식당의 매출이 아무리 높아도 이익이 남지 않으면 유지하기 어려운 것이 현실입니다. 매출을 높이기 위한 장사 전략도 중요하지만, 수익관리도 함께 챙겨야 할 때입니다. 그러니 매출은 조금 낮더라도 이익이 나는 진짜 장사를 하시면서 어려운 외식업 상황을 잘 헤쳐나가셨으면 좋겠습니다.

경기 침체에도
성장의 기회는 있다

: 식당 양극화와 플렉스 소비시장

☞ 장사하기 쉽지 않은 상황

요즘 장사하기가 왜 이렇게 힘들어요? 코로나 사태도 간신히 버텼는데 점점 더 어려워지는 거 같다고 이야기하는 사장님을 자주 만납니다. 장사가 쉽지 않은 것은 메뉴 운영과 직원관리 등 내부적인 이유도 있을 수 있겠지만, 어쩔 수 없는 외부적인 요인들도 있습니다. 정량적인 수치는 확인하기 힘들지만, 현업에서는 택시비 인상이 원인이라고 말하기도 합니다. 기본료 인상과 심야 할증 요금이 부담이 되어서 손님들이 늦은 시간까지 있으려고 하지 않기 때문이라고 하는데, 실제로 주변에 식당에 갔다가 비슷한 이유로 이른 귀가를 하는 경우를 종종 보곤 합니다.

그런데 과연 택시비 인상만 원인일까요? 여기에 더해 급격한 물가 인상으로 인한 영향이 더 큰 원인입니다. 코로나19 팬데믹 기간 중 경기부양책으로 화폐를 초과 발행하여 인플레이션 현상이 나타나고, 가뭄 등 이상 기후의 영향, 그리고 세계 곳곳의 전쟁으로 곡물 및 원유 등의 원자재 가격이 치솟는 바람에 물가가 상승하고 있다고 합니다. 이로 인해 외식 물가도 함께 올라갈 수밖에 없는 상황이 되었습니다. 다음 순서로 외식비용을 줄이려는 사람들이 늘어나면서 결국 장사에 영향을 주게 된 것입니다.

최근 이런 경제 상황을 대변하는 다양한 신조어들이 계속 등장하고 있습니다. '런치 플레이션, 밀크 플레이션' 등의 경제 용어인데 '점심(lunch), 우유(milk)' 등의 단어에 물가 상승의 의미를 뜻하는 인플레이션(inflation)을 합성한 것입니다. 런치 플레이션은 직장인들이 점심값 부담이 커져서 편의점 도시락 등 실속 있게 식사를 해결하려는 상황을 말하고, 밀크 플레이션은 우유 가격이 인상되어 결국 다른 먹거리 가격까지 올라가는 현상을 의미합니다. '화이트 플레이션'이라는 말도 있는데, 소금, 설탕, 밀가루 등 흰색 계열의 식품 가격이 인상되는 현상을 말한다고 합니다. 모두 일상에서 주로 소비하는 식품으로, 장바구니 물가가 오르고 있다는 걸 뜻합니다.

경제 전문가들에 의하면 물가는 오르고 경기는 둔화된 상태에서 실질 소득이 줄어들면, 소비가 위축되어 쓸데없는 지출을 줄이는 절약형 소비 형태가 나타나고, 특히 지출할 때 선택과 집중하는 전략을 취한다고 합니다. 실제 통계에 따르면 외식비용을 줄이려는 사람들이 늘어나면서 외식보다 상대적으로 저렴한 대형마트의 간편 식사류 매출이 크게 증가했습니다. 지출을 아끼고자 하는 소비 심리가 작용한 결과인데, 이로 인해 식당을 방문하는 고객이 줄어들었다고 볼 수 있습니다.

상황이 이러하다 보니 가게에 방문하는 고객이 더욱 소중해졌습니다. 그리고 고객에게 좋은 경험을 통해 만족을 시켜줄 수 있는 방법을 더욱 고민하게 됩니다. 고객을 만족시킨다는 이야기는 다른 말로 고객의 필요를 충족시키는 일과도 같은데, 어떻게 하면 내 가게를 방문하는 고객을 만족시킬 수 있을까요?

먼저 고객이 필요로 하는 부분이 무엇인지 정확히 파악해야 합니다. 그러려면 내 가게 고객이 누구인지 다시 한번 점검하고, 고객의 성향을 간파해 어떤 부분이 필요한지 찾아내야 하는데, 이 부분은 고객이 어떤 소비 패턴을 보이는지 이해함으로써 조금 더 구체화할 수 있습니다.

☞ 절약형 vs 프리미엄 외식 소비

앞에서 경기 침체로 절약형 소비가 주를 이룬다고 언급했지만 사실 소비자들이 무조건 절약만 하는 것은 아니고 고가의 프리미엄 시장에서도 소비를 하고 있습니다. 불경기에 큰 금액을 지출하기는 부담되지만, 대신 작은 사치(small luxury)를 통해 기분 전환을 하려는 심리가 있기 때문인데요. 이뿐만 아니라 코로나 사태를 겪으면서 일상생활의 소중함을 깨닫기도 했고, 무작정 효율성을 따지는 가성비만 추구하기보다는 가끔씩은 가격 대비 만족도가 높은 가심비도 고려한 소비를 하며 평소 경험을 늘리는 것도 필요하다는 생각을 하게 된 이유도 있습니다. 그리고 외식업의 핵심 타깃으로 꼽히고 있는 MZ 세대가 플렉스(flex) 즉, 값비싼 물건을 구입하고 과시하려는 욕구로 소비하는 것도 같은 맥락입니다. 여기서 MZ 세대(밀레니얼+Z세대)는 1981~2010년생을 말하는데, 소유보다는 공유, 경험, 과시를 중시하고, 효율성과 가성비보다는 취향과 가심비를 추구하는 특징이 있다고 합니다. 이렇듯 트렌드가 빠르게 변하는 외식업에서 여러 복합적인 이유로 인해 소비 양극화 현상이 두드러지게 나타나고 있는 추세입니다.

요즘은 마음만 먹으면 극과 극의 외식 경험을 쉽게 할 수 있습니다. 점심엔 가성비 좋은 저렴한 편의점 도시락으로 한 끼를 해결하고, 주말에는 가심비를 충족하는 비싼 호텔 레스토랑에서 플렉스 하는 경우가 종종 있습니다. 우선 가성비를 고려한 외식 소비에 해당하는 사례로 편의점 도시락을 들 수 있는데요. 얼마 전에 '혜자로운 알찬 한 끼 세트' 이름으로 김밥 2개, 주먹밥 2개, 메추리알 3개로 구성한 실속 있는 도시락이 단돈 2,700원에 출시된 적이 있습니다. 저렴한 돈으로 한 끼를 해결할 수 있다 보니 알뜰 소비를 원하는 고객들에게 최고의 가성비 아이템인 셈입니다. 이외에도 단가를 낮춘 PB(Private Brand, 유통업체가 자체 개발한 상표를 붙여 파는 상품) 품목들이 늘고 있는 바람에 합리적인 가격으로 상품을 구입하려고 하는 고객들의 마음을 사로잡고 있습니다.

이와 반대로 한편에서는 호텔 레스토랑, 고급 파인 다이닝 레스토랑, 오마카세 전문점 등이 큰 인기를 얻고 있습니다. 대부분 고가 메뉴를 운영하는 음식점들인데, 가심비에서 비롯한 전형적인 플렉스 소비 형태라고 보아도 무방합니다. 평소에도 해당 음식점에 방문하는 고객도 있지만, MZ 세대들이 플렉스의 목적으로 이런 장소에서의 식사 경험을 SNS에 올리는 경우가 많아졌습니다. 대표적인 예로 10만 원 정도 하는 고가의 호텔 빙수가 있는데, 웬만한 식사 가격을 훌쩍 넘는데도 불구하고 메뉴가 나오는 시즌이면 폭발적인 인기를 끌고 있다고 합니다. 세계적으로 유명한 셰프 고든 램지(Gordon Ramsay)가 선보인 14만 원대 프리미엄 햄버거도 가심비를 겨냥한 소비에 해당합니다. 호텔 뷔페도 최근 물가 상승으로 인해 가격 인상이 많이 돼서 이제는 1인당 15만 원에서 20만 원 정도는 있어야 이용이 가능한데도 불구하고 유튜브와 SNS에 다녀온 후기들이 넘쳐납니다.

　해외 명품 패션 브랜드에서 운영하는 비싼 레스토랑과 카페, 그리고 오마카세 스타일로 제공하는 음식점도 가심비를 고려한 소비에 속합니다. 특정 식재료를 주제로 조리법을 다르게 해서 맛의 조화를 경험하게 해주는 오마카세의 경우 한우, 게, 스시 등의 비싼 식재료부터 커피, 디저트 등 다양한 버전으로 진화되었습니다. 가격도 1인당 20만 원도 훌쩍 넘는 비싼 프리미엄 오마카세부터 10만 원 미만까지 형성되어 있는데, 아무래도 오마카세가 요즘 외식 트렌드이다 보니 관련 카테고리가 세분화되어 진화되는 듯합니다. 이 중에서 강남에 위치한 한우 오마카세 전문점 '이속우화천공'은 루이비통 명품 가방에 고기를 진열하고 식사 전에 먼저 보여줌으로써 퍼포먼스가 무척 인상적이라는 평가를 받기도 합니다. 단순히 기분전환의 목적으로 이런 장소에서 식사를 하는 경우도 당연히 있습니다. 기념일 같은 특별한 날을 축하하기 위해 고급 레스토랑을 이용하는 경우도 여기에 해당됩니다.

　그런데 이렇게 양극화된 소비가 이루어지고 있는 반면, 중간을 원하는 분들은 점점 줄고 있다고 합니다. 애매한 포지셔닝은 설자리를 잃은 것입니다. 하지만 고객은 이런 식당 양극화 현상 덕분에 음식점을 고를 때 오히려 선택의 폭이 넓어졌다고 느낄 수 있습니다. 하나의 카테고리에서 가성비와 가심비를 콘셉트로 한 다양한 식당들이 생기고 있으니 말입니다.

　지금까지 요즘 나타나고 있는 고객들의 외식 소비 패턴에 대해 알아보았습니다. 경기 침체로 인한 부담으로 가성비 좋은 편의점 도시락과 가심비를 고려한 비싼 고급 레스토랑에서의 소비가 모두 이루어지는 현상을 보았습니다. 특히 MZ 세대 중심으로 플렉스 소비 시장이 인기를 끌고 있는데 이는 소유보다는 공유, 경험, 과시를 중시하고, 효율성과 가성비보다는 취향과 가심비를 추구하는 특징이 있기 때문이라고 언급했습니다.

고객들의 취향이 다양해지면서 외식 카테고리도 이전보다 세분화되고 전문적으로 진화되고 있는 상황입니다. 그냥 빵집, 커피집이 아니라 구체적으로 아이템을 정해서 에그타르트, 도넛, 에스프레소 등 단일 메뉴만 취급하는 전문점 형태로 외식업이 발전하고 있습니다. 요즘 이러한 아이템에 고객들이 열광하고 있는 것입니다. 사실 과거에 없었던 아이템들도 아닌데 이렇게까지 큰 반응을 보인다는 것에 놀랍기도 한데요. 아마 세밀해진 고객 취향 덕분인 듯합니다. 그러다 보니 마니아가 생기고 해당 아이템을 깊게 연구하는 등 이전과는 사뭇 다른 분위기로 외식을 대하고 있습니다. 그 결과 현지에서 먹는 것만큼 메뉴 완성도가 높아졌고, 한국인의 입맛에 맞춰서 심지어 맛도 훨씬 좋은 경우가 많아졌습니다.

식당 양극화와 함께 플렉스 소비 시장이 형성되고 가성비에만 관심이 있는 것이 아니라 가심비도 추구하는 고객이 늘고 있는 요즘, 전체를 잘하기보다 세밀한 고객 취향을 파악해서 선택한 하나의 아이템에 전문성을 갖추는 일이 중요해지고 있습니다. 다수보다는 소량에 집중하는 전략이 통하는 시대인 것입니다. 만일 현재 고객을 만족시킬 방법을 고민 중이라면 요즘 시장의 변화에 맞춰 전략을 세워 보시는 건 어떨까 합니다. 지금의 소비시장을 이해하고 고객의 취향에 맞춰 성장의 기회로 삼아 보시면 좋겠습니다.

식당 경영의
점프업 기회

: 해외시장 진출

☞ 해외시장진출의 가능성

현재 장사를 하시는 사장님이라면 다음 성장 목표를 세우고 계실 수 있습니다. 프랜차이즈를 계획하시는 경우도 있고, 새로운 시장을 바라보며 사업을 준비하실 수도 있습니다. 그리고 국내 시장을 기반으로 사업을 전개하거나, 경쟁이 치열하고 성장의 한계가 있을 수 있다고 판단하여 조금 더 크게 시야를 넓혀서 해외시장으로 진출하는 것을 목표로 할 수도 있습니다. 사실 해외 진출이라면 외식기업 차원에서는 당연한 사업 확장의 방법이라고 생각할 수 있겠지만, 작은 브랜드부터 시작해서 다음 단계로 목표를 계획하시는 사장님이라면 쉽지 않은 결정과 도전입니다. 하지만 지금의 해외시장 분위기라면 한 번쯤 고려해 봐도 좋을 듯합니다.

작년 미국 전역에 560여 개 매장을 둔 트레이더조(Trader Joe's)라는 식료품점에서 한국의 냉동 김밥 품절 대란이 벌어진 일이 있었습니다. 국내 신생 식품업체에서 만든 김밥을 미국에 출시하고 우연히 한국계 미국인 사라 안(Sarah Ahn) 씨가 냉동 김밥을 데워 시식하는 영상이 틱톡 조회 수 1,100만여 회를 기록하게 되면서 약 2주 만에 모든 매장에서 매진을 기록했다고 합니다. 국내에서는 실감이 되지 않을 수 있지만, 미국 현지에서는 소위 초대박이 난 상태라고 합니다.

냉동 김밥을 구매할 수 없어서 대신 한인 마트에 가서 재료를 구입해서 직접 만들기까지 한다고 하니 얼마나 큰 인기를 끌고 있는지 실감이 되긴 합니다. 과거에 뉴욕 레스토랑에서 요리사로 일을 했던 적이 있는데, 당시만 하더라도 한국 음식은 인지도가 크게 없었던 때였습니다. 그런데 최근 냉동 김밥이 이런 대우를 받다니 놀라지 않을 수 없었습니다. 사실 이미 영화 〈기생충〉과 드라마 〈오징어게임〉, 방탄소년단(BTS)으로 대표되는 K-팝 등 K-콘텐츠에 대한 관심으로 한국 음식에 호감을 갖는 외국인들이 많아지긴 했지만, 이번 김밥 열풍을 계기로 미국에서 K-푸드에 대한 인기가 더욱 높아진 것은 분명해 보입니다. 이러한 분위기에 가세해서 현재 국내의 중소기업들이 해외 진출을 적극적으로 추진 중입니다. 그리고 이미 베트남, 미국, 중국 등에 매장을 오픈한 브랜드들은 현지인에게 큰 인기를 끌고 수익도 나고 있는 상황이라고 합니다.

그런데 불과 15~20여 년 전만 하더라도 몇 개 안 되는 외식기업만이 해외시장에서 사업을 진행했습니다. 기업들의 사업 전개를 살펴보면, 2003년 BBQ가 해외 사업을 처음 시작했고, 2004년 CJ 푸드빌이 미국에 뚜레쥬르 해외 1호점을 오픈했습니다. 같은 해에 SPC그룹도 중국 사업을 추진했으며, 2007년 교촌치킨도 글로벌 시장에 진출했습니다. 현재 미국 주요 유통체인에 만두가 공급되어 연간 시장점유율 1위를 차지하며 대표적인 K-푸드로서 그 역할을 톡톡히 하고 있는 CJ

의 '비비고'도 2010년 CJ 푸드빌에서 한식 세계화를 목표로 국내 1호점을 먼저 오픈했고, 이후에 미국, 중국, 싱가포르 등 해외시장에서 레스토랑으로 사업을 시작했습니다. 하지만 2018년 레스토랑 사업을 접고, 이제는 제일제당의 식품 브랜드로 남아 해외에서 눈부신 활약을 하고 있는 상황입니다. 또 이랜드 그룹의 한식 뷔페 '자연별곡'은 2015년 중국 상하이에 해외 진출을 시도한 적이 있습니다. 떡볶이 무한리필 뷔페 프랜차이즈 '두끼떡볶이'도 같은 해 첫 해외 사업을 진행했는데, 이후 꾸준하게 사업을 이어가면서 현재는 글로벌 시장에 약 380개 정도의 매장을 운영 중입니다.

이처럼 많은 외식기업에서 해외 사업을 지속적으로 추진하면서 현지에서 시행착오를 겪었던 것이 발판이 되고, 시기적으로 K-콘텐츠가 널리 알려지게 되면서 그동안 고전하던 외식업체들이 최근 성과를 내며 안정적인 운영으로 접어드는 상황이 되었습니다.

이제는 K-푸드에 대한 인지도 상승으로 대형 외식기업들뿐만 아니라 작은 브랜드로 국내에서 사업을 키우고 있는 개인 사장님들도 해외시장을 바라보며 글로벌 진출을 계획하고 있습니다. 처음에 작은 반찬가게에서 장사를 시작하던 것이 이제는 사업 규모가 커져서 국내 50여 개 매장을 운영 중인 편집숍 형태의 프리미엄 반찬가게 '도시곳간'이 해외 진출을 준비 중이라고 합니다. 그리고 해외 외식업 진출을 꿈꾸는 사장님들이 생기면서 일부에서는 이러한 분을 대상으로 현지 시장을 파악하고 사업 리스크를 사전에 체크할 수 있도록 프로그램을 운영하는 교육 기관도 있습니다.

이외에 국내 유명 스타 셰프도 해외시장에 자신의 브랜드를 오픈할 계획으로 현재 준비 중이라고 합니다. 해외에 레스토랑을 오픈하는 일

말고도 국내와 해외에서 활동하는 유명한 한국 셰프들이 합작해서 한식을 주제로 요리책을 출간하는 경우도 있습니다. 글로벌 시장 진출의 기회를 보기 위해 해외로 시장 조사를 가는 경우도 많아지는 추세입니다. 그동안 2010년 비비고 미국, 중국, 싱가포르 지점, 2015년 자연별곡 중국 지점, 그리고 2018년 베트남에 브랜드 오픈 준비 경험까지 여러 기업들의 해외 사업 론칭 프로젝트에 참여한 경험이 있는데, 당시 현지 분위기와 비교하더라도 현재 세계적으로 K-푸드에 대한 관심이 높아졌다는 것을 확실히 느끼게 됩니다.

해외시장 진출은 큰 도전임에 틀림없습니다. 예를 들어, 식자재를 현지에서 조달하고, 주방과 매장 등의 인프라도 구비해야 하므로 힘들 수 있습니다. 또한 현지인을 채용해서 매장을 운영해야 하고, 행정절차도 따라야 하는 어려움도 있습니다. 국내에서 이미 외식업 경험이 있고 운영에 대한 노하우도 있지만, 현지 상황에 맞춰 준비를 새롭게 해야 하는 부담이 있는 것입니다.

하지만 메뉴 현지화 전략에 대한 부담감만큼은 현재 거의 사라진 듯합니다. 과거에는 현지인의 입맛에 맞춰 메뉴를 개발해야 했지만, 이제는 오히려 한국에서의 맛을 그대로 구현하는 것이 더 경쟁력이 되는 경우가 많아졌기 때문입니다. 글로벌 시장으로 진출한다는 것은 많은 도약을 내다볼 수 있다는 장점이 있습니다. 이러한 장점을 바탕으로 급속히 성장하고 있는 K-푸드로 해외 사업의 기회가 생기고 있는 상황에서 앞으로 해외시장진출을 꿈꾸는 외식 사장님들도 차차 늘어나리라 기대해 봅니다.

성공적인 식당 운영의 핵심, 원가 관리!

☞ 수익성 개선이 필요하다면

최근 수익률이 점점 감소하고 있다고 고민하는 사장님이 많아졌습니다. 코로나 상황 때는 손님이 식당에 방문하지 않은 탓에 매출이 급격하게 줄어서 고민이었다면, 요즘은 기후변화, 전쟁, 환율 변동 등 원가 부담을 높이는 악재가 잇달아 터지면서 원재료 가격이 인상되고 이로 인해 가게 운영에 필요한 비용 부담이 커져서 걱정되는 상황입니다. 재료비뿐만 아니라 인건비 역시 최저시급이 작년 대비 2.5% 인상된 탓에 어려움이 가중되고 있습니다. 주변에 음식점 장사를 하는 사장님의 이야기를 들어보면 재료비와 인건비가 올랐는데 메뉴 가격을 바로 인상하기가 쉽지 않다 보니 실제로 체감하는 비용 부담이 더 크다고 말합니다.

가게 운영 측면에서 물가 상승은 비용 부담과 관계된 일이지만, 손님 입장에서는 소비 심리의 위축으로 인해 외식비용을 줄이는 결과로 이어집니다. 외식 물가 급등에 식당을 찾는 손님이 줄면 매출

감소와 수익률 저하라는 이중고의 어려움에 빠지는 악순환이 발생합니다. 만일 이 상황에서 매출 상승이든지 수익성 개선에 대한 해결책을 찾지 못하게 되면 경제적으로 버티기가 어려워져 결국 가게 문을 닫게 되는 상황까지 발생합니다.

그럼 폐업으로까지 치닫지 않고 현재 상황을 개선하기 위한 방법은 어떤 것이 있을까요?

먼저 매출을 높이기 위한 방법을 찾아야 하는데, 이를 위해서는 다음 두 가지 부분이 선행되어야 합니다.

첫째, 가게 경쟁력을 우선적으로 확보해야 합니다. 가게 경쟁력은 다시 말하면 고객이 가게를 방문할 만한 이유를 말합니다. 가게 경쟁력을 말할 때 음식이 맛있는 것만 가지고 이야기하지는 않습니다. 메뉴 품질뿐만 아니라 서비스, 청결 상태, 분위기까지 모두 포함해서 말합니다. 고객은 복합적인 부분을 바탕으로 식당에 '다시 오고 싶다'라는 걸 판단하기 때문에 영역별로 부정적인 경험을 주지 않도록 최선을 다해야 합니다.

둘째, 마케팅 또한 소홀히 하면 안 됩니다. 마케팅을 해야 신규 고객이 유입되고 식사 경험이 만족스러우면 재방문으로 이어지면서 단골이 되기 때문에 적극적으로 진행해야 할 부분입니다. 더군다나 식당 주변으로 경쟁점이 생기면서 손님을 뺏기는 경우가 발생할 수 있는데, 이럴수록 마케팅을 적극적으로 해야 합니다. 만일 혼자 힘으로 하기 어렵다면 외식업 분야의 마케팅을 도와주는 전문가들이 있으니 자문을 구하고 싶을 때 참고해 보시면 좋겠습니다.

이렇게 가게 경쟁력을 확보하고 마케팅을 하면 떨어진 매출을 올려 볼 가능성이 생깁니다. 조금 쉽게 매출을 올릴 수 있는 방법도 있는데, 바로 가격을 인상하는 것입니다. 하지만 이 방법은 사장님 입장이라면 부담이 되는 선택일 수밖에 없습니다. 섣불리 가격 인상을 하다가 지금 오는 손님마저도 발길을 끊을까 봐 노심초사할 수 있기 때문입니다. 다행히 외식업 전반적으로 가격 인상에 대한 분위기가 형성된 시기가 있어서 그때 한차례 식당 밥값이 전체적으로 인상된 적이 있었습니다. 이렇게 분위기가 형성되었을 때는 가격을 인상해 줘야 하는데, 정작 얼마나 가격을 올리면 좋을지 판단이 안 된다는 이야기를 합니다. 이때 원가계산법을 알고 있으면 실질적인 도움이 되는데, 이와 관련해서는 4장에서 자세하게 다루고 있으니 참고해 보시면 좋겠습니다.

매출 상승을 위한 노력 외에도 중점적으로 해야 할 일이 비용 관리입니다. 비용 관리를 한다고 하면 가장 먼저 인건비부터 줄입니다. 인건비는 매출이 발생하지 않아도 지출되어야 하는 비용이다 보니 그만큼 부담이 되기 때문입니다. 그래서 키오스크를 설치하거나, 서빙 로봇을 사용하기도 하지만, 이마저도 여건이 되지 않으면 사장님 혼자 가게를 운영할 수밖에 없습니다. 이와 반대로 오히려 인건비는 오르는데 사람을 구하기 쉽지 않아서 어쩔 수 없이 힘들어도 사장님이 혼자 일을 하는 경우가 있습니다.

하지만 직원을 줄이는 부분은 신중하게 검토해 봐야 할 문제입니다. 직원이 없으면 당장 비용은 줄일 수 있겠지만 서비스의 수준이 낮아질 수 있다는 점을 간과해서는 안 됩니다. 이와 관련한 실제 사례가 유튜브에 소개된 적이 있습니다.

서울에서 나홀로 돈가스집을 운영하는 사장님이 계셨는데, 음식 맛은 좋았지만 직원이 없다 보니 손님이 와도 원활한 응대가 어려웠던 상황이었습니다. 아무리 음식 맛이 좋아도 서비스가 제대로 이루어지지 않으면 소용없다는 교훈을 주기 위해 현장에서 컨설팅을 해주는 내용이었는데요. 다행히 컨설팅 이후 유튜브에 긍정적인 후기가 올라오면서 장사가 잘되는 것으로 보였습니다. 이런 사례를 보아도 알 수 있듯, 비용 부담으로 힘들더라도 장사에 치명적인 지장을 줄 정도로 인건비를 절감하는 일은 하지 말아야 하겠습니다.

☞ 원가절감 1%의 힘

가격을 인상하면 고객이 부담되고, 인건비를 줄이면 당장 손해는 줄일 수 있지만 고객 만족도에 문제가 생길 수 있습니다. 그럼에도 불구하고 수익성 개선을 해야 한다면 어떻게 하면 좋을까요? 조금만 알고 실천하면 바로 효과를 볼 수 있는 방법이 있습니다. 바로 원가 관리를 하는 것인데요. 주변에서 원가 관리를 적용해서 성공하는 사례들을 종종 보게 됩니다. 예를 들어, 10년 넘게 알고 지내는 사장님이 있는데 비용은 늘고 매출까지 정체되어 고민하다가 원가 관리를 하면서부터 오히려 이전보다 마진율이 8% 정도 개선되었다고 만족하셨던 경우가 있었습니다.

사실 앞에서 언급한 매출 상승의 방법은 시간과 비용이 듭니다. 그리고 당장 효과를 보기 어렵고 고객이 반응을 보일 때까지 시간이 걸립니다. 상황에 따라 투자 대비 100% 회수도 어려울 수 있습니다. 하지만 원가 관리는 다릅니다. 원가 관리는 실행 즉시 효과가 나타납니다. 지금과 같은 어려운 상황에서 수익성을 개선하기 위한 방법으로 원가 관리만큼 좋은 것이 어디 있을까 싶습니다.

매출을 올리기도 어렵고 가게 운영에 대한 비용 부담도 점점 커지고 있는 상황에서, 원가 관리는 이제 선택이 아니라 필수 조건이고 더불어 성공적인 식당 운영의 핵심이 되었습니다. 효과적인 원가 관리 방법을 통해서 장사를 하고 있는 사장님은 내실을 다지고, 사업을 확장하고 싶은 사장님은 수익성을 점검할 수 있는 기회가 될 수 있습니다. 만일 아직까지 원가 관리를 하지 못하고 있다면 지금이야말로 관리에 힘을 써야 할 타이밍이라는 점을 깨달으셨으면 좋겠습니다. 그리고 원가절감 1%의 힘을 기대해 보며 바로 실행해 보시길 바랍니다.

지금 대세는
뉴트로(New+retro) 메뉴!

☞ 맛은 기본, 경험 요소는 필수인 외식업

경쟁이 치열한 외식 시장에서 다시 가고 싶은 식당을 만드는 건 쉬운 일이 아닙니다. 외식업이 발전하고 고객들의 눈높이가 높아지면서, 예전과 비교해서 훨씬 높은 수준의 경쟁력이 요구되고 있기 때문입니다. 당연히 음식 맛은 기본으로 갖춰야 하고, 그 외에도 분위기가 좋든지, 서비스가 친절하든지, 가격 경쟁력이 있든지 무언가 확실한 차별점이 될 만한 요소가 필요해졌습니다. 그럼 외식 시장의 치열함 속에서 남과 다른 차별화는 어떻게 만들면 될까요? 여기에 대한 답을 찾는 것은 사실 어려운 숙제입니다. 하지만 요즘 인기 있는 핵심 키워드를 살펴보면 힌트를 조금 얻을 수 있을 것입니다.

최근 외식업계에서 고객 경험이라는 키워드가 강조되면서 체험 요소를 차별화로 만드는 사례가 부쩍 많아졌습니다. 공간이라는 키워드로 색다른 경험을 제공함으로써 다른 경쟁사와 차별점을 느끼게 만드는 경우인데요. 대표적인 사례로 공간 디자인 전문 기업 글로우서울(Glow Seoul) 유정수 대표가 오픈한 F&B 매장이 있습니다. 공간 기획의 인사이트를 바탕으로 기존에 없던 이국적인 분위기를 만들어 내고 있어서 요즘 핫한 트렌드를 이끌고 있습니다. 비 내리는 콘셉트인 카페 '호우주의보', 온천을 옮겨 놓은 듯한 스키야키 전문점 '온천집', 자연을 느낄 수 있도록 만든 한옥카페 '청수당', 소금빵이 전문이라 염전 콘셉트로 인테리어한 베이커리 카페 '소하염전' 등 인테리어 콘셉트를 명확하게 만든 덕분에 코로나 때에도 큰 인기를 얻은 장소입니다.

베이글을 전문으로 판매하는 '런던베이글뮤지엄'도 유사한 사례인데, 마치 영국에 여행을 간 듯한 인테리어로 주목을 끌고 조명, 소리 등의 디테일한 요소와 다양한 베이커리 구성으로 성업 중입니다. 창업주 이효정 대표는 "좋은 공간이 좋은 고객 경험을 만든다"라고 말하며 공간의 중요성에 대해 언급하기도 했습니다.

체험 요소 중 전시를 키워드로 미술관처럼 식공간을 구현해서 운영하는 매장도 있습니다. 패션 브랜드 젠틀몬스터가 오픈한 디저트 가게 '누데이크 하우스 도산'은 케이크를 예술 작품처럼 다루어 전시하는 경우입니다. 최근에는 공간과 이색 경험을 결합해서 차별화하는 사례도 있습니다. 예를 들어, 신당동에 위치한 에스프레소 바 '메일룸'은 편지를 콘셉트로 한 카페인데 우편함을 활용해서 공간을 구성하고 메뉴 주문서를 고객이 직접 작성해서 우편함에 넣는 방식으로 운영하는 곳으로 아날로그 감성과 체험 요소를 가미해서 고객의 관심을 끌기도 했습니다.

명품 브랜드 루이비통의 팝업 레스토랑, 구찌 레스토랑, 에르메스와 디올에서 각각 운영하는 카페도 있는데 패션과 다이닝을 결합해서 체험형 복합 공간을 선보이는 F&B 매장들입니다.

차별화 포인트로 외식에 공연 요소를 가미해서 특별한 체험을 제공하는 사례도 생겼습니다. 제주도에 있는 '해녀의 부엌'이라는 곳인데, 해녀의 삶을 공연으로 만들고 해녀들이 채취한 해산물로 식사를 할 수 있는 콘셉트로 운영되는 식당입니다. 지역적 특색을 가미해서 이색 체험을 할 수 있도록 만든 덕분에 제주도를 찾는 관광객들이 예약까지 해서 방문합니다. 여기에 소개되지 않았지만 지금도 어딘가에서 고객 경험을 키워드로 새로운 콘셉트의 식당들이 오픈 중일 듯합니다.

☞ 과거로 거슬러 올라가서 새로운 가치를 만들다

고객 경험 외에도 뉴트로(New-tro) 역시 차별화를 만들 때 빠트리지 말아야 할 핵심 키워드 중 하나입니다. 뉴트로는 '뉴(New)'+'레트로(Retro)'의 합성어로 '뉴'는 새로움을 '레트로'는 과거를 그리워하는 것을 말합니다. 사전적 보면 뉴트로란 과거의 것이 가진 본질은 유지하되, 현대적인 감각을 더해 재해석한 것을 의미하는데, 단순히 옛것을 따라 하는 복고가 아니라 새로운 복고를 의미합니다. 다시 말해 진화된 버전의 복고라고 이해하시면 좋을 것 같습니다.

사실 요 몇 년 사이 복고와 함께 뉴트로가 이미 트렌드가 된 적이 있었습니다. 그런데 최근 들어 다시 자신만의 독특한 개성을 표현하고 라이프 스타일을 추구하는 MZ 세대를 타깃으로 옛날 향수를 담아 새로운 감성을 반영시킨 뉴트로 콘셉트의 서비스를 제공하는 카페나 음식점들이 큰 인기를 끄는 추세입니다. 한남동에 위치한 '골든피스' 프리미엄 약과 브랜드가 대표적인 예입니다. 인기 가

수 지드래곤과 나이키의 협업 컬렉션 론칭 파티에도 선보이고, 명품 브랜드 버버리와 협업하고, 얼마전 한국을 찾은 세계적인 축구선수 베컴에게 선물하며 MZ 세대가 좋아할 방식으로 브랜드를 알린 덕분에 인지도가 급상승하면서 현재 이들 세대에서 가장 핫한 디저트로 자리 잡게 되었습니다. 약과는 오래전부터 있던 전통 한식 디저트입니다. 그런데 여기에 현대적인 감각을 더해서 메뉴를 업그레이드하고, 고급스러운 방식으로 패키지를 디자인한 후 젊은 세대가 원하는 방식으로 마케팅한 덕분에 새로운 콘텐츠로 자리 잡으면서 폭발적인 인기를 얻은 것입니다. 이는 뉴트로 콘셉트를 잘 적용한 좋은 사례라고 볼 수 있습니다.

'골든피스' 외에도 옛날 빵집 '태극당', 양갱 전문점 '금옥당', 개성 주악을 파는 '연리희재', 떡케익 전문점 '시루케이크' 매장들이 각자 차별화한 판매 전략으로 인기를 얻고 있습니다. 이러한 디저트들은 MZ 세대 사이에서 소위 '할매니얼' 디저트라고 부르기도 합니다. 할머니와 밀레니얼의 합성어로 옛날 감성이 담긴 한식 디저트를 말하는데, 유행의 흐름을 살펴볼 때 키워드로 참고해 보시면 좋을 듯합니다. 디저트 전문점 외에도 고깃집 '청기와타운', '고도식'도 뉴트로 감성을 표현한 사례에 속합니다.

지금까지 차별화를 만드는 다양한 외식 사례를 살펴보았습니다. 특히 식당을 이용하는 과정에서 음식뿐만 아니라 경험할 수 있는 즐거움과 기쁨 등 긍정적인 느낌을 줄 수 있는 방법에 열광하는 시대임을 알 수 있었는데요. 이제는 외식 시장의 경쟁이 치열해져서 단지 메뉴가 좋다는 것만 가지고 성공하기는 어려운 것이 현실입니다. 그러다 보니 공간도 강조하고 경험할 수 있는 다양한 요소에 대해 고민하게 됩니다.

하지만 이 시점에서 차별화에 대한 진정한 의미를 한번 고민해 볼 필요가 있습니다. 하버드 경영 대학원의 문영미 교수는 《디퍼런트》에서 "남들과 비슷한 전략으로는 살아남을 수 없다"라고 말합니다. 그리고 더욱더 치열하게 경쟁할수록, 더욱더 차별화로부터 멀어지고 있다고 말하고 있습니다. 진정한 차별화를 하려면 남들이 하는 차별화 전략을 따르지 말고 자신만의 고유함을 드러내는 작업을 해야 한다고 합니다.

차별화는 모든 것을 다 잘하기보다는 오히려 한 분야에 확실한 전문성을 만들어야 얻을 수 있는 것입니다. 그렇기 때문에 차별화되는 포인트를 전략적으로 선택해야 할 필요가 있습니다. 여기서 중요한 부분은 요즘의 트렌드를 참고하여 차별화 포인트를 만들 수 있겠지만, 먼저 음식점의 기본인 메뉴 경쟁력을 확보해야 한다는 것입니다. 아무리 겉모습이 화려하고 좋더라도 본질인 메뉴의 맛으로 만족감을 줄 수 없는 수준이라면 고객의 마음을 얻기는 쉽지 않습니다. 또한 확실한 전문성과 자신만의 콘텐츠로 고유함을 드러내는 작업이 필요합니다.

요즘의 트렌드는 참고하고 내 가게만의 스토리와 철학이 담긴 식당을 만드는 일에 집중해 보세요. 이것이 진정한 차별화입니다. 부디 사장님만의 진정한 차별화를 통해 다시 기억나서 가고 싶을 정도로 멋진 브랜드를 만들어 보셨으면 좋겠습니다.

혼자여도, 함께여도 행복한, 음식의 마법을 메뉴에 담자

☞ 사람을 끌어 모으는 메뉴의 힘

요즘 프로그램은 종류를 마다하고 음식 콘텐츠가 빠지지 않습니다. 여행 가서도 음식, 캠핑 가서도 음식, 심지어 부동산 매물을 찾는 프로그램에도 맛집은 빠지지 않는 콘텐츠입니다. 결국엔 사람 사는 이야기가 먹고 사는 이야기일 테니, 어쩔 수 없이 음식 이야기는 모든 스토리텔링에 가장 자연스럽게 녹아드는 모양입니다.

이처럼 음식은 사람과 사람을 이어주는 중요한 매개체입니다. 허영만 화백의 〈백반기행〉에는 처음 만나는 게스트와 자연스럽게 대화를 풀어가는 모습이 보이는데, 이는 진행자의 노련함도 있겠지만 어색함을 사라지게 만드는 음식의 역할이 더 크다는 걸 알게 됩니다. 어떤 음식을 좋아하는지, 평소 즐겨 찾는 식당이 있는지도 물어보면서 음식 취향에 대해 서로 이야기를 나누다 보면 금세 분위기가 좋아지는 모습을 볼 수 있습니다.

음식은 다른 사람들과 유대감을 형성하는 데 중요한 역할을 합니다. 마음에 드는 사람과 함께 식사하면 호감도가 상승하기도 하고, 직장에서 함께 하는 식사만큼 진한 동료애를 표현하는 방법도 없습니다. 기쁜 일이 있어서 축하해 줄 때나, 어려운 시기에 응원해 줄 때 밥 한 끼 함께 하면서 마음을 전하곤 합니다. 식사를 함께하자는 말은 친해지고 싶다는 메시지이고, 친밀감을 표시하는 하나의 표현입니다. 이처럼 사람과의 관계에서 음식의 역할은 상상 이상으로 큰 윤활유 작용을 합니다.

찰스 스펜스(Charles Spence)의 저서 《왜 맛있을까》 중에 다음과 같은 구절이 나옵니다.

> "함께 먹는 행위는 뇌의 엔도르핀 시스템을 활성화시키고 엔도르핀은 사회적 관계에서 중요한 역할을 한다. 식사를 가운데 두고 함께 앉으면 사회적 네트워크가 형성되고 육체적, 정신적 건강, 행복감과 안녕감, 삶의 목표에 큰 영향을 받는다."

이처럼 우리가 맛있는 음식을 먹을 때 행복감을 느끼는 데에는 이유가 있습니다. 바로 뇌에서 분비하는 엔도르핀이라는 화학물질 때문인데요. 엔도르핀은 신체의 천연 진통제라고도 알려져 있으며, 실제로도 통증을 완화하고 스트레스와 불안을 감소시키는 효과가 있다고 합니다. 이러한 기능 때문에 엔도르핀이 활성화되면 자연스럽게 기분이 좋아지고 편안함을 느끼는 상태가 되는 것입니다.

특히 음식을 누군가와 함께 먹을 때 이런 행복감은 더욱 커집니다. 물론 혼자서 밥을 먹는 것이 좋다고 말하기도 합니다. 혼자 식사하는 행위를 '혼밥'이라고 말하기도 하는데, 혼밥도 그 나름대로의 행복감을 느낄 수 있습니다. 혼자만의 시간을 확보하면서 식사할 수 있어서 편하고 식사에 집중할 수 있다는 장점 때문입니다.

사실 혼밥 문화는 1인 가구가 점점 늘고 있는 이유로 인해 사회적인 트렌드로 자리 잡은 지 좀 되었습니다. 2022년 통계에 의하면 1인 가구 비율이 34.5%에 해당하고 있는데, 이 수치는 2000년 15.5%에 비해 2배가 증가한 것입니다. 10명 중 약 3명의 비율이 1인 가구이니 만큼 이제는 혼밥이 대중화되었다는 걸 알 수 있는 대목입니다. 이로 인해 식당도 변화되었습니다. 실제로 주변을 보면 1인 식사를 위한 공간을 별도로 만들어 놓은 식당도 상당히 있고, 1인분 메뉴를 특화한 브랜드도 다양해진 것을 확인할 수 있습니다. 배달 플랫폼에 아예 1인분 카테고리도 생겼고, 술집도 과거에 비해 혼자서 이용하는 빈도가 늘고 있습니다.

그런데 혼밥을 하지만 먹방(먹는 방송의 줄임말)을 보면서 식사하는 경우도 꽤 있습니다. 먹방을 보면서 대리만족을 느끼게 되는 건데 방송 중 소개되는 메뉴를 맛있게 먹고 있는 모습을 보면 그 음식을 나도 먹고 싶다는 생각을 하게 만드는 작용 때문입니다. 대표적인 예로 2015년에 시작된 '맛있는 녀석들'이 있습니다. 코미디언 4명이 전국 곳곳의 식당들을 방문하여 먹방을 하고, 더 맛있게 먹는 법을 공유하는 콘셉트로 지금까지 롱런하는 몇 안 되는 음식 관련 프로그램이 되었습니다.

이처럼 음식은 사람과의 관계에 윤활유 역할을 하고, 친밀감을 형성하는 데 도움을 주며, 행복감을 주는 특징을 지니고 있습니다. 그리고 식사를 풍요롭게 하는데 중요한 역할을 하고 즐거운 경험을 제공해

주기도 합니다.

만일 소중한 가족이나 친구와 식사를 하는데 어떤 이유이든 간에 음식이 만족스럽지 못했다면 대부분 그날 식사는 좋은 경험으로 기억되지 못합니다. 이는 식당에 다시 갈지 말아야 할지 결정하는 핵심적인 이유가 되기도 합니다. 특히 식당의 화룡점정은 바로 메뉴입니다. 그러니 음식이 지닌 특징과 중요성을 다시 한번 깨닫고 기대하고 온 고객에게 즐거운 경험을 선사할 수 있도록 내 가게만의 특별한 메뉴를 준비해 보시기 바랍니다.

식당을 움직이는 엔진은 '메뉴, 원가, 수익' 관리!

☞ 지속가능한 힘을 만들기 위한 원동력

독립 브랜드로 식당 장사를 해야겠다고 다짐을 하면 아마 어떤 아이템을 선택해야 장사를 잘할 수 있을지, 어떤 메뉴로 장사하면 좋을지를 먼저 생각하게 됩니다. 다음으로 자연스럽게 따라오는 질문은 상권은 어디가 좋을지, 브랜드는 어떻게 만들지 정도가 될 텐데요. 물론 바라보는 관점에 따라서 고민의 출발점은 달라질 수 있습니다. 상권을 먼저 떠올리는 경우도 있지만, 대체로 아이템과 메뉴에 대한 고민부터 하기도 합니다. 프랜차이즈 창업은 어떨까요? 주로 어떤 아이템이 전망이 좋고 수익률이 잘 나오는지부터 생각하게 됩니다. 특히 프랜차이즈의 경우 어떤 콘셉트의 메뉴인가에 따라서 사업의 성과가 달라질 수 있기 때문에 아이템에 대해 관심을 보이고 고민하는 것은 당연합니다. 콘텐츠의 핵심 역할을 하는 메뉴가 준비되지 않고는 장사를 시작할 수 없다는 걸 알기 때문입니다.

하지만 처음 장사를 시작했음에도 메뉴 준비를 쉽게 끝낸 덕분에 비교적 수월하게 식당을 오픈한 사례가 있습니다. 평소 알고 지내는 셰프님 중에 식당 오픈 경험도 많고 메뉴 컨설팅도 많이 하던 분이 있습니다. 그런데 장사를 한 번도 해보지 않은 지인이 고깃집을 오픈하고 싶다고 해서 메뉴 개발을 해줬고, 셰프님 덕분에 빠르게 장사 준비를 할 수 있었다며 무척 고마워했다는 이야기를 해주었습니다.

이와 반대로, 다른 건 다 준비했는데 메뉴 때문에 장사를 시작하지 못하고 고민하는 사장님도 있었습니다. 장사 전에 모아 놓은 좋은 레시피들이 많지만, 정작 그걸 어떻게 써먹을지 몰라서 애태우는, 메뉴의 중요성은 알고 있지만, 기본적인 메뉴 구성의 원리를 알지 못하는 사례였습니다.

한편, 창업이 아니라 장사하는 도중에는 어떨까요? 사실 사장님의 고민은 크게 매출과 이익으로 나누어 볼 수 있습니다. 매출을 올리려면 어떻게 해야 할까? 어떻게 하면 한 달에 목표했던 돈을 남길 수 있을까? 원가 관리는 어떻게 하면 좋을까? 이처럼 여러 고민을 하게 됩니다. 매출을 올리려면 근사한 분위기, 친절한 서비스, 뒷받침해 주는 좋은 메뉴와 그걸 팔아줄 고객이 필요하겠지요. 그리고 이익은 손익 관리를 통해 실현할 수 있고요. 분위기와 서비스도 빠트릴 수 없는 부분이지만, 결국 핵심은 메뉴, 고객, 손익 관리인 것입니다. 어떤 분위기에서 어떤 메뉴를 운영하느냐에 따라 매출이 달라지고, 고객이 얼마큼 방문하느냐도 역시 매출에 중요한 요인으로 작용합니다.

그런데 고객 유치보다 앞서 신경 써야 하는 일이 바로 메뉴 관리입니다. 메뉴가 있어야 고객을 맞이할 수 있기 때문입니다. 게다가 식당에 온 손님은 여러 가지로 식당을 평가하지만, 그 중심에는 메뉴가 자리 잡고 있습니다. 그러니 장사의 핵심 역량이 메뉴라는 것입니다.

이익 창출은 지속가능성과 사업 확장의 판단을 판가름하는 결정적인 요인이 됩니다. 예를 들어, 1호점이 장사가 잘되면 2호점을 오픈하려고 했는데, 1호점의 수익이 생각했던 것만큼 별로 좋지 않다는 걸 알게 되면 결국 매장 확장을 망설일 수밖에 없게 됩니다. 수익성이 없는데 규모를 키울 수 없기 때문입니다. 그래서 손익관리를 위한 방법에 대해 고민하게 되는 것입니다. 그리고 손익관리는 원가와 직접적인 연관이 있습니다. 원가를 어떻게 관리하느냐에 따라 수익이 달라질 수 있기 때문에 식당 장사에서 원가는 반드시 챙겨야 할 부분입니다.

앞에서 말했지만, 마진율 개선은 원가 관리를 통해 할 수 있다고 이야기했습니다. 평소 원가 관리를 하지 않았지만 중요성을 깨닫고 실행한 덕분에 마진율이 8%나 상승했다는 사례였습니다. 원가 관리를 실행해서 마진율이 올라가는 경험을 하면 손익 원가 관리가 얼마나 중요한지 비로소 느끼고 계속해서 그걸 유지하기 위해 스스로 노력하게 됩니다. 그런데 혹시 장사가 너무 잘 돼서 월 2억이 넘게 나오고 영업이익도 1억이 넘게 나오는 경우라면 마진율이 거의 50%인 것인데, 이때는 비용 관리에 특별히 괘념치 않을 수도 있습니다. 하지만 이런 경우는 정말 드문 사례에 속하니 너무 현혹되지 말고 관리하는 일에 늘 집중하시면 좋겠습니다.

지금까지 메뉴, 원가, 수익관리의 중요성에 대해 살펴보았습니다. 장사는 하루 이틀 하려고 시작하는 것이 아닌 만큼 안정적으로 오래 지속할 수 있는 힘이 필요합니다. 그 힘이 바로 메뉴이고 손익 원가 관리인 것입니다. 지속 가능한 장사를 위해서 메뉴와 손익 원가 관리는 반드시 체크해야 합니다. 그래야 질적 성장도 이룰 수 있고 사업 확장의 기회도 주어집니다. 이러한 중요성을 인지했지만 아직까지 현실적인 실행 방법을 찾아 고민 중이라면 앞으로 이 책에서 소개할 내용을 찬찬히 한번 살펴보시면 좋겠습니다. 이 책을 통해 조금이나마 답답했던 사장님의 궁금증을 해결하는 데 도움이 되기를 기대해 봅니다.

Chapter.2

사람들은
'있어 보이고, 자극 받고,
스토리가 있는'
메뉴에 모인다

콘셉트가
명확한가?

☞ 나침반 같은 역할

이름만 들으면 모두 떠올릴 브랜드, 비비고(bibigo)의 사례를 들어보겠습니다. 현재는 CJ제일제당의 대표 브랜드로 자리 잡았지만 가장 먼저 브랜드가 시작된 것은 2010년 레스토랑 사업부터였습니다. 당시 저는 상품기획자로 오픈 TF 팀에 합류할 수 있게 되었고, 브랜드의 콘셉트뿐만 아니라 방향성, 메뉴, 인테리어, 유니폼, 마케팅까지 사업 전반을 총 책임지는 브랜드 전략 고문님과 함께 국내 지점과 미국, 싱가포르, 중국 지점까지 상품 기획을 하면서 브랜드가 어떻게 탄생되는지 일련의 과정들을 직접 경험해 볼 수 있었습니다. 브랜드 오픈을 준비하면서 밤도 새고 무척 고된 시간들이 있었지만, 꿈을 위한 수고였기 때문에 주어진 기회에 감사하며 기쁘게 일했던 기억이 있습니다.

브랜드를 처음 만드는 시작 단계에 미국 지역으로 시장조사가 이루어졌고 타깃 소비자에 대한 이해와 조사를 통해 '비빔밥을 특화한 한식 캐주얼 레스토랑'이라는 브랜드 콘셉트와 핵심 키워드로 '신선함, 건강함, 모던함' 등의 단어가 결정되었습니다. 그리고 브랜드 네이밍부터 메뉴 콘셉트, 구체적인 운영 형태, 인테리어, 유니폼까지 계획이 준비되고, 이후 브랜드 전략 고문님의 진두지휘하에 브랜드가 탄생되었습니다. 메뉴에 대해 조금 더 이야기해 보면 글로벌을 겨냥한 한식 아이템의 브랜드이다 보니 할 수 있는 메뉴들이 많다고 생각할 수도 있겠지만, 그 많은 한식 메뉴 중에 어떤 메뉴를 선택해야 할지 오히려 고민이 되기도 했습니다. 그런데 브랜드가 추구하고자 하는 가치와 콘셉트가 명확히 정리되어 있던 덕분에 메뉴 구성을 훨씬 수월하게 마무리할 수 있었습니다.

이처럼 브랜드의 콘셉트가 명확하다면 다소 난관이 있더라도 그에 기반에 제품과 메뉴가 만들어지고, 이로 인해 고객에게 임팩트 있게 기억될 수 있습니다.

비비고(bibigo)의 경우 앞서 언급한 '비빔밥을 특화한 한식 캐주얼 레스토랑'이라는 브랜드 콘셉트와 핵심 키워드에 맞춰 비빔밥에 사용하는 나물 재료의 조리법을 아삭한 식감과 신선함을 더해주도록 삶지 않고 오븐 스팀의 방식을 적용하고, 비빔밥 소스로 주로 사용하는 고추장 소스 외에도 간장, 된장, 참깨로 건강한 발효 소스를 개발하여 선택의 다양성을 줬습니다. 또한 미국의 주요 타깃층에게 비빔밥이 비벼 먹는다는 개념보다는 또 다른 종류의 샐러드라는 인식이 있다는 것을 시장조사를 통해 발견한 덕분에 전통적인 비빔밥이 아닌, 재료의 형태를 다양하게 하고 풍성한 볼륨감을 살릴 수 있는 방식의 새로운 샐러드형 비빔밥 메뉴가 추가되었습니다. 그리고 발효 장을 활용해서 개발해 놓은 네 가지 소스는 샐러드 비빔밥에 기호대로 뿌려 먹는 드레싱 같은 역할을 할 수 있었습니다. 이뿐만 아니라 비빔밥에 사용되는 채소 이미지가 일러스트로 만들어져 인테리어에 활용되기도 했습니다.

이처럼 브랜드가 표현하고자 하는 메시지가 무엇인지, 타깃 고객에게 어떤 가치를 주고 싶은지, 왜 이 식당을 운영해야 하는지, 먼저 크고 멀리 고민하고 여기에 맞춰서 메뉴, 인테리어, 서비스 방식 등의 구체적인 요소들을 준비하는 순서로 브랜드를 만들어야 합니다. 그리고 이렇게 만든 브랜드는 실제로 운영할 때 주변 상황에 쉽게 흔들리지 않고 잘 관리될 수 있으며, 이것이 바로 식당과 가게 운영의 본질부터 접근하여 오래 지속 가능한 식당을 만들 수 있는 지름길이 되는 것입니다. 마치 비바람 몰아치는 망망대해의 등대이자, 사막 한가운데 나침반 같은 존재가 브랜드에서 콘셉트의 역할이라고 할 수 있겠습니다.

☞ 식음료 분야의 골든서클 개념

얼마 전 사이먼 시넥(Simon Sinek)이라는 미국의 유명한 전략 커뮤니케이션 전문가의 TED 강연을 본 적이 있습니다. TED 6500만 조회 수를 달성한 사이먼 시넥의 강연이 무척 인상적이었는데, 여기서 사이먼 시넥은 골든서클의 개념을 소개합니다.

골든서클은 크게 세 개의 원으로 구성되어 있고 안쪽부터 바깥쪽으로 '왜, 어떻게, 무엇을'이라는 질문을 통해 수많은 경쟁에서 이기기 위해 '무엇을' 해야 하는가? 가 아니라 '우리는 왜 이 일을 시작했는가?'를 생각하는 것이 필요하다는 메시지를 담고 있습니다. 이 개념을 외식업 분야로 환치해 보면, 브랜드가 왜 중심에서부터 시작되어야 하는지 조금 더 쉽게 이해하실 것 같습니다.

F&B 골든서클

식음료 분야의 골든서클은 네 개의 원으로 구성되어 있습니다. 안쪽부터 바깥쪽 방향으로 브랜드 정체성이 중심에 자리 잡고, 두 번째 원은 메뉴가 차지하며, 인테리어, 서비스, 조명, 분위기, 위치, 음악 등 식당을 이루는 여러 가지 요소들이 함께 묶여 세 번째 원이 그려집니다. 마지막으로 고객을 불러 모으기 위한 이벤트, 가격 할인, 프로모션 등의 각종 마케팅 활동으로 인해 네 번째 원이 모두 완성됩니다. 이렇게 하여 식당을 만들 때 필요한 요소들이 모두 원 안에 놓이게 됩니다.

사이먼 시넥(Simon Sinek)의 골든서클 개념에서 전하는 메시지는 "일의 시작을 안쪽부터 바깥쪽 방향으로 해야 성공할 수 있다"는 것인데, F&B에서도 마찬가지라고 보시면 됩니다.

식당을 창업하거나 가게를 운영할 때, 가장 먼저 할 일은 타깃 소비자가 누구인지 명확히 설정하고 브랜드 정체성을 결정하는 일입니다. 그리고 거기에 맞는 메뉴 특징을 찾아내고 콘셉트를 짜서 고객이 원하는 메뉴를 만들어 냅니다. 좋은 재료를 사용하고 화려한 테크닉으로 맛의 풍미를 높여서 브랜드에 어울리는 메뉴를 완성합니다. 다음 단계는 콘셉트에 어울리는 방향으로 고객에게 경험을 제공해 줄 수 있는 부분을 하나씩 만들어 갑니다. 여기까지가 브랜드를 표현하는 모든 콘텐츠가 되는 것이고 이것이 고객이 느끼는 경험의 요소들입니다. 메뉴뿐만 아니라 다양한 측면에서 좋은 경험을 줄 수 있는 콘텐츠가 완성되면 이제부터는 내 가게가 쉽게 검색될 수 있도록 핵심 키워드를 찾아내고 마케팅을 진행하면서 타깃 고객에게 브랜드를 적극적으로 알리면 됩니다.

식당 규모가 크든 작든 상관없이 원의 안쪽부터 바깥쪽 방향의 순서로 외식 사업은 만들어지고 있습니다. 요소별로 자본과 에너지를 얼마큼 쏟느냐, 디테일을 얼마나 살리느냐에 따라 레스토랑의 규모와 형태가 정해집니다. 작은 디테일이 가게에 강력한 영향력을 끼친다는 사실도 기억하시면 좋겠습니다. 캐주얼한 식당과 파인 다이닝의 차이는 바로 작은 것 하나까지 세심하게 살피는 디테일의 싸움이라고 말할 수 있습니다.

하지만 원의 바깥쪽부터 안쪽으로 순서를 바꿔서 사업을 준비하게 되면 자칫 바깥쪽에 있는 마케팅에만 너무 집중하게 되고 정작 중요한 중심에 놓인 핵심을 등한시할 수 있습니다. 처음에 시간이 걸릴 수도 있겠지만, 그렇더라도 차근차근 원의 중심부터 하나씩 채워 나가는 형태로 식당을 준비해 보세요.

　골든서클의 개념으로 브랜드 정체성과 메뉴 콘셉트가 일치하고, 공간을 이루는 모든 요소들이 일관성 있게 전달되어 경험할 수 있게 만든다면 고객의 기억에 특별한 한곳으로 강하게 남게 될 것입니다. 이것이 우리 브랜드만의 가치를 만들고 오래 지속 가능한 식당을 만들 수 있는 지름길입니다. 특히 창업을 준비하시는 사장님들의 경우 반드시 원의 안쪽부터 바깥쪽 방향으로 일을 진행하셔야 불필요한 비용을 줄이고 실패 확률을 최소화해서 가게를 오픈하실 수 있습니다.

　콘셉트에 끌려서 고객이 찾아오도록 만들고, 식사가 필요한 순간에 즐거웠던 시간과 오감으로 경험했던 기억들이 떠올라서 다시 찾는 그런 식당을 만드셔야 합니다. 그러기 위해서 콘셉트가 먼저 명확해야 하겠죠! 혹시 우리 식당의 콘셉트가 아직 불명확하다면 이번 기회에 가게의 정체성에 대해 고민해 보고 고객과 소통할 브랜드한 단어를 찾아보며 가게 전반을 재정비해 보시면 어떨까 합니다.

뾰족한
스토리 요소가 있는가?

☞ 고객의 마음을 움직이는 힘

식당에 방문하는 고객은 어떤 마음일까요? 제가 만일 고객이라면 맛있는 걸 먹을 수 있다는 기대감과 어떤 것을 먹어볼 수 있을지에 대한 호기심, 그리고 비용 대비 가치가 있을지에 대한 의구심 등이 들 것 같습니다. 그럼 고객을 맞이하는 사장님의 마음은 어떨까요? 식당에 방문하는 순간부터 고객의 경험이 시작된다는 것을 알기 때문에 이것저것 신경이 쓰이고 긴장이 될 수밖에 없습니다. 그리고 고객에게 좋은 경험을 주기 위해서 정성을 쏟을 텐데요. 사실 좋은 경험이란 어느 한 가지로만 채워지는 것은 아닙니다. 인테리어, 서비스, 분위기 등 여러 가지 요소가 복합적으로 작용해야 긍정적인 경험을 할 수 있습니다.

하지만 고객의 다양한 경험 중에 메뉴가 차지하는 비율이 높아서 메뉴에 호감을 주는 것이 중요하다는 것에 공감합니다. 맛에 대한 만족감을 주기 전에 기대감을 높이는 방법들이 여러 가지 있는데,

이 가운데 고객의 마음을 움직이는 강력한 힘을 가진 스토리에 대해 이야기해 보려고 합니다.

메뉴에 대해 좋은 인상을 심어줄 수 있는 방법은 주문을 하기 전과 음식을 맛본 상태로 나눠서 확인해 볼 수 있습니다. 전자는 기대감 그리고 후자는 만족감을 느끼게 합니다. 전자는 주문하기 전 상태에서 갖는 생각이라면, 후자의 경우 맛 자체에서 느낄 수 있는 감정입니다. 사실 메뉴에 대한 만족감은 맛을 보면 바로 알 수 있는 부분이지만, 기대감을 갖도록 하기 위해서는 어떤 메뉴일지 매력적으로 포장하는 것이 포인트입니다. 예를 들어, 그럴듯한 메뉴 이름, 먹어보고 싶게끔 작성한 메뉴 설명, 맛있어 보이는 메뉴 사진이 있으면 메뉴를 선택할 가능성이 높아집니다.

그리고 다른 하나는 메뉴를 조금 더 특별하게 보이도록 하는 스토리입니다.

☞ **다양한 스토리텔링의 요소**

음식을 맛보기 전 상태이기 때문에 메뉴에 대해 궁금할 수 있습니다. 예를 들어, 어떤 재료를 사용했을지, 어떻게 조리했는지, 어떻게 먹으면 더 맛있게 먹을 수 있을지에 대한 궁금증입니다. 그래서 이러한 궁금증을 해결해 준다는 마음으로 스토리텔링을 시작해 보시면 됩니다. 그리고 메뉴에 대한 구체적인 정보를 제공한다는 마음으로 차근차근 이야기를 만들어 보세요.

'사실(fact) 전달'과 함께 고객의 언어로 최대한 이해하기 쉽게 구체적인 단어와 감정적인 표현을 사용해서 친절하게 설명해 주면 좋습니다. 모든 메뉴에 스토리가 있을 필요는 없지만, 그래도 브랜드를 대표하는 시그니처 메뉴라면 있는 것이 좋습니다. 매력적인 스토리가 있을 때 메뉴를 선택할 가능성이 높아지고, 이는 매출 상승에 도움을 줄 수 있기 때문입니다.

하지만 스토리텔링을 만들기란 쉬운 일은 아닙니다. 그런데 음식이 준비되고 소비되는 전 과정을 단계별로 살펴보면 힌트를 얻을 수 있습니다.

첫째, 재료를 준비하는 단계에서 식재료에 관련한 특이사항을 활용하면 됩니다. 원산지, 생산자, 효능에 대한 특별한 점을 찾아서 스토리로 만들 수 있습니다.

둘째, 조리 단계에서 조리법과 음식을 만드는 사람의 전문성을 내세우는 방법이 있습니다.

셋째, 메뉴가 완성되는 단계에서 음식이 탄생하게 된 배경과 유래에 대한 이야기를 스토리로 만들면 됩니다.

넷째, 식사 단계에서 맛있게 먹는 방법을 소개하는 방식입니다.

그럼 이와 관련해서 예시 몇 가지를 소개해 보겠습니다.

첫 번째, 식재료와 관련해서 스토리텔링하는 방법입니다. 춘천 여행 가면 꼭 한 번은 먹어봐야 하는 아이템이 있는데요. 춘천 '감자밭' 카페의 시그니처 메뉴인 감자빵이 그 주인공입니다. 2021년 기준 누적 판매 개수가 줄 세우면 지구 한 바퀴를 돈다고 하고, 최근 연 매출 200억을 달성하면서 앞으로 해외까지 사업을 진출한다고 하니 단일 아이템 치고 정말 최고의 제품인 것 같습니다. 감자와 똑같은 모양을 하고 있어서 처음에는 정말 신기하게 생각했는데 직접 맛을 보니 쫀득쫀득한 식감에 진짜 감자의 진한 풍미도 느껴져서 기대 이상이었습니다.

그런데 감자빵 포장 박스 안에는 한 장의 카드에 감자빵에 대한 이야기가 다음과 같이 적혀 있었습니다.

> "강원도에서 개발된 '로즈' 감자는 겉은 빨갛고 안은 샛노란, 맛이 달달한 감자입니다. 이 품종의 감자를 지키기 위해 아버지께서는 십수 년이 넘도록 농사를 지으셨습니다. 춘천 감자빵에는 이 수년의 세월과 우리의 것을 지키고자 하는 농부의 마음이 들어 있습니다."

이 글을 읽는 순간 진정성이 느껴지고 밭에서 애쓰는 아버님의 모습이 떠올랐습니다. 단순한 사실(fact) 전달이 아니라 감성적인 표현을 통해 마음을 움직이고 제품에 대한 신뢰도를 높였는데요. 재료의 원산지와 생산자를 소재로 스토리가 잘 만들어진 사례라고 할 수 있습니다.

두 번째, 조리법과 음식을 만드는 사람의 전문성을 스토리 소재로 활용한 사례입니다. 세계 3대 요리학교, 미국의 유명한 미슐랭 레스토랑 출신의 20년 경력 전문 셰프가 만든 프리미엄 미슐랭 육포 제품인데요. 한남동 고급 스테이크 전문 레스토랑을 운영하는 미슐랭 출신 셰프가 왜 제품을 만들게 되었는지에 대한 스토리와 함께 제품의 특별함에 대해 소개하여 판매를 높인 경우입니다. 실제 해당 판매 사이트에 소개된 내용입니다.

> "국내 최초! 크리스피한 미슐랭 육포의 등장, 미슐랭 출신 셰프의 이름을 걸고 만드는 아메리칸 스타일의 새로운 비프

저키, 미슐랭 출신 셰프의 노하우와 비밀 레시피가 들어간 차원이 다른 프리미엄 육포, 준비 기간 2년, 100번 이상의 시제품 테스트를 거쳤습니다.”

성공적으로 고객의 마인드 안에 브랜드를 포지셔닝 하는 효과적인 방법 두 가지가 있다고 합니다. 하나는 최고가 아닌 최초가 되는 것이고, 다른 하나는 최초가 아니라면 새로운 카테고리를 창조하는 것입니다. 이번 사례의 경우 제품을 개발한 방법과 출신성분으로 전문성을 강조하여 제품에 대한 신뢰를 높여 주었고, 기존의 육포와 다른 바삭한 식감으로 국내 최초라고 제품을 소개하면서 효과적으로 포지셔닝을 한 경우입니다.

세 번째, 음식이 탄생된 배경과 유래를 스토리로 만든 사례입니다. 이랜드에서 근무하던 시절 아이템을 정해서 전국에 유명한 식당들을 돌아다니며 맛을 연구하던 '맛집 지워나가기' 프로젝트에 참여했던 적이 있었습니다. 참고로 대형 외식기업에서는 평소 꾸준하게 시장조사를 다니며 메뉴 트렌드를 살펴보는 일을 주로 합니다. 업종별로 대중적인 메뉴들을 선정해서 다니던 가운데 한식의 대표 메뉴인 비빔밥도 리스트에 포함되었습니다. 서울, 전주, 안동, 익산 등 전국 각지의 유명한 비빔밥을 먹어보며 맛의 차이점을 비교 분석해 보았는데, 같은 메뉴이지만 지역별로 재료의 사용, 곁들이는 반찬류, 비빔밥으로 제공되는 밥알의 상태, 제공하는 방식 등 차이점들이 많이 발견되었습니다.

당시 방문했던 여러 곳들 중에 인상적이었던 식당이 있었는데 익산에서 가장 오래된 식당으로 알려진 곳으로 1931년에 개업하여 현재까지 운영되고 있는 대물림 맛집의 백년가게입니다. 가게 문을 여는 순간 오래된 노포의 분위기가 물씬 풍겼고 벽 한편에 대물림 연혁부터 음식 전수 사연까지 적힌 대물림 스토리가 있었습니다. 어떻게 식당이 만들어지고 메뉴가 탄생되었는지 자세히 적혀 있어서 주문한 메뉴가 아직 나오기 전이었지만 비빔밥 메뉴에 대한 이해가 높아졌고, 어떤 맛일지 궁금하기까지 했습니다. 오래전에 방문했던 식당이었지만, 아직까지 기억하고 있는 걸 보니 역시 스토리의 힘이 대단한 것 같습니다. 이러한 대물림 맛집의 식당들은 전국에 많이 있으니 한 번쯤 방문해서 스토리의 재미를 직접 느껴 보시는 것도 좋을 것 같습니다.

네 번째, 음식을 맛있게 먹는 방법을 스토리 요소로 풀어낸 경우입니다. 국내 성수동, 목동, 상암동 3곳과 베트남까지 오픈하여 성업 중인 돼지고기구이 전문점입니다. 주변에 고깃집이 참 많지만 유독 이곳은 재료에 신경을 쓰고 가치를 주려고 하는 모습들이 돋보여서 소개해 드리려고 합니다. 주문하려고 펼친 메뉴판에 식재료에 대한 소개 글이 있었는데 '우리 땅이 길러낸 최고의 식재료를 찾아서'라는 제목으로 재료들의 원산지를 나열하고 친절하게 설명해 준 덕분에 신뢰가 갔습니다. 식재료에 진심인 사장님의 마음이 느껴져서 그런지 먹기 전부터 군침이 돌았던 경험이 있습니다. 고기를 더욱 맛있게 즐기는 법 세 가지도 자세하게 적어 놓았는데요. 식당 메뉴판에 적혀 있는 실제 내용입니다.

"담백한 천일염부터 매콤한 파김치까지, 향이 약한 조합부터 강한 순으로 드시면 더욱 다채로운 맛을 느끼실 수 있습다. 하나, 천일염에 찍어서 고기 본연의 맛을 음미해 보세요. 고소하게 볶은 천일염이 풍미를 더욱 올려줍니다. 둘, 통갈치 속젓에 찍어 씻은지를 곁들여 보세요. 목포와 해남의 그윽한 내음이 입맛을 돋웁니다. 셋, 개운한 고추냉이에 장아찌와 함께 드셔보세요. 혀끝 알싸한 향이 느끼함을 잡아줍니다.”

지금까지 손님이 음식을 맛보기 전에 메뉴에 대해 좋은 인상을 심어줄 수 있는 몇 가지 방법들을 소개해 드렸는데요. 어떠셨나요? 손님이 메뉴에 대해 궁금해할 것 같은 것에 답을 준다는 느낌으로 접근하시면 어렵지 않게 스토리를 만들어 보실 수 있을 것입니다. 음식과 관련된 이야기를 들려주면 그 메뉴와 제품에 대해 기억하기 쉽다는 사실을 기억해 보세요. 혹시 브랜드의 메뉴 스토리가 아직 준비되지 않으셨다면 소개해 드린 다양한 스토리 요소들을 참고하셔서 맛깔스럽게 이야기를 만들어 보시면 좋겠습니다. 고객의 마음을 움직이고 싶으시다면 스토리가 가진 힘을 한번 믿어 보셨으면 합니다.

탁월한
네이밍인가?

☞ 메뉴명이 탄생되기까지

　몇 년 전 대형 외식기업에서 이태원 부근으로 한식 파인 다이닝 레스토랑을 오픈하는 프로젝트에 상품기획자 겸 총괄 책임자로 참여했던 적이 있었습니다. 상권조사부터 사업 계획, 공사, 인력 채용, 메뉴까지 전체 과정을 이끄는 역할이었습니다. 레스토랑의 성공적인 론칭을 위해선 식당의 핵심인 메뉴가 중요하다는 것을 알고 있었기 때문에 메뉴 준비에 특히 많은 고민과 노력을 쏟았습니다. 그럼 실제로 메뉴 준비를 어떻게 했는지 과정에 대해 조금 더 구체적으로 말씀드려 보겠습니다.

　메뉴를 준비할 때는 기획과 개발 단계로 나누어 일을 합니다. 기획 단계에서 시장조사 후 메뉴를 짜고, 운영에 필요한 전반적인 일을 진행합니다. 개발 단계에서는 메뉴를 맛있게 만드는 일을 합니다. 메뉴 기획에서 브랜드 콘셉트에 맞춰 메뉴 전략을 짜고, 어떤 메뉴를 구성할지 고민하는 단계가 있는데, 이때 가장 주목해야 할 것이 타깃 고객입니다. 당시 오픈하는 레스토랑의 경우 주변 지역을 조사해 보니 대사관과 회사가 많다는 것이 확인되었습니다. 그래서 고객 접대와 사교 등 비즈니스 목적으로 식사와 함께 주류 소비를 많이 하는 35~50세 전문직 종사자와 대사관, 외국계 회사에 근무하는 국내 거주 외국인을 주 고객으로 잡았습니다. 이렇게 해서 고객이 누구인지 정한 후 타깃층이 선호할 만한 포인트가 무엇일지 찾아보았습니다. 그래서 결정한 방향이 한국적인 특징은 그대로 살리면서, 현대인들의 취향에 맞춰 모던하면서 고급스럽게 표현하는 방식이었습니다.

메뉴 기획 단계 전에 이미 브랜드 콘셉트를 '한식 파인 다이닝 레스토랑'으로 정하고, 정통적, 고품질, 새로움, 자유로움을 핵심 키워드로 설정해 놓은 상태여서 메뉴 전략도 여기에 맞춰서 '한국의 정통 음식의 맛을 유지하면서 창의적이고 세련되게 표현'하는 것으로 했습니다. 이후 메뉴 리스트도 짜고 메뉴 개발도 진행했는데, 이 과정에서 메뉴에 가치를 줄 수 있는 다양한 방법들을 적용했습니다. 여러 방법 중에 한 가지로 재료와 조리법, 지역 특산물을 메뉴 이름에 붙여서 가치를 주고 품격을 올려 주었습니다. 예를 들어 브랜드 대표 메뉴였던 특제 통꼬리찜 요리, 수원식 별미 육개장, 통갈비살 떡갈비, 수제 쑥떡 와플 등의 메뉴들이 있었습니다. 이와 같은 메뉴 준비 과정을 거쳐 론칭한 레스토랑은 다행히 장사도 꽤나 잘 되어서 프로젝트를 성공적으로 마무리한 경험이 있습니다.

☞ 메뉴 이름에 담긴 진짜 의미

이때 오픈한 한식 레스토랑에서 전체 메뉴를 전채요리, 일품요리, 반상식사로 구분하고, 총 20개 정도의 메뉴를 운영하였는데, 특히 '직접 담근 된장으로 재워 노릇하게 구운 후 강원도 고랭지산 3년 묵은지를 곁들여 내는 메로 된장구이' 메뉴가 아주 인기가 좋았습니다. 주재료인 메로는 생선의 일종인데 일본식 선술집에서는 주로 달근한 간장 양념에 재워 살라만다 그릴(SALAMANDER : 윗면에서 열을 방사하는 전기 또는 가스 조리기구)에 노릇하게 구워내는 방식으로 조리합니다. 달콤 짭짤한 생선구이 맛이 좋아서 술안주로 인기가 좋습니다. 어쩌면 한 번쯤 맛보셨을지도 모르겠습니다.

혹시 메로가 어떤 생선인지 알고 계시나요? 비린 맛이 덜하면서 담백하고 살이 많은 편이라 주로 조림이나 구이로 많이 사용되는 생선입니다. 그런데 생선의 진짜 이름으로 한국에서는 비막치어, 영어권에서는 파타고니아 이빨고기라고 불린다고 합니다. 만일 메뉴판에 이름을 '파타고니아 이빨고기 된장구이'라고 하면 어땠을까요? 당연히 그럴 일도 없겠지만 아무리 맛이 좋아도 메뉴명만 본다면 어느 누구도 주문하지 않았을 것입니다. 너무 극단적인 사례라고 이야기할 수도 있겠지만, 이만큼 네이밍이 중요하다는 것을 보여주는 좋은 사례라고 생각합니다.

메뉴 이름에는 브랜드가 전하고자 하는 콘셉트와 표현하려고 하는 메시지가 구체적으로 담겨 있습니다. 그리고 소개해 드린 사례처럼 어떤 이름이냐에 따라 메뉴에 대한 호감도가 바뀔 수도 있습니다. 사람의 뇌는 구체적인 단어를 보면 볼수록 더 분명하고 생생한 상상을 할 수 있다고 합니다. 그러니 가능한 고객이 쉽고 생생하게 메뉴에 대해 인식할 수 있고 맛에 대한 정보를 얻을 수 있도록 표현해 주는 것이 중요합니다. 메뉴 이름은 너무 짧지 않으면서 구체적으로 하고, 정적인 것보다 움직임이 있는 것으로, 단어를 꾸며주는 형용사를 메뉴에 붙이는 방법을 활용해 보시면 좋습니다. 음식에 반응을 보이는 감각적

이미지를 네이밍에 이용할 수도 있습니다. 그럼 다양한 네이밍 방법들을 소개해 드려 보겠습니다.

첫째, 일반 명칭의 이름에 식재료를 추가하는 방법입니다. 트러플 한우짜장면, 불닭김치볶음밥, 가자미미역국, 진저허니치킨, 생굴보쌈, 검은콩 한우된장, 등갈비 묵은지김치찜 메뉴명이 있습니다. 네이밍에 재료를 붙이는 것은 자주 보는 방식입니다. 만일 메뉴에 정보를 추가해 주고 싶다면 메뉴 설명을 자세히 적어 주시면 됩니다. 파인 다이닝 콘셉트 식당의 경우 메뉴판을 보면 메뉴 이름은 짧게 하고 메뉴 설명에 사용하는 재료를 쭉 나열해서 적어 주기도 합니다.

둘째, 조리방법에 대한 힌트를 주는 방법입니다. 웍으로 튀긴 계란 프라이, 수비드 닭가슴살, 짚불오겹살, 드라이에이징 스테이크, 바싹불고기볶음밥, 로스트치킨샐러드 등이 있습니다. 정성과 시간을 고객들에게 알려 주는 방식인데요. 메뉴에 신뢰를 줄뿐더러 훨씬 더 매력적으로 느껴지는 효과를 줍니다. 매쉬드포테이토(감자를 으깨어 만든 요리), 무화과 허니 고르곤졸라 오븐구이, 천천히 구운 양다리 로스트와 같은 경우입니다.

셋째, 지역 이름을 메뉴명에 붙여 주기도 합니다. 싱가폴 쉬림프에 그누들, 쿠바샌드위치, 그리스식 치즈샐러드, 담양떡갈비, 통영산지 굴국밥, 기장 곰장어구이입니다. 특정 지명을 사용해서 지역에 대한 전문성과 메뉴의 차별성을 동시에 줄 수 있다는 장점이 있습니다. 메뉴 이름 자체로 메뉴의 특성까지 녹여낼 수 있기 때문에 고객들에게 주목 받을 가능성을 높여 줍니다. 그리스식 치즈샐러드를 먹어보지 않은 고객이라면 그리스식이 어떤 스타일인지 궁금하기도 할 것입니다. 주문하기 전에 궁금하다면 물어보기도 할 텐데 이러면서 자연스럽게 고객과 소통할 수 있게 됩니다.

넷째, 음식의 모양은 메뉴를 상상하도록 도와줄 수 있습니다. 평소 보지 못했던 모습이 연상되면 궁금증이 생겨서 메뉴를 주문할 수 있습니다. 목화탕수육(목화솜 모양으로 튀겨낸 동그란 탕수육), 산더미불고기(높이 쌓아 올린 불고기 전골), 8㎝ 햄버거(패티, 치즈가 듬뿍 들어가 있는 햄버거), 대왕연어초밥(한 잎 크기의 보통 사이즈가 아닌 주먹만 한 크기의 초밥), 10㎝ 통새우튀김(머리부터 꼬리까지 새우 크기를 모두 살려서 통으로 튀겨 낸 요리), 대패삼겹살(일반적인 두께가 아닌 대패로 밀 듯 얇게 슬라이스 한 삼겹살)이 이러한 사례에 속합니다.

다섯째, 고객이 좋아하는 소리의 특성을 메뉴명과 함께 표현해 주어도 좋습니다. 우리는 배가 고플 때 음식의 소리를 들으면 입에 침이 고이는 경험을 하게 되는데요. 소리를 느끼는 단어를 메뉴명에 붙이면 음식이 눈앞에 있는 것 같은 상상을 하는 데 도움이 됩니다. 보글보글 부대찌개, 오독오독 오돌뼈볶음의 경우입니다. 식욕을 자극하는 효과도 있으니 가끔 사용해 보셔도 좋겠습니다.

여섯째, 메뉴명에 계절을 나타내는 것도 좋은 방법입니다. 봄 도다리쑥국, 여름 치맥, 가을 꽃게범벅, 겨울 스노우볼피자입니다. 계절감을 더하고 신선함을 느낄 수 있도록 해줍니다. 이런 메뉴들은 주로 시즌 한정으로 기획되어 선보이는 경우가 대부분이라서 계절의 특별한 경험을 하고 싶은 고객이라면 매력적일 수 있습니다.

일곱째, 맛의 감각을 메뉴명에 표현하는 방법입니다. 예를 들어 바삭한 새우튀김, 매콤한 불족발, 시원한 냉우동, 매콤달콤 떡볶이, 얼큰 김치찌개, 차가운 오이딜요거트수프, 따뜻한 베이컨비네그레트, 짭짤한 치즈 스프레드의 경우입니다. 직접 맛보아야 느낄 수 있는 맛의 감각을 먼저 느껴보도록 해주는 것인데, 맛보지 않더라도 그동안 축적된 경험과 기억을 연관시켜 기대감을 줄 수 있습니다.

여덟째, 양에 대한 정보를 주는 방법입니다. 메뉴명에 양에 대한 정보를 제공하면 의심이 많은 고객들의 마음을 잠재우고 주문을 쉽게 이끌 수 있게 됩니다. 병어한마리조림, 삼겹살 200g, 제주 근고기(근고기의 뜻은 고기를 근으로 재는 것에서 유래되었으며 한 근은 600그램입니다)의 경우입니다. 미리 알려주고 예측할 수 있도록 하는 장점이 있는 반면, 실제 메뉴의 양과 차이가 생긴다면 실망할 수 있고 부정적인 경험으로까지 이어질 수 있다는 치명적인 단점도 있으니 주의해야 합니다.

아홉째, 곁들이기 좋은 음식을 나열해 주는 방법도 있습니다. 메뉴명이 조금 길어질 수 있다는 단점이 있지만, 메뉴에 대한 이해를 빠르게 돕는다는 장점이 있습니다. 페다크림을 곁들인 고구마, 부라타와 프로슈토를 얹은 그린가스파초, 고수를 올린 소고기쌀국수의 경우가 그 사례입니다. 일반적인 경우는 아닐 수 있지만 파티, 케이터링 등 행사를 위한 메뉴 이름의 경우 종종 사용되는 방식입니다.

지금까지 고객의 주문을 이끄는 데 도움이 되는 메뉴 이름 짓는 방법에 대해 소개해 드렸는데요. 어느 실험에 따르면 메뉴 이름이나 요리에 대한 설명 덕분에 고객은 메뉴의 가치를 느끼고 비용을 더 지불하기도 하고 음식을 훨씬 더 맛있게 먹는다고도 합니다. 고객은 메뉴 이름에서 무엇을 먹을 것인지 힌트를 얻게 됩니다. 음식을 맛보기 전에 상상할 수 있도록 메뉴 이름을 만들어 보고 고객의 주문을 이끌어 보는 것은 어떨까요? 혹시 메뉴 맛은 훌륭한데 메뉴 이름으로 맛을 의심받아 고객의 관심을 받지 못하고 있는 메뉴가 있는지 이번 기회에 메뉴판을 찬찬히 살펴보시면 좋겠습니다.

압도적인 비주얼이 있는가?

☞ 같은 값이면 다홍치마

요즘 음식 사진을 올린 인스타그램을 보고 있으면 감탄할 때가 한두 번이 아닙니다. 진짜 잘 만들었다, 사진도 잘 찍었네, 정말 맛있어 보이는데 가보고 싶다는 생각을 하게 만드는데요. 아는 맛이 더 무섭다고 비주얼이 좋은 음식 사진을 보면 맛이 상상이 가서 식욕도 더 생기고 군침이 돌기도 합니다. 또 '먹방' 콘셉트의 방송 프로그램은 어떤가요? 맛집 소개 프로그램, 맛있게 먹는 팁을 공유하는 프로그램 등 여러 가지 음식 관련 프로그램이 방송되고 있는데, 먹음직스럽고 비주얼이 좋은 음식들이 주로 소개되곤 합니다. 특히 늦은 밤에 '맛있는 녀석들' 프로그램을 보고 있으면 갑자기 허기가 지고 당장 식당으로 달려가고 싶은 마음이 굴뚝같이 들기도 하는데요. 다음날 외식은 프로그램에 소개된 메뉴로 정하기 일쑤입니다.

식당을 방문할 때는 어떨까요? 경험의 순간을 기록하고 싶어서 대부분 인증샷을 찍게 되는데, 이때 빠지지 않는 것이 바로 메뉴 사진입니다. 평범해 보이는 것보다는 시각적으로 아름답고 독특하고 화려한 비주얼 위주로 카메라에 사진을 담고 나중에 대화의 소재로 사용합니다. 맛이 기본이라지만 보기 좋은 떡이 먹기도 좋다는 속담도 있듯이 비주얼에 크게 반응하는 모습들인 것 같습니다.

사실 과거에는 이만큼 음식 이미지와 비주얼의 존재감이 크지는 않았던 듯합니다. 단지 허기를 채우고 처음 접하는 외식 문화와 새로운 음식들을 단순히 경험한다는 것에 의미를 두었다면, 지금은 식당도 많아지고 외식이 대중화되면서 맛 외적인 것까지 중요하게 여기게 되었습니다. 이전에 비해 경험을 표현하려는 고객들이 늘면서 SNS에 음식 사진을 올리는 경우가 많아졌고, F&B 분야에서 맛집을 소개하는 사람들이 점점 늘고, 입맛 까다로운 미식가들과 트렌드 세터들이 즐겨 찾는 식당과 음식들이 인기를 끌고 있는 시대입니다. '인스타그램에 올릴 만한' 의미라는 '인스타그래머블' 신조어까지 탄생했을 정도이니 이제는 맛에만 의존하는 시대는 끝난 것 같습니다. 이런 상황에 처해 있기 때문에 음식의 시각적 매력을 증가시킬 수 있는 노력이 필요해 보입니다. 그럼 '비주얼 끝판왕'이라는 이야기를 들을 정도의 감탄사는 어떻게 이끌어 낼 수 있는 걸까요?

☞ '멋'이 있는 메뉴

패션 분야에 방송이나 공연의 성격, 연예인의 취향을 고려하여 어울리는 의상과 소품을 준비하고, 준비한 의상과 소품이 잘 조화될 수 있도록 연출하는 일을 하는 패션 코디네이터가 있는 것처럼, 식음료 분야에도 음식을 주제로 비슷한 일을 하는 푸드 스타일리스트가 존재합니다. 음식에 어울리는 그릇의 색상이나 모양, 재질을 골라 아름답게 담고, 음식과 관련된 전반적인 일의 연출을 합니다. 외식기업의 경우 신메뉴를 출시하거나 메뉴판이나 브로슈어를 만들 때 주로 푸드스타일링을 전문적으로 하여 음식의 사진과 영상을 만듭니다.

예전에 회사에서 애슐리를 비롯해 자연별곡 등 한식, 중식, 일식, 양식 카테고리의 전체 뷔페 브랜드를 맡아 상품기획의 책임자로 일하던 때가 기억납니다. 봄, 여름, 가을, 겨울 사계절 시즌에 맞춰 메뉴를 변경해 주고, 새로운 메뉴가 출시되는 시점에 고객에게 알리는 일을 연례행사처럼 시즌마다 반복해 주어야 했는데, 브랜드가 많다 보니까 시즌별로 출시하는 메뉴를 전체 관리하는 일이 만만치가 않았습니다. 뷔페는 먹고 나면 기억에 별로 남지 않는다는 인식이 있다 보니 소위 '뽕 뽑는 메뉴' 즉, 본전 뽑는 메뉴로 고객에게 강렬한 인상을 남기는 것이 중요했습니다. 브랜드별로 차별화도 주어야 하고 메뉴도 참 많아서 힘들었지만, 메뉴 운영에 관한 인사이트를 얻게 되어 소중한 시간이었던 것 같습니다. 참고로 계절이 시작되고 메뉴 변경 작업을 시작하면 이미 늦기 때문에 외식기업에서는 분기가 시작되기 전에 모든 일이 그러하듯 미리 계획을 짜서 일을 진행합니다.

시즌 메뉴 출시할 시점에는 고객에게 좋은 메뉴가 있다고 알리기 위한 홍보가 꼭 필요한데, 이때 빠져서는 안 될 것이 바로 음식 사진입니다. 가능한 맛있고 멋있게 보이도록 해야 하기 때문에 사진 찍는 일 또한 메뉴 개발하는 것만큼 많은 노력을 기울이는데요. 상품기획자, 전문 푸드 스타일리스트, 홍보 담당자와 함께 각각의 브랜드별로 시즌 메뉴의 콘셉트를 짜고 어떤 방향으로 연출해서 스타일링을 잡아갈 것인지 정한 후 스튜디오에서 음식 사진 촬영을 합니다. 이렇게 완성한 사진들을 고객들은 홍보 채널을 통해 접하게 됩니다. 그럼 어떻게 하면 음식을 더 매력적으로 보이게 하는지 사례를 통해 구체적으로 소개해 드려 보겠습니다.

우선 비주얼은 모양과 색깔로 완성됩니다. 모양은 다음 세 가지 요소로 인해 구체화될 수 있습니다. 어디에 담느냐, 어떻게 담느냐, 무엇을 담느냐, 이렇게 세 가지 방법으로 접근해 볼 수 있는데 우선 어디에 담느냐는 음식을 어떤 모양의 그릇에 담을 것인지의 의미이고, 다음으로 어떻게 담느냐는 음식을 중앙에 모아 담거나, 자연스럽게 담거나, 어떤 규칙에 따라 스타일링 하는 것을 의미합니다. 마지막으로 무엇을 담느냐는 사용하는 재료와 관계가 있습니다.

첫 번째, 압도적인 비주얼로 보이도록 하는데 중요한 역할을 하는 것이 그릇입니다. 비주얼에 영향을 주는 모양에 관한 요소 중 어디에 담느냐에 해당합니다. 식당의 사례를 하나 들어보겠습니다. 제가 일했던 회사에서 운영했던 면 전문점, '제일제면소' 브랜드를 처음 오픈할 때의 일입니다. 당시 메뉴 담당자의 고민이 있었는데 최고급 밀가루로 만든 국수, 좋은 재료를 엄선하여 만든 육수, 다채로운 고명을 사용해서 맛 개발은 끝냈지만, 메뉴의 가치를 더할 수 있는 포인트가 여전히 부족해 보인다는 것이었습니다. 부족한 2%를 어떻게 채울까 고민하던 중 브랜드 전략을 책임지던 분이 그 해답을 가지고 왔고 그것은 바로 그릇이었습니다.

정식 오픈 전에 서비스와 메뉴를 점검하는 가오픈을 얼마 남겨 두지 않고 마지막으로 메뉴를 최종 체크하는 시식회가 있던 날이었습니다. 저도 참석하여 메뉴가 나오기를 기다리고 있었는데, 나오자마자 감탄사가 절로 나왔습니다. 정갈하게 차려진 국수 한 그릇을 담아 낸 그릇의 사이즈가 세수대야 같이 큰 원형 모양으로 고급스러운 느낌을 주는 사기그릇에 담겨 나왔던 것입니다. 그릇 사이즈가 상상 이상으로 컸는데, 전체 메뉴 비주얼을 보니 생각보다 잘 어울려서 놀랐고 맛도 심혈을 기울여서 만든 덕분에 시식회 참석했던 사람들의 평가가 아주 좋았던 기억이 있습니다. 이후 브랜드를 성공적으로 오픈하였고, 10년이 지난 지금도 장수 브랜드로 운영되고 있습니다.

두 번째, 담는 방식에서 플레이팅(담음새) 방법으로 압도적인 비주얼을 만들 수 있습니다. 비주얼이 좋다는 것은 무엇을 의미하는 것일까요? 어휘의 의미로만 본다면 '시각적인, 눈으로 보는'이라는 뜻을 가지고 있습니다. 눈으로 보기 좋다는 의미가 담겨 있다고 보면 될 텐데요. 눈으로 보기 좋은 메뉴들을 가장 빠르게 찾을 수 있는 방법으로 인스타그램이 있습니다. 이외에도 핀터레스트(Pinterest)라는 미국의 이미지 공유형 소셜 미디어 업체가 운영하는 사이트가 있습니다. SNS와는 비교도 할 수 없이 좋은 이미지 자료가 많아서 미술과 디자인 계통 사람들에게 사랑받는 사이트입니다. 저작권이 있는 사진들이 있어서 만일 이미지를 사용하려면 확인이 필요하고, 그렇지 않다면 참고만 해도 됩니다. 이러한 채널을 통해 '눈으로 보기 좋은 메뉴'들의 공통된 플레이팅(담음새) 패턴을 연구해도 좋습니다.

예를 들어, 그릇에 음식을 평평하게 담기보다 볼륨감을 주는 방식, 즉 높게 쌓아 올려 담아내는 것이 시각적으로 지루함을 없애 주고 생동감을 주기 때문에 가장 효과적인 플레이팅 방법이라고 할 수 있습니다. 또 함박스테이크에 반숙한 계란프라이를 톡 터트려 주도록 플레이팅 해도 효과가 좋습니다. 햄버거에 패티와 채소를 잔뜩 올린 후 치즈가 녹아내리도록 담는 것도 좋은 사례입니다. 캐주얼 다이닝인지 파인다이닝 콘셉트인지에 따라 자연스럽고 정갈하게 표현하는 방법도 있습니다. 같은 메뉴이지만 담는 방법에 따라 전혀 다른 메뉴가 될 수 있습니다.

세 번째, 메뉴에 사용한 식재료만으로도 압도적인 비주얼을 연출할 수 있습니다. 다른 것도 필요 없고 단지 재료 자체만으로도 가능합니다. 예를 들어 프리미엄 콘셉트의 해산물 뷔페 전문점 '크랩 52'에서는 전 세계 10개국으로부터 직접 공수한 대게, 던지니스크랩, 랍스터 등 다양한 크랩을 메뉴에 사용하고 있습니다. 대게, 랍스터 등의 메뉴는 평소보다는 주로 특별한 순간에 즐기는 음식으로 여겨지다 보니 재료에 기대감을 갖기 쉽습니다. 그래서 음식이 나오면 큼직한 랍스터가 통째로 푸짐하고 먹음직스럽게 그릇에 담겨 나와 이 자체만으로 이미 비주얼 끝판왕이라는 소리를 하게 됩니다. 비슷한 예로 뼈가 통째로 붙어 있는 큼직한 우대 갈비를 숯불에 구워 주는 메뉴도 마찬가지의 경우입니다.

네 번째, 비주얼 효과에 큰 영향을 주는 요소 중에 색깔이 있습니다. 한때 컬러의 중요성을 인식했던 나머지 관련한 자격증 공부를 했던 때가 있었습니다. 컬러리스트 국가 공인 자격증인데 음식을 다룰 때 도움이 된다고 생각해서 공부한 경우입니다. 그럼 다시 크랩 52 브랜드 사례를 이어서 이야기 드려 보겠습니다. 플레이팅 되어 나오는 메뉴들을 보면 주로 빨간색과 노란색 그리고 초록색을 많이 사용하는데요. 크랩 같은 갑각류의 경우 열을 가하면 빨간색으로 변하는 특성을 가지고 있습니다. 주재료이다 보니 그릇에 담아 놓았을 때 가장 많은 비율을 차지하는 컬러입니다. 빨간색은 자극적인 컬러로 식욕을 돋우는 색으로 알려져 있는데 맛있음을 연상케 합니다. 그리고 크랩 요리의 가니시(garnish : 고명)로 레몬이 사용되는데 노란색 계열도 식욕을 돋우는 대표적인 색으로 많이 이용됩니다. 마지막으로 요리에 아스파라거스, 파슬리 등 곁들이는 채소와 가니시를 사용하여 초록색을 사용했는데 초록색 계열은 신선함을 연상케 하는 효과를 줍니다.

컬러 이론에서 색을 조화롭게 배색하는 공식이 몇 가지 있는데 두 가지 이상의 색이 조화롭게 어울리는 방법인 배색 이론입니다. 컬러 색상에 따라 체계적으로 색을 둥글게 배열한 표를 색상환(color wheel)이라고 합니다. 색의 스펙트럼 순서로 컬러를 배열해 놓은 표인데, 서로 마주 보고 있는 색의 배색을 보색이라고 말합니다. 특히 빨강과 초록은 서로 마주 보는 형태로 보색의 특징을 나타내고 있는데, 예를 들어, 토마토 모짜렐라치즈 샐러드 또는 파 송송 곁들인 김치찌개 메뉴에서 잘 표현됩니다. 〈크랩 52〉의 요리에서도 이러한 컬러를 사용하고 있는데, 이처럼 보색대비를 통하면 음식을 강조하고 생동감 넘치는 느낌을 주는 효과를 줄 수 있습니다. 식욕을 돋우는 컬러이기 때문에 다이어트 중인 분들이라면 피해야 하는 컬러일 수도 있습니다.

지금까지 소개해 드린 방법들을 한번 적용해 보세요. 단, 한 가지 주의할 점은 비주얼은 정말 훌륭한데 맛이 그저 그런 곳이 되면 안 된다는 것입니다. SNS에 인증샷 한 장 올리고 다시 방문하지 않을 곳으로 분류될 수 있기 때문입니다. 비주얼 좋은 사진으로 기대감을 주었다면 실망하지 않도록 맛도 좋아야 합니다. 기대하고 갔는데 맛도 있다는 평가를 받는 것이 가장 중요하겠죠. 맛도 좋고 멋도 있어서 인증샷도 남기고 싶은 그런 곳이 되어야 합니다. 비주얼 맛집으로만 소문나지 않도록 맛 연구도 함께 챙기시면서 오래 기억되는 메뉴를 운영하는 멋진 식당을 만들어 가셨으면 좋겠습니다.

SNS 전략이
있는가?

☞ 오늘 뭐 먹지?

가족, 혹은 오래간만에 친구와 만나 식사하려고 식당을 예약할 때, 직접 식당에 가서 식사 전에 분위기도 살피고 메뉴판도 보면 안심이겠지만 이렇게 하는 사람들이 얼마나 될까요? 중요한 일이 있어서 장소를 미리 점검해 보고 예약을 해야 하는 상황이 아니라면 거의 대부분 식당을 찾을 때는 주변 사람에게 추천을 받거나 온오프라인 채널을 통해 검색해서 정보를 얻습니다. 특히 요즘은 경험과 정보를 사람들과 공유하고 생각을 소통하는 것 자체가 대중화되어 있다 보니 잡지, 책보다는 인스타그램, 블로그, 페이스북, 트위터와 같은 온라인의 다양한 소셜 네트워크 서비스(SNS) 플랫폼 채널이 활발하게 이용되고 있습니다.

이러한 서비스의 장점은 비용이 적게 들고 순식간에 알려진다는 것입니다. 그러다 보니 외식업에서 온라인 채널을 알리기 수단으로 적극 활용하고 있습니다. 잘만 이용하면 홍보 효과가 무척 크고 식당을 이용하는 고객수가 늘면서 매출 상승까지 이어질 가능성이 많기 때문입니다. 각각의 플랫폼마다 제공하는 기능이 달라서 사용법에 관해 익히는 시간이 필요한데, 이 분야의 전문가들이 워낙 많이 있으니 만일 당장이라도 고객수를 늘려서 매출을 올리고 싶으신 분들이라면 도움을 받아 보시는 것이 좋을 것 같습니다.

이처럼 마케팅을 적극적으로 실행한 덕분에 고객수가 늘고 매출이 눈에 띄게 올랐다고 말하는 분들이 있는 반면, 여전히 마케팅의 힘을 믿지 못하고 실행하지 않는 분들도 있습니다. 어쩌면 마케팅의 중요성을 과소평가하고 계신 걸 수도 있습니다. 마케팅을 하지 않으면 알릴 방법은 한정되어 있습니다. 가게에 온 손님에게 신메뉴가 나왔다고 말하는 정도일 텐데, 이 정도로는 매출 상승의 효과를 크게 보기 어렵습니다. 사장님이 식당을 알리지 않으면 고객은 알지 못합니다. 마케팅을 하지 않고 고객이 스스로 찾아서 오는 경우도 있긴 하지만, 그러기 전에 고객에게 식당을 알릴 방법을 찾아보는 편이 훨씬 효과적입니다. 그럼 어떤 방법으로 알리면 좋을지 메뉴를 중심으로 한 전략 몇 가지를 소개해 드리겠습니다.

☞ 메뉴를 어떻게 알릴 것인가

첫 번째, 브랜드의 정체성을 결정할 때 가장 핵심이 되는 것이 고객인데요. 바로 핵심 타깃층이 있는 목표 시장을 명확하게 하고 그 시장이 있는 곳에다가 알리는 것이 중요합니다. 고객은 TPO, 즉 시간(Time), 장소(Place), 상황(Occasion)에 맞는 식당을 이용하게 되는데, 우리 식당의 고객이 어떤 TPO에 따라 주로 방문하는지 알고 있으면 홍보하는 데 도움이 많이 됩니다.

예를 들어, 주말 낮에 부모님 생신이어서 가족 단위로 외식이 필요한 고객일 경우 룸이 있거나, 대중적인 메뉴이거나, 쾌적한 분위기의 식당을 주로 검색하게 됩니다. 이러한 고객이 브랜드의 주 타깃이라면 이 고객들이 주로 사용하는 검색어, 반응을 보일만 한 영상광고 등을 만들어서 알려 보는 것도 방법입니다. 가족 외식 외에 손님 접대, 직장 회식, 친목 모임 등 다양한 목적으로 식당을 찾는 고객들도 있을 수 있습니다. 상황별로 한번 전략을 세워 보세요. 알리기 전략을 세우실 때 주로 우리 식당의 타깃 고객이 어떤 TPO에 맞춰 방문하는지 평소 관심 있게 보시고, 이 고객들이 있는 시장에 알려야 확률이 높아집니다.

타깃을 공략할 때는 브랜드의 핵심 고객에 대한 정의가 필요한데, 이때 브랜드의 고객을 구체화하는 방법으로 고객 정의가 가능해집니다. 만일 브랜드의 고객이 3050 여성이라고 가정한다면, 자녀의 중고등학교 입학으로 육아에서 해방되어서 평일엔 또래들과 모임을 즐기고, 주말엔 가족 외식을 챙기며, 월 2회 이상 외식을 하는 2949 전업주부라고 고객 프로파일을 구체화해볼 수 있습니다. 고객의 외식 성향, 라이프스타일, 최근 관심 브랜드, 외식 빈도, 연령과 직업은 고객을 이해하고 공략하기 위해 중요한 참고 자료가 될 수 있습니다.

두 번째, 최초 또는 새로운 카테고리로 포지셔닝 하는 방법입니다. 포지셔닝이란 브랜드를 잠재 고객의 마인드에 경쟁 브랜드와 차별화함으로써 경쟁자를 누르고 시장점유율을 높이기 위해 경쟁우위를 확보하는 전략입니다. 다시 말해 고객의 마음속에 자리를 차지하는 것을 말합니다. 그럼 어떻게 성공적으로 고객의 마인드에 포지셔닝 할 수 있을까요? 바로 최고가 아닌 최초가 되고, 최초가 아니라면 새로운 카테고리를 창조하는 것입니다.

김치찌개를 예로 들어볼까요? 된장찌개는 단일 메뉴로 직접 사 먹는 일이 별로 없지만, 김치찌개만큼은 남녀노소 대중이 좋아하는 인기 메뉴라고 합니다. 그렇다 보니 식당에 김치찌개 관련한 메뉴들이 수없이 많습니다. 고기와 곁들이는 식사 메뉴로 팔기도 하지만 단일 메뉴로 파는 전문점도 있습니다. 그런데 묵은지 김치찌개, 백종원 대표가 운영하는 〈새마을식당〉의 7분 김치찌개, 꽁치 김치찌개 등의 메뉴들 가운데 조금 특별해 보이는 김치찌개를 파는 음식점이 있습니다. 전국 3대 김치찌개 맛집으로 직장인과 현지인이 추천하는 을지로에 위치한 〈은주정〉입니다. '쌈 싸 먹는 김치찌개'라는 새로운 방식으로 포지셔닝된 곳인데요. 쌈 싸 먹을 정도로 고기를 많이 주는 김치찌개로 고객의 마음속에 브랜드를 인지시킨 곳입니다.

세 번째, 고객이 궁금한 것을 먼저 알려주는 방법입니다. 식당을 운영할 때 가장 중요한 핵심 세 가지 요소가 있습니다. 바로 Q.S.C 즉, 메뉴 품질(Quality), 서비스(Service), 청결(Cleanness) 부분인데요. 안심하고 먹을 수 있는 재료로 만들었는지, 어떤 서비스를 받을 수 있는지, 청결한 장소에서 만들었는지에 관한 정보를 제공해볼 수 있습니다. 어차피 식당을 운영하려며 이 세 가지가 잘 유지 관리되어야 하니 이왕이면 고객에게도 SNS를 통해 생색을 내 보세요. 예를 들어, 배달 음식의 경우 많은 고객들이 청결한 곳에서 음식을 만들었는지 궁금해하는데, 주방 상태를 공개하거나, 공인기관의 위생 인증을 받았다는 것을 알려주면 이 자체로 좋은 홍보 효과를 얻을 수 있을 것입니다.

네 번째, 기억에 남는 강력한 한방으로 알리는 방법입니다. 고객에게 메뉴를 알리는 이유는 고객의 기억에 좋은 인상을 심어주기 위해서인데요. 시그니처 메뉴를 고객의 기억에 남을 강력한 한방의 이미지로 활용하시면 매출 상승의 효과까지 보실 수 있어 좋습니다. 예를 들어, 압도적인 비주얼로 강력한 한방을 만들어서 알리고 있는 브랜드가 있습니다. 미국의 외식업체로 국내에 1997년에 오픈하여 아직까지 운영 중인 패밀리레스토랑 〈아웃백스테이크〉입니다. 고품질의 스테이크를 합리적인 가격으로 제공하자는 것을 경영 전략으로 남다른 비주얼의 스테이크 메뉴를 운영하는데, 뼈가 통째로 붙어 있는 커다란 우대 갈비구이 스테이크와 기다란 갈비뼈에 갈빗살, 꽃등심, 새우살을 한 번에 맛볼 수 있는 토마호크(Tomahawk) 스테이크 메뉴가 있습니다. 큼지막한 스테이크 비주얼 때문에 강력한 한방의 효과를 주기에 충분합니다.

지금까지 소개한 전략을 바탕으로 SNS 플랫폼을 활용하신다면 지금보다 훨씬 더 효과를 거두며 매출 상승에도 도움이 될 것입니다. 여기서 한 가지 중요한 점은, 바로 고객에게 알리기 전에 먼저 콘텐츠부터 제대로 준비하는 것입니다. 앞서 소개한 식음료 분야의 골든서클 개념을 바탕으로 차근차근 콘텐츠를 순서에 맞춰 준비한 후 마케팅을 해보세요. SNS를 통해 고객의 기대감을 잔뜩 부풀려 놓았다가 방문 후 실망감을 주는 결과를 초래하면 안 되니 고객을 모으기 전에 먼저 식당의 본질부터 점검해 보셔야 합니다. 한번 떠난 고객의 마음을 다시 잡기는 깨진 유리조각을 붙이는 일만큼이나 어려울 수 있다는 걸 기억하셔야 합니다. 지금 말씀드린 내용을 잘 참고하셔서 브랜드의 콘텐츠를 잘 준비하시고, 제대로 알려서 한 번만 방문하는 일회성 고객이 아니라 좋을 때든 어려울 때든 늘 함께해 줄 수 있는 진짜 '찐 팬'을 만들어 가셨으면 좋겠습니다.

맛 경험에 대한
고객의 기대치를 뛰어넘어라

☞ 기억에 남는 식사

　몇 년 전의 일인데 아직도 생각나는 식당이 한 곳 있습니다. 일본 교토의 번화가 거리를 벗어나 한적한 골목 안에 자리한 음식점인데, 식당 내부도 테이블이 몇 개 없이 운영되던, 바(Bar) 형식의 야키도리 전문점이었습니다. 닭고기를 부위별로 주문하면 즉석에서 구워주는 곳이라 기대가 되었습니다. 잠시 후 주문한 메뉴가 나와서 평소처럼 인증샷 한 장 얼른 찍고 서둘러 맛을 보았는데, 눈이 동그래졌습니다. 그동안 맛본 닭구이와 비교도 안 될 정도로 맛이 훌륭했는데, 간 세기도 적당하고 은은하게 밴 불 향이 아주 좋았습니다. 게다가 노릇하게 구워서 겉은 바삭하고 속은 마르지 않아서 적당히 촉촉한 것이 거의 완벽하게 조리된 상태였습니다. 사케도 추천받아서 함께 마셨는데, 담백하고 구수한 닭구이와 궁합이 잘 어울려서 무척 맛있게 식사한 경험이 있습니다. 요리 자체가 인상적이어서 식사했던 기억을 떠올릴 때마다 저를 즐겁게 해주고 있습니다. 당시 이 식당 말고도 많은 곳들을 다녀왔는데 지금 제 기억 속에는 이곳 한 곳만 남아 있습니다.

이처럼 맛있는 음식을 통한 즐거운 기억은 나중에 다시 식당에 방문할지를 결정하는 중요한 요인이 됩니다. 그러면, 평범하지 않고 기억에 남을 만큼의 훌륭한 맛 경험을 주려면 어떻게 해야 할까요? 바로, 맛 자체의 풍미를 좋게 하고, 맛과 관련한 경험을 풍요롭게 만들어줘야 합니다.

☞ 고객의 입맛을 맞추는 일

간혹 남들 모두 줄 서서 기다렸다가 먹는 식당인데도 정작 먹어보면 본인의 입에 맞지 않을 때가 있습니다. 왜 줄을 서는지 이해가 안 됩니다. 사람들이 맛을 잘 분별하지 못해서 남들 따라 줄 서 먹는 걸까요? 당연히 그렇지 않습니다. 맛의 평가는 축적된 경험, 개인 취향, 문화적 배경, 기분 상태에 따라 달라집니다. 또는 시장이 반찬이라는 속담도 있듯이 배고프면 다 맛있게 느껴질 수도 있습니다.

이처럼 상황에 따라 달라지고 주관적인 요인이 크게 작용하기 때문에 본인의 입에 맞지 않는 것뿐이지 맛이 없는 것은 아닙니다. 단지 내 취향이 아닌 거지 줄 서는 식당이 맛없는 곳은 아니라는 것입니다. 예컨대, 신제품 라면이라면 뛰어난 제품 개발로 이전보다 맛이 더 좋아졌을 확률이 큰데, 만약 맛없다고 느낀다면 그것은 라면 자체의 문제가 아니라 다양한 맛의 경험으로 입맛이 달라졌기 때문입니다.

맛에는 정답이 없습니다. 이러한 특징 때문에 사람들의 입맛을 맞춘다는 것은 참 어려운 일입니다. 백종원 대표가 방송에 나와서 큰 인기를 끄는 이유도 여기에 있습니다. 어렵다고 생각했던 메뉴를 쉽게 만들 수 있는 방법을 알려주기 때문입니다. 그리고 오랜 기간 쌓은 경험을 바탕으로 대중들이 어떤 맛을 선호하는지 메뉴별로 맛의 기준점에 대한 가이드를 주기 때문에 외식업 사장님들에게도 인기가 좋은 것입니다. 하지만 백종원 대표 같은 전문가의 도움을 항상 받을 수 있는 것은 아니니 맛 경험을 좋게 만들 수 있는 방법 몇 가지를 소개해 드리겠습니다.

첫째, 메뉴마다 공통적으로 맛있다고 하는 기준이 있습니다. 어떻게 알 수 있냐고요? 인기 있는 식당을 시장 조사하면서 맛의 정도를 체크해 보는 것입니다. 짠맛, 단맛, 신맛, 감칠맛, 쓴맛의 정도를 말하는 것인데요. 사람들이 어느 정도까지의 단맛에 반응을 보이는지, 너무 달다고 하는 단맛은 어느 정도까지인지 확인해보는 방법입니다.

그런데 이것보다 더 중요한 것은 어렵게 연구 개발해서 완성한 메뉴를 처음과 똑같은 맛이 나도록 유지하는 일입니다. 처음 먹었을 때 맛이 좋아서 다음에 같은 맛을 기대하고 갔는데 음식 맛이 달라져 있는 경우를 경험해 본 일이 있을 겁니다. 단골이면 몇 번은 그럴 수 있겠지 하고 넘어가겠지만, 맛의 편차가 계속 반복된다면 실망감으로 다시는 그 식당을 방문하지 않을 것입니다. 그러니 평소 맛 관리에 각별히 신경 써야 합니다. 일관성 있게 맛을 유지하는 제일 좋은 방법은 레시피 대로 만들고 주방에서 중량을 측정할 수 있는 도구를 활용하는 것입니다. 혹시 아직까지 눈대중으로 음식을 만들고 있다면 바로 개선해 보시면 어떨까 합니다.

둘째, 메뉴의 맛을 최상으로 올려주는 요인 중 하나는 온도입니

다. 고객이 느끼는 맛의 차이는 온도와 아주 밀접한 관계가 있습니다. 어떤 온도로 조리하느냐에 따라 맛의 큰 차이가 생기기 때문입니다. 예를 들어, 튀김 요리의 경우를 살펴보면 일반적으로 튀김의 적당한 온도는 180~190도입니다. 하지만 기름이 적당한 온도에 도달하지 않은 상태에서 튀김을 하면 재료의 수분이 빠져버리고 그 자리를 기름이 대신하며, 튀기는데 시간이 오래 걸리기 때문에 기름지고 느끼한 맛이 납니다. 또 너무 높은 온도에서는 기름이 쉽게 타버리기 때문에 재료를 넣었을 때 속이 익지 않은 상태에서 겉만 까맣게 타버릴 수 있습니다. 따라서 튀길 때 온도계로 기름의 온도가 적당히 올라왔는지 체크해 봐야 합니다.

한 가지 예를 더 들어보겠습니다. 같은 고기지만 어떤 온도로 고기를 굽느냐에 따라 전혀 다른 맛의 경험을 줄 수 있습니다. 주변에 고기 잘 굽는 사람이 꼭 한 명 정도는 있을 텐데, 이 포인트를 이미 알고 있기 때문입니다. 고기는 센 불에서 앞뒤로 두세 번 살짝 구워주면 겉면의 단백질이 응고되어 막을 형성하고, 그 막이 고기의 육즙과 영양소가 빠져나가지 않도록 잡아주는 역할을 해주어 향과 맛이 좋아집니다. 반대로 뜨겁게 예열하지 않은 팬에서 구우면 단백질이 응고되지 않은 상태에서 고기가 익을 때까지 시간이 걸리게 되고 육즙과 영양소가 다 빠져나가게 되어 질기고 맛이 없게 됩니다.

여기서 중요한 것이 한 가지 더 있는데, 메뉴를 제공할 때의 온도입니다. 차갑게 제공할 음식은 차갑게, 뜨겁게 제공할 음식은 뜨겁게! 이에 따라 같은 메뉴가 고객에게 제공만 되더라도 맛의 경험을 훨씬 더 좋게 만들 수 있습니다. 지금 메뉴가 어떻게 조리되고, 어떤 온도로 제공되고 있는지 한번 체크해보시면 어떨까요?

셋째, 음식을 혀로 맛보는 것처럼 코로 느끼는 냄새도 맛을 증가시키는 데 중요한 역할을 합니다. 음식을 맛볼 때 코를 막고 나면 맛이 느껴지지 않는 것을 경험하곤 하는데 이것은 코안으로 냄새가 전달되어야 맛을 알 수 있기 때문입니다. 이렇다 보니 코로나 기간 가장 공포스러웠던 것이 후유증으로 냄새를 맡지 못하는 증상이 생길 수 있다는 사실이었습니다.

메뉴의 사례도 한번 살펴볼까요? 주꾸미 요리의 경우 매콤한 양념 맛으로 차별화를 줄 수 있지만, 여기에 불 향을 살짝 입혀 볶아주면 조금 더 좋은 피드백을 받을 가능성이 높습니다. 또 파스타, 피자, 리조또 같이 일반적으로 알고 있는 메뉴도 향을 추가하면 조금 더 특별한 메뉴로 만들어 볼 수 있습니다. 고급 식재료로 알려진 서양 송로버섯(트러플 : truffle)을 얇게 슬라이스해서 올려줄 수도 있지만, 너무 비싸서 대신 트러플 향이 나는 오일을 한두 방울 떨어트려 향만 내는 것으로 메뉴를 업그레이드하는 방법입니다. 트러플 향만 입힌 것뿐인데 일반 메뉴보다 비싸게 판매되고 있습니다. 이처럼 냄새, 향으로 특별한 경험을 만들어 줄 수도 있다는 점을 기억해 보시면 좋겠습니다.

넷째, 맛을 더욱 풍부하게 느낄 수 있도록 메뉴와 어울리는 음식과 음료를 함께 제공해도 좋습니다. 조화로운 맛을 경험할 수 있도록 하는 방법입니다. 예를 들어 음식과 와인을 함께 곁들여 먹는 경우가 여기에 해당합니다. 음식만 먹었을 때와 와인을 함께 마시면서 먹는 음식의 맛이 달라질 수 있습니다. 요즘은 이런 종류의 와인 페어링(wine pairing) 또는 프랑스어로 와인 마리아주(wine marriage)라고도 부르는 식사를 즐겨 찾는 고객들이 많아졌습니다. 예상하고 있던 맛이었는데 어울리는 술과 함께 먹었을 때 새롭거나 놀라운 맛의 경험을 할 수 있다는 것이 장점입니다. 반대로 개인마다 취향과 선호도의 차이가 있기 때문에 조화롭다고 생각해서 제공한 음식이 누군가에겐 만족스럽지 않게 느껴질 수 있다는 단점이 있기도 합니다. 또 다른 예로 고기의 풍미와 맛은 그 자체로 아주 특별하지만, 이 맛을 더욱 풍부하게 느낄 수 있는 방법 중 하나는 고기와 함께 어울리는 음식을 곁들이는 것입니다. 결국 여기서 핵심은 고객에게 최선의 맛을 통한 경험을 제공하는 일입니다.

맛의 기준이 다르기 때문에 누군가의 입맛을 맞춘다는 것은 참으로 어려운 일입니다. 하지만 맛의 본질을 찾는 노력과 소개해 드린 방법들을 적용하며 충분한 정성을 쏟는다면 식사 중에 느꼈던 맛의 감동을 즐거운 경험으로 기억하게 할 수 있을 것입니다. 좋았던 맛의 경험들이 하나둘 쌓여야지 결국 고객의 머릿속에 오래도록 기억될 수 있습니다.

Chapter.3

돈과 사람을
끌어모으는
100배 식당
메뉴 전략 ABC

메뉴 출시는
어떻게 이루어지는가?

식당 창업을 할 때 가장 당연하면서도 대부분 잊고 있는 사실이 있습니다. 바로 누가 음식을 먹을 것인지에 대한 질문입니다. 평소 하던 스타일대로 만든 메뉴, 하고 싶어서 만든 메뉴가 과연 고객도 원했던 걸까요? 식당에 와서 음식을 소비하는 사람은 다름 아닌 고객입니다. 그렇기 때문에 기존 스타일을 고집하기보다 먼저 고객의 마음을 살피는 것이 중요합니다. 고객이 누구인지, 고객이 무엇을 원하는지 알아야 비로소 메뉴를 준비할 수 있다는 이야기입니다. 자, 그럼 메뉴 준비는 어떻게 하면 되는 걸까요?

☞ 메뉴 출시, 이렇게 진행된다

메뉴 출시를 체계적으로 하고 싶다면 3단계 프로세스를 참고하여 순차적으로 진행하면 됩니다. 메뉴 출시 과정은 '1단계 메뉴 기획', '2단계 메뉴 개발', '3단계 출시 준비'로 이루어져 있습니다. 이때 순서를 바꾸지 말고 반드시 순차적으로 진행해야 합니다. 실무에서 다양한 프로젝트 업무를 수행하면서 진행했던 방법으로 실전에 활용하시면 좋을 듯해서 소개해 드립니다.

1단계 메뉴기획	2단계 메뉴개발	3단계 출시준비
시장 조사와 분석	레시피 개발	원가 점검, 가격 결정
메뉴 콘셉트 준비	품평회 진행	메뉴 이름, 메뉴 설명
메뉴 리스트 완성	표준 레시피 작성	비주얼 점검, 사진 촬영
	운영 매뉴얼 준비	메뉴북 제작
		마케팅 전략

메뉴 출시 3단계 프로세스

〈1단계 메뉴 기획〉은 시장과 경쟁사의 트렌드와 고객의 선호 메뉴를 조사하고, 고객들이 무엇을 원하는지에 대한 답을 찾으며, 브랜드 수익성 관리까지 고려해서 전략을 세운 후 상품기획서를 작성합니다. 그리고 상품기획서를 바탕으로 메뉴 리스트를 완성합니다.

〈2단계 메뉴 개발〉은 메뉴 리스트를 바탕으로 본격적으로 레시피 개발을 진행합니다. 메뉴를 개발할 때 주의점은 조미료를 지나치게 사용하지 말고, 재료를 중복해서 자주 쓰지 않는 것입니다. 그리고 가능하면 자극적인 향신료는 피하고, 전혀 새로운 창의적인 맛은 지양해야 한다는 것입니다. 1차적으로 메뉴 개발을 마치면 품평회를 거쳐서 메뉴를 수정하고 보완하는 작업을 거칩니다. 메뉴 보완까지 모두 마치면 식자재를 확정하고 공정 과정을 다시 한번 점검한 후 표준 레시피와 운영 매뉴얼을 준비합니다. 실제로 지금 언급한 내용을 기준으로 외식기업에서 메뉴 개발을 진행하고 있으니 일을 진행할 때 참고하시면 좋을 듯합니다.

〈3단계 출시 준비〉는 원가를 최종 점검하고, 가격을 결정하는 일을 합니다. 그리고 메뉴 이름을 짓고, 메뉴 설명과 스토리를 준비해서 메뉴북을 제작하고, 마케팅 계획을 준비합니다. 메뉴 사진이 필요하다면 이때 준비해 둡니다. 메뉴 출시 전에 준비할 사항들이 많기 때문에 진행할 때 서두르지 말고 여유를 조금 두는 편이 좋습니다.

지금까지 소개한 메뉴 출시 프로세스는 전문 외식기업에서 활용하고 있으며 각 단계별로 전문가를 배치해서 일을 진행합니다. 반면 사장님은 혼자서 메뉴 만드는 일을 해내야 하기 때문에 많은 어려움이 있겠지만 메뉴의 완성도를 위해서라면 외식기업에서 일하는 방식을 참고삼아 메뉴 출시를 진행해보시면 어떨까 합니다.

만일 모든 과정을 차례로 진행하기 벅차다면 간단하게 다음 세 가지는 꼭 실행해 보세요. 메뉴 기획 파트에서 메뉴 리스트를 완성하고, 메뉴 개발 파트에서 표준 레시피를 작성하고, 출시 준비 파트에서 원가 점검과 가격 결정을 하는 일입니다. 단계별로 가장 핵심이 되고 빠뜨리면 안 되는 부분입니다. 단, 실행할 때 반드시 순서대로 진행해야 한다는 것은 잊지 마세요. 시간이 부족하거나 준비하는데 어렵더라도 최소한으로 요약해 놓은 내용을 참고해서 메뉴 출시를 진행하시면 좋겠습니다. 이렇게 하면 식당을 처음 준비할 때나 장사 중에 새로운 메뉴를 출시할 때 훨씬 수월하게 경쟁력을 갖추어 메뉴를 준비할 수 있으실 겁니다.

1단계 : 메뉴기획
① 시장 조사와 분석

　　그럼 이제부터 본격적으로 메뉴 출시를 체계적으로 하기 위한 3 단계 프로세스 중 1단계에 해당하는 '메뉴 기획'에 대한 내용부터 이야기해 보겠습니다. 다시 강조하지만, 메뉴를 출시할 때 3단계 프로세스를 실행하면 되는데 이때 순서를 바꾸지 말고 단계별로 진행하도록 합니다. 메뉴 기획 전에 메뉴 개발을 먼저 진행할 수는 없습니다. 고객이 어떤 메뉴를 선호하는지, 브랜드에 어떤 메뉴가 어울릴지 정확히 알지도 못하는데 무턱대고 메뉴를 개발한다면 실패 확률이 커집니다. 충분한 조사와 전략적 접근을 통해서 메뉴 리스트를 완성해야지 메뉴 개발을 시작할 수 있습니다. 그리고 아무리 좋은 레시피를 많이 가지고 있다고 그것들을 모두 사용할 수 없습니다. 브랜드 콘셉트에 다 어울리는 것이 아니기 때문에 필요한 메뉴를 다시 선택해서 브랜드만의 메뉴로 구성해야 합니다. 이러한 일을 메뉴 기획 단계에서 합니다. 메뉴 기획은 건물을 지을 때 뼈대를 세우는 기초 공사 과정이라고 생각하시면 좋겠습니다.

그럼 메뉴 기획은 어떻게 진행하면 될까요? 여행 계획을 하기 위해 목적지를 결정하고, 사전 조사를 통해서 방문할 곳, 식사 장소, 교통수단 등 여러 가지 정보를 확인한 후 최종 루트를 결정하듯, 메뉴 기획도 비슷합니다. 가장 먼저 시장 조사와 분석을 진행하고, 두 번째로 메뉴 콘셉트를 준비하고, 마지막으로 메뉴 리스트를 완성하는 일을 순차적으로 진행하면 됩니다. 이번 장에서는 시장 조사와 분석에 관한 내용을 자세하게 다루도록 하겠습니다.

메뉴 기획에서 가장 먼저 해야 할 일은 핵심 고객에 대해 명확히 설정하는 것입니다. 그리고 시장과 경쟁사의 트렌드와 고객의 선호 메뉴를 조사하면 됩니다. 외식업의 흐름을 파악하는 것부터 시작해서 고객 생활 패턴에 기반하여 타깃 고객이 원하는 것이 무엇인지, 어떤 것에 관심을 갖고 열광하는지까지 조사를 합니다. 전체적인 흐름을 파악한 후 메뉴의 방향성을 잡기 위한 기초 단계라고 말할 수 있습니다. 고객에 대한 정확한 이해와 조사가 먼저 되어야 거기에 맞춰 메뉴를 구성할 수 있습니다.

그러기 위해 시장 조사가 필요합니다. 시장이란, 고객이 있는 장소를 말합니다. 고객이 머무는 장소라면 어디든 조사 대상이 될 수 있습니다. 조사 방법은 오프라인과 온라인의 형태로 모두 진행할 수 있으며 구체적인 방법은 다음과 같습니다.

☞ 온라인 시장조사 방법

첫 번째로 SNS를 트렌드 검증의 수단으로 활용하는 방법입니다. 요즘에는 개인 SNS를 통해서 핫플레이스 정보들이 빠르게 퍼져 나가고 있습니다. 특히 인스타그램의 경우 키워드를 검색해서 정보를 찾을 수 있고, 사진 위주로 경험을 공유하다 보니 현장의 분위기를 간접적으로 느껴 볼 수 있다는 장점이 있습니다. 요즘 유행하고 새로 생긴 식당을 소개해 주는 일을 취미나 본업으로 하는 사람들이 많아졌으니 참고해 보시면 도움이 될 겁니다. 디자이너, 연예인, 업계 유명 인사 등의 인스타그램을 참고하는 것도 도움이 될 수 있습니다. 이들은 트렌드를 빠르게 전파하는 트렌드 전파사의 역할을 하고, 대중적인 유행에 민감합니다. 새로운 맛집 탐방을 즐기고, 맛집 정보를 알려 주기도 해서 참고해도 좋습니다. 하지만 간혹 광고성으로 올린 사진들도 있기 때문에 트렌드를 탐색할 장소를 결정할 때는 진짜 인기가 있는지, 광고로 포장되었는지 체크해 보며 여러 경로를 통해서 충분히 확인해 봐야 합니다.

두 번째로 소셜 빅데이터 분석을 통해 트렌드를 확인해 보는 방법이 있습니다. 소셜 빅데이터 분석이란 온라인 SNS 채널에서 누적되어 쌓이는 방대한 텍스트와 이미지인 데이터로부터 숨겨진 인사이트(insight)를 찾아내는 일로 알려져 있는데, 변화하는 현상을 파악하기 좋다는 점에서 기업에서 자주 활용하고 있습니다. 무료로 사용할 수 있는 빅데이터 분석 서비스로는 썸트렌드, 네이버가 제공하는 데이터랩, 구글트렌드 사이트가 있습니다. 이를 통해서 키워드를 중심으로 SNS에 작성한 게시물에 대한 분석 결과를 얻을 수 있습니다. 이외에 한국농수산식품유통공사에서 운영하는 식품산업통계정보(FIS) 사이트에서도 매 분기별로 식품 시장의 이슈 키워드를 소개해 주고 있으며, 전체적인 시장의 트렌드와 동향까지 파악할 수 있으니 참고하시면 좋겠습니다.

세 번째로 국내외 요리, 잡지를 참고해 볼 수도 있습니다. 물론 온라인에서도 검색이 가능하지만, 시즌마다 새롭게 제안하는 식재료와 기획 기사 글을 종이에 인쇄된 것으로 읽다 보면 자연스럽게 아이디어가 생길 수 있어 개인적으로 추천하는 방법입니다. 잡지의 경우 호주의 《도나헤이(Donna Hay)》, 미국의 《푸드앤와인(Food & Wine)》, 영국의 《올리브(Olive)》, 국내의 《바앤다이닝(Bar & Dining)》, 월간 《외식경영》 등이 있습니다. 그동안 일하면서 참고했던 요리 잡지를 아직도 소장하고 있는데 최신 트렌드의 내용은 아니지만 시대에 따라 달라지는 메뉴 스타일을 알 수 있고, 과거나 현재에도 먹거리의 기본은 크게 달라지지 않아서 유행이 돌고 돈다는 것을 느낍니다. 매년 반복되는 외식 패턴까지 알 수 있다 보니 일을 할 때 유용하게 활용하고 있습니다. 서점에 방문해 보는 것도 좋습니다. 꼭 외식업과 관련한 트렌드가 아니어도 요즘 사람들이 관심 있어 하는 내용이 어떤 것인지 키워드 중심으로 베스트셀러를 살펴보는 방법입니다.

☞ 오프라인 시장조사 방법

다음으로, 오프라인으로 진행하는 직접 경험의 방식도 있습니다. 텍스트를 통해 얻은 정보로 시장의 흐름을 모두 파악하는 것은 한계가 있을 수 있기 때문에 고객 시선에서 경험하고 느껴 보는 방법이 필요합니다. "백문이 불여일견"이라는 말도 있듯이, 온라인 채널을 통해 정보를 백 번 찾아보는 행동보다 직접 경험이 트렌드를 파악하는 데 훨씬 도움이 됩니다. 요즘 유행하고 있는 식당이 있다면 직접 방문해서 전체적인 공간 분위기도 느껴 보고, 사람들이 좋아하는 포인트가 어떤 것인지 확인도 해보고, 어느 정도의 금액을 식사 비용으로 쓰는지도 살펴봅니다. 만일 식사 중에 불편함이 있었다면 확인할 수도 있습니다.

온라인상의 후기 내용은 작성한 개인 취향이 반영되어 주관적인 평가가 될 수 있다는 단점이 있는데, 이 부분도 보완할 수 있습니다. 핵심 타깃 고객이 자주 찾는 장소를 방문해 보고, 관심을 끄는 포인트가 무엇인지, 어떤 패턴으로 소비를 하는지, 어떤 취향인지, 불편한 부분을 어떻게 개선하면 좋을지 살피면서 고객 소비 패턴을 관찰해 본다는 생각으로 경험을 해보면 좋습니다. 이런 질문들에 대한 답을 찾는 것이 시장조사의 포인트입니다. 고객 입장에서 경험하면 식당 사장님의 시선으로 보이지 않던 부분들이 발견되기도 합니다

시장조사는 아이디어를 모으는 과정이며 메뉴 전략을 짤 때 중요한 근거가 되어 줍니다. 한 가지 주의할 점은, 다른 분야에 비해 외식업의 유행이 특히 순식간에 퍼지고 지나가는 특징이 있다는 것입니다. 다른 산업 분야에서는 1~2년 정도의 유행은 트렌드로 취급하지 않고 패드(FAD, For A Day의 약자)라고 말하지만, 외식 분야는 어쩌면 이러한 패드로 불리는 현상이 트렌드일 수도 있습니다. 그렇게 보면 지난 20년 동안 수많은 트렌드가 존재해왔다는 걸 알 수 있습니다. 벌집 아이스크림, 대만 카스테라, 흑당 버블티 같은 메뉴 사례가 여기에 해당됩니다. 요즘에는 크림 도넛, 대만 디저트 탕후루, 하이볼 음료가 유행 한가운데 있습니다. 일단 어떤 트렌드가 생겨나면 많은 사람들이 몰려들고 경쟁이 치열해지다가 차별화는 점점 사라지게 됩니다. 이러한 특징을 감안해 너무 유행을 따르거나 휩쓸리지 말고 외식의 흐름을 분명하게 파악한 후 브랜드에 어울리는지를 감안하여 어떤 방향으로 메뉴를 운영할 것인지, 어떻게 차별화를

만들 것인지 따져보면서 전략을 세워 보시면 좋겠습니다.

마지막으로 팁을 하나 더 드리면, 시간이 될 때 여행도 가고, 전시회도 다니고, 좋아하는 가수의 콘서트도 가고, 새로 생긴 식당도 가보며 다양한 문화적 경험을 쌓아가는 것도 도움이 많이 될 수 있습니다. 이렇게 평소에 축적한 다양한 경험들이 모여 나도 모르게 트렌드를 보는 안목이 넓혀지고, 인사이트도 얻을 수 있어서 중요한 시점에 좋은 아이디어로 발전될 가능성이 높아집니다. 여기 소개해 드린 몇 가지 방법들을 통해 꾸준히 트렌드를 읽고 시장을 이해하는 연습을 해보시면 좋겠습니다.

1단계 : 메뉴기획
② 메뉴 콘셉트 준비

시장 조사와 분석을 마쳤다면 이제는 메뉴 콘셉트를 준비할 때입니다. 고객에게 어떤 가치를 제안할지 결정하고 차별성을 확보하는 단계라고 이해하시면 됩니다. 이 과정에서 상품기획서를 작성합니다. 상품기획서에는 메뉴 콘셉트와 전략적인 메뉴 운영 계획 그리고 실행 일정이 포함되어 있습니다. 상품기획서는 꼭 작성해야 하는 것은 아니지만, 기획서를 준비하다 보면 왜 이 메뉴를 선정해야 하는지 이유가 분명해지기 때문에 한번 작성해 보는 걸 추천드립니다. 그럼 어떻게 메뉴 콘셉트를 구체화하고 상품기획서를 정리하는지 실무 경험을 바탕으로 사례 하나를 소개 드리겠습니다.

☞ 콘셉트 구체화 방법

얼마 전에 회사에서 배달 장사를 목적으로 브랜드를 새롭게 오픈하는 프로젝트를 맡은 적이 있었습니다. 그래서 **첫 번째로 한 일은 브랜드를 이용할 고객이 누구인지부터 명확하게 이해하는 일이었**

습니다. 강남 근처라서 회사가 밀집해 있고 다가구 주택보다는 1인 가구가 모여 있는 상권이라 배달 음식의 니즈가 높았습니다. 그리고 외식에 관심이 남성보다 여성이 많을 것이라고 생각해서 여성 고객을 메인 타깃으로 고려하고, 조금 더 구체화해서 핵심 고객 연령층을 3040 여성으로 잡았습니다. 외식 성향, 라이프스타일, 최근 관심 브랜드, 외식 빈도, 연령과 직업의 내용을 기반으로 하는 프로파일링은 고객을 이해하고 공략하는데 중요한 자료가 됩니다.

이러한 내용을 바탕으로 타깃을 다음과 같이 세밀하게 구분했습니다. 아직 미혼 상태이고, 일을 마치고 평일엔 동료들과 회식 및 모임을 즐기며, 휴가로 해외여행도 다니면서 자유로운 시간과 모험을 즐기는 특징이 있는 3040 직장인이 주요 타깃이 된 것입니다.

그리고 해외여행에 익숙한 3040 직장인들이 선호할 만한 메뉴가 무엇이고, 주변 상권에서 흔히 접할 수 없는 메뉴가 무엇인지, 핵심 고객이 어떤 외식 성향을 가지고 있고, 어떤 브랜드에 관심이 있는지, 외식 빈도는 어떠한지 확인했습니다. 그 결과 일반식보다는 특별식을 선호한다는 것을 알게 되었습니다. 특히 당시 에스닉 음식점(Ethnic Food : 이국적인 느낌이 나는 제3세계의 고유한 전통 음식)이 유행했는데, 강남 근처 상권에도 이러한 메뉴에 관심이 있다는 걸 발견했습니다. 마침 주변을 살펴보니 한식 업소가 78% 정도의 비중으로 높은 데 반해, 다른 카테고리의 식당들은 상대적으로 부족해 보였습니다. 이런 흐름으로 주변 상황과 고객 특징을 파악했습니다.

두 번째로 한 일은 고객 특징을 바탕으로 메뉴 콘셉트를 구체적으로 정리한 것입니다. 브랜드 정체성을 바탕으로 한 단어를 결정하고, 차별화할 수 있는 요소를 찾도록 실행 전략을 짜면 됩니다. 한 단어를 작성할 때는 브랜드 정체성에 기반을 두고, 경쟁점과 다른 차별화된 가치가 드러나는지, 고객이 원하는 니즈와 직결되는지, 고객이 이해하는 단순한 용어로 표현되었는지, 전략을 실천할 수 있는지에 대해 체크해 보고 결정하면 됩니다. 이번 프로젝트의 경우 토속적인 음식에 대한 니즈가 있지만 주변에 관련한 식당이 부족하다는 사실, 고객이 특별식을 선호하며 해외 경험이 많다는 점을 토대로 '아시안 음식을 특화한 캐주얼 다이닝'으로 브랜드 정체성을 잡았습니다. 브랜드가 추구하는 키워드는 이국적임, 다양함, 특별함으로 정리하였고, 키워드 중심으로 메뉴에 접목할 포인트를 구체적으로 정리했습니다. 마치 퍼즐 맞추듯 흩어져 있는 조각과 단서들을 한 개의 판에 맞춘다는 생각으로 여러 아이디어를 접목시키면 됩니다.

에스닉 음식은 아시아 나라에서 대표적으로 경험할 수 있는 음식입니다. 그래서 조리 도구 중에 아시아 나라에서 흔하게 사용하는 바닥이 깊은 중국 냄비인 웍(wok)을 이용하여 재료가 가진 본래 맛과 색을 살리고 영양소 파괴를 최소화하는 장점을 살려주었습니다. 그리고 한국인이 좋아하는 국수를 주재료로 하고 주식이 쌀이니 밥도 추가하면 좋겠다고 생각했습니다. 불 맛을 낼 수 있고, 빠르게 조리할 수 있다는 장점을 가진 웍(wok)이야말로 빠르게 음식을 만들어 제공해야 하는 배달 서비스의 특징을 잘 담고 있다고 생각했습니다.

또한 이름만 들어도 어떤 브랜드인지 쉽게 알 수 있도록 네이밍을 만들면 좋겠다는 생각에 음식을 포장해서 가거나 배달을 한다는 영어 'to go'와 'wok'을 합쳐서 '웍투고(wok to go)'라는 네이밍을 만들었습니다. 이렇게 해서 '웍을 이용한 아시안 누들 & 라이스'라고 콘셉트를 정하고, 조금 더 구체적으로 메뉴의 방향성을 정리했습니다. 첫째는 싱가포르, 홍콩, 일본, 중국의 맛을 전하는 볶음면 요리로 다양한 이국적인 분위기를 연출하고, 둘째는 소고기, 닭고기, 해산물을 이용하여 매콤하고 담백하고 짭조름한 맛의 볶음밥 요리로 친숙함을 제공하고, 셋째는 콘셉트와 어울리는 메뉴로 다채로운 맛을 경험하도록 콘셉트를 구체화했습니다.

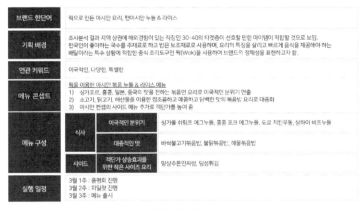

상품기획서 사례

☞ 차별화 요소 만들기

이렇게 정리한 콘셉트에 포인트를 줄 수 있는 방법이 하나 더 있습니다. 바로 차별화를 만들 수 있는 요소를 찾아서 메뉴에 추가로 적용하면 되는데요. 고객이 겪는 불편함을 해결해 줄 수 있는 포인트가 있는지 살펴보면 힌트를 얻을 수 있습니다. 고객이 겪은 불편함을 어떻게 알 수 있냐고요? 고객이 되어 직접 경험해 보면 답을 찾아볼 수 있습니다. 결국 식당 문을 닫고 거리로 나가는 순간 사장님도 고객이 되는 것이니까요. 예를 들어, 아시안 국수 요리로 인기가 있는 팟타이(Pad Thai : 태국의 볶음 쌀국수 요리로 새콤, 달콤, 짭조름한 맛의 특징이 있음) 메뉴는 매장에서 바로 만든 상태에서 먹을 때는 괜찮지만, 배달을 시켜 보면 주로 깊고 높은 직사각 모양의 용기에 담겨 오는 경우가 많습니다. 어느 정도 시간이 지난 후 먹을 때 보면 국수가 뭉쳐 있고 바닥에 기름이 고여서 거의 다 먹을 때쯤이면 느끼하기까지 합니다. 쌀국수의 경우 면발이 쫄깃한 특징이 있지만, 오히려 포장을 하고 시간이 지나면 면이 불어서 품질이 떨어질 수 있다는 단점이 있기 때문인데요. 이러한 단점을 보완할 방법을 찾아보면 차별화를 줄 수 있습니다.

이번 사례의 경우 '웍투고(wok to go)'는 쌀국수를 사용하지 않고, 대신 한국에서는 생소할 수 있지만 동남아 여행을 가면 흔하게 접할 수 있는 면 종류로 계란을 반죽해서 만든 에그 누들을 사용했습니다. 꼬들꼬들한 식감도 있고, 식어도 불지 않는 특징이 있으며, 해외 경험이 많은 고객들에게 친숙한 재료라는 장점이 있었기 때문에 적합하다고 생각했습니다. 그리고 용기는 낮고 넓은 직사각 모양을 사용했습니다. 이렇게 '웍투고만의' 차별화 요소를 부각한 덕분에 운영하는 동안 고객 반응이 무척 좋았고, 배달 지역 중 가장 치열하다고 손꼽히는 상권에서도 상위권을 유지할 수 있었습니다. 하지만 계속해서 브랜드를 운영하지는 않았고 계획상 운영 모델 테스트 차원에서 현장에서 발생 가능한 문제들이 어떤 것이 있는지 체크하는 것이 최초 목표였기 때문에 약 1년 정도만 운영해 본 후 그만두었습니다. 개인적으로 아쉬움이 컸지만, 메뉴 전략을 짜고 리스트를 구성하는 방법이 성공하여 좋은 결과로 이어졌다는 점에 안도감을 느꼈습니다.

메뉴 콘셉트를 짜는 일에 뭔가 대단한 비법이 있다고 생각할 수 있지만 실제로는 그렇지 않으니 어렵게 생각하지 않으셨으면 좋겠습니다. 고객이 메뉴판을 보고 '왜 이 메뉴가 있는 걸까?' 고민하지 않고, '아! 어떤 의도였는지 알겠다'라고 자연스럽게 느끼도록 하면 됩니다. 이제부터 즉흥적으로 말고 계획해서 스토리도 만들어 보고 멋도 입혀서 맛있게 메뉴를 만들어 보세요. 정성스럽게 준비한 메뉴와 전체적인 분위기의 경험이 한데 어우러지면 스타벅스와 같은 인기 브랜드를 만들 수 있을 것입니다.

1단계 : 메뉴기획
③ 메뉴 리스트 완성

메뉴에는 브랜드에서 나타내려고 하는 콘셉트가 고스란히 담겨 있어서 브랜드를 알아가는데 좋은 수단이 됩니다. 어떤 방식으로 메뉴가 구성되었는지 살펴보는 일도 꽤 흥미롭습니다. 2001년 국내에 론칭한 이탈리안 레스토랑 〈메드포갈릭(Mad for Garlic)〉은 미쳤다는 뜻의 영어 'mad for'와 마늘을 의미하는 'garlic' 단어를 합쳐 만든 브랜드입니다. 마늘을 주제로 만든 브랜드답게 팔고 있는 메뉴 대부분에 마늘이 빠지지 않고 사용되고 있습니다. 마늘 크림소스와 베이컨이 어우러진 까르보나라, 구운 대파와 신선한 모시조개가 어우러진 마늘과 올리브유로 만든 파스타, 고소하게 튀긴 마늘과 파마산 치즈를 곱게 갈아 올려주는 마늘 스노잉 피자, 베이컨과 마늘장아찌 등 마늘을 사용한 메뉴들이 많이 있습니다. 지금은 현재 판매 중인 메뉴 리스트를 바탕으로 새로운 메뉴를 넣거나 인기 없는 메뉴는 빼 주는 방식으로 메뉴를 운영하고 있겠지만, 처음에 메뉴 리스트를 짤 때는 어땠을까요? 어떤 메뉴를 선택하면 좋을지 아마 고민이 많았을 겁니다.

또 다른 사례가 있어서 소개합니다. 한때 한식 뷔페가 큰 유행이었던 적이 있었습니다. CJ 푸드빌의 〈계절밥상〉, 신세계푸드의 〈올반〉, 이랜드그룹의 〈자연별곡〉이 대표적인 한식 뷔페 체인점으로 운영되던 때입니다. 당시 저는 〈자연별곡〉을 오픈하는 프로젝트에 합류하여 상품기획자로 일하게 되었습니다. 아직 론칭한 것은 아니었고 메뉴 리스트를 다시 새롭게 짜야 하는 상황이었습니다. 그동안 시장 조사도 하고 시식회도 여러 차례 진행했지만 경쟁사를 압도할 만한 차별점이 없다고 판단해서 일이 다시 원점으로 돌아간 것이었습니다. 회사의 핵심 과제로 추진 중이던 프로젝트로서, 대표 브랜드인 애슐리만큼 성장시키겠다는 목표가 있었기 때문에 엄청난 부담감이 밀려왔습니다. 그동안 맡았던 다이닝 형태의 레스토랑 메뉴를 짜는 일과 비교도 안 될 정도로 뷔페는 메뉴 수가 많았습니다. 적어도 70개 이상의 메뉴 리스트를 짜야 했기 때문에 기준이 필요했습니다. 이때 제가 적용했던 방법 몇 가지를 소개해 드리겠습니다.

☞ 메뉴리스트 짜는 실전 노하우

첫째, 중복되지 않고 다양한 맛을 느낄 수 있는 균형감이 필요합니다. 단맛, 신맛, 짠맛, 쓴맛, 감칠맛부터 매운맛, 담백한 맛까지 메뉴별로 다채롭게 맛을 느낄 수 있도록 해주면 됩니다. 예를 들어, 〈메드포갈릭〉의 경우, 기본적으로 주재료인 마늘을 거의 모든 메뉴에 사용하지만, 치즈와 크림을 사용하여 느끼한 맛을 주고, 크러시드 레드페퍼(서양 고춧가루)를 사용해 매콤한 맛을 더하며, 엔초비를 사용해 감칠맛이 있도록 만들어서 맛이 중복되지 않게 메뉴를 구성해서 운영합니다. 또한 한 가지 맛만 치우쳐 있도록 하면 단조롭게 느낄 수 있습니다. 메뉴 개수는 많을지 몰라도 맛 특징이 유사하기 때문에 그냥 비슷한 맛으로 인지하게 됩니다. 그래서 메뉴별로 맛 특징이 가능하면 겹치지 않도록 해야 합니다. 그러고 보면 일본 미식 여행 후 돌아오는 비행기 안에서 김치찌개, 얼큰한 육개장 메뉴가 생각나는 것은 어쩌면 자연스러운 현상일 수 있습니다. 일식 메뉴 대부분이 간장과 된장이 사용되어 담백하고 좋지만, 계속 먹다 보면 단조로울 수 있고, 평소 맵고 자극적인 맛에 익숙한 한국인들에게는 쉽게 질릴 수 있는 맛이기 때문입니다.

둘째, 맛의 식감을 다채롭게 느낄 수 있도록 합니다. 식감이란 음식을 먹을 때 입안에서 느끼는 감각인데 반대되는 식감을 조합하면 씹을 때 입안의 재미를 줄 수 있습니다. 예를 들어, 1968년부터 성업 중인 을지로의 〈무교동 북어국집〉에 가면 메뉴가 간단합니다. 부드러운 북어, 보들보들한 계란, 탱글한 두부가 담긴 담백한 북엇국이 주메뉴인데, 여기에 함께 제공하는 반찬이 오독오독 씹히는 오이장아찌와 부추무침입니다. 씹을 것이 없을 정도로 부드럽게 넘어가는 북엇국에 부드러운 반찬을 함께 제공했다면 비슷한 식감으로 인해 지루함을 느낄 수 있었을 겁니다. 볶음밥에 톡톡 터지는 날치알을 넣어 주거나, 부드러운 호박 수프에 바삭하게 구운 크루통(*croûton* : 사각 모양으로 잘라 기름에 튀기거나 버터에 구운 빵 조각)을 곁들여 주거나, 안심 스테이크에 감자튀김을 곁들여 내는 메뉴도 같은 맥락입니다. 특히 백반 전문점이라면 가짓수가 많아서 반찬을 구성하는 데 어려움이 있을 텐데, 이때 식감 차이를 이용하면 도움이 됩니다.

비슷한 식감이 있는 반찬은 제외하고, 서로 다른 식감의 반찬으로 메뉴를 구성하면 적은 가짓수라도 충분히 다양함을 느낄 수 있습니다.

셋째, 여러 가지 조리법을 활용해 메뉴의 다양함을 느끼도록 해줍니다. 같은 재료이지만 만드는 방법에 따라 다른 맛이 나도록 할 수 있습니다. 조리법에는 끓이기, 찌기, 조리기, 굽기, 튀기기, 볶기와 같은 방법들이 있습니다. 육류, 해산물, 채소의 원물 재료를 가지고 다양한 소스와 조리법을 활용하여 음식을 만들기 때문에 여러 종류의 메뉴가 탄생될 수 있습니다. 소고기만 하더라도 다양한 조리법을 적용해 갈비구이, 불고기, 갈비찜, 장조림, 소고깃국 같은 여러 메뉴를 만들 수 있습니다. 요즘 오마카세 형태로 운영하는 식당들이 많이 생겼는데, 각 재료별로 조리법을 다양하게 적용하여 메뉴를 운영하고 있는 케이스입니다. 예를 들어, 오마카세 형태로 운영되고 있는 성수동에 위치한 '네기라이브'의 경우 갑각류 재료를 맑은 지리로 끓여주고, 신선한 회로도 맛보도록 하고, 보글보글 끓는 내장 소스에 찍어 먹게도 하며, 게살로 밥을 지어 코스 메뉴를 운영하기도 합니다.

당연한 내용이라고 생각할 수 있을 정도로 간단한 팁이지만 70개 이상의 메뉴 리스트를 짜야 하는 순간 요긴하게 활용했던 방법이었습니다. 처음 메뉴 리스트를 짤 때 참고하면 도움이 될 만한 팁이 하나 더 있습니다. 해외여행, 국내 시장 조사 중에 메뉴에 시선을 끄는 포인트가 있거나, 메뉴의 맛이 좋아서 인상적이었거나, 매력적인 비주얼 요소가 있다고 생각하면 사진을 찍어 두고, 음식 관련 잡지와 온라인 검색 중에 괜찮다고 여겼던 메뉴 이미지도 평소에 모아

두는 방법입니다. 그리고 한식, 중식, 일식, 양식 카테고리로 폴더를 나누고 해당하는 곳에 저장해 놓습니다. 나중에 의미 있는 정보로 활용할 수 있도록 분류해 놓는 작업입니다. 이렇게 메뉴 뱅크를 만들어 메뉴풀을 수시로 확보하고 필요할 때 꺼내서 참고해 보는 방법이 실전에서 메뉴 리스트를 짤 때 아주 유용하게 사용되기도 합니다.

☞ 카테고리 그룹핑 하기

식당에 가서 메뉴를 주문하는데 보통 얼마큼의 시간이 걸리는 줄 아세요? 대부분 2~3분 안에 메뉴를 결정한다고 합니다. 아무리 길어도 5분은 넘어가지 않을 겁니다. 생각보다 짧은 시간인데 만일 리스트에 메뉴가 많다면 어떨까요? 메뉴 주문하는 데 시간이 오래 걸리고 주문이 어려워질 수 있습니다.

여러 실험이나 자료 등을 종합해 볼 때, 고객의 선택에 도움이 되는 메뉴 수는 단일 메뉴로 운영되는 식당이 아닌 이상 카테고리별로 5~7개 정도가 적당합니다. 그리고 메뉴를 구분할 때 비슷한 특징이 있는 메뉴끼리 모아서 그룹을 지어 놓으면 전체적으로 파악하는 데 도움을 줍니다.

브랜드 콘셉트와 메뉴 전략에 따라 달라질 수 있지만 카테고리화 하는 방법으로 몇 가지가 있습니다. 메뉴가 만들어지고 소비되는 일련의 과정을 펼쳐 놓고 특징이 될 만한 요소를 찾아보면 힌트를 얻을 수 있는데요. 음식을 만들 때 필요한 식재료, 조리 방법, 식사하는 시기와 순서를 가지고 카테고리화 하여 그룹핑할 수 있습니다. 이렇게 비슷한 메뉴끼리 카테고리로 묶어서 구성을 정리하면 메뉴를 쉽게 찾을 수 있게 됩니다. 그룹핑하는 방법은 아래 다섯 가지로 나누어 볼 수 있습니다.

■ 메뉴 분류하는 방법

첫 번째로 식재료의 종류로 분류하는 방법이 있습니다. 육류(meat), 해산물(seafood), 채소(vegetable) 등으로 구분하여 그룹핑하고, 각 카테고리별로 재료의 종류를 세분화하여 메뉴를 선택하면 됩니다.

재료의 종류와 구분에 따라 육류는 소고기, 돼지고기, 닭고기, 양고기 등으로, 해산물은 갑각류, 생선류, 조개류 등으로, 채소는 뿌리채소, 잎채소, 줄기채소, 열매채소, 꽃채소 등으로 나뉘게 됩니다. 그런데 언급한 재료들을 모두 메뉴에 넣게 되면 메뉴 아이템의 수가 많아지니 어떤 재료를 선택해서 주력으로 상품화할지 결정해야 합니다. 이때 메뉴 아이템의 수는 서비스 형태와 브랜드의 콘셉트에 따라 최소 5~7개 정도로 선택하면 되고 고급 레스토랑은 최대 10개까지 구성해 볼 수 있습니다. 이 같은 방법은 주로 격식을 갖추어 서비스를 제공하는 고급 레스토랑, 즉 파인 다이닝 레스토랑(Fine dining restaurant)에서 자주 사용하고 있습니다.

두 번째로 색깔을 이용해 메뉴를 그룹핑하는 방법입니다. 재료의 주요 색깔별로 메뉴를 구분하는 것인데, 예를 들어 무, 콩, 버섯, 컬리플라워, 화이트 아스파라거스를 사용한다면 화이트 푸드(white food), 비트, 토마토, 고추, 파프리카의 재료는 레드 푸드(red food) 호박, 당근, 오렌지 등을 사용한다면 옐로 푸드(yellow food), 브로콜리, 시금치 등을 사용하면 그린 푸드(green food)라고 그룹핑해 볼 수 있습니다. 채식 위주의 식사가 인기를 끄는 요즘 비건 레스토랑이 많이 생기고 있는데, 이 같은 방법으로 메뉴를 구성하면 건강 키워드로 콘셉트를 표현할 수 있는 효과적인 방법이 될 수 있습니다.

세 번째로 조리 방식에 따라 분류해도 좋습니다. 끓이기, 찌기, 조리기, 굽기, 튀기기, 볶기와 같은 다양한 조리법에 따라 구분하는 것인데, 가장 흔한 방법의 하나입니다. 예를 들어, 한식의 경우 국물이 있는 음식을 탕과 찌개류, 양념을 더해 센 불에서 조리하는 볶음류, 뜨거운 기름을 사용해 익히는 튀김류, 오븐을 이용하거나 직접 열을 가하여 익히는 구이류 등으로 분류하여 메뉴를 구성합니다. 주류를 판매하는 술집 형태의 메뉴판에서 흔히 볼 수 있는 구분 방법인데, 어울리는 안주를 쉽게 선택하는 데 도움을 줄 수 있습니다. 예를 들어, 구이를 전문으로 하는 그릴 바(Grill Bar) 콘셉트의 레스토랑인 경우, 구이의 조리법을 특화하여 육류, 해산물, 채소 등의 재료로 메뉴를 구성하면 다양함과 전문성을 동시에 줄 수 있습니다.

네 번째로 식사와 연관해서 그룹핑할 수 있습니다. 아침(Breakfast), 점심(Lunch), 브런치(Brunch), 저녁(Dinner)으로 식사하는 시간에 따라 구분하거나, 애피타이저(Appetizer), 샐러드(Salad), 주요리(Main), 디저트(Dessert)로 식사하는 순서에 따라 구분하는 방법입니다. 그리고 요리류와 식사류로 구분하고 요리는 따뜻한 요리, 차가운 요리로 나눌 수 있습니다. 식사의 주가 되는 요리인 메인 메뉴(Main Menu)와 함께 곁들여 먹는 사이드 메뉴(Side Menu)로 분류해도 됩니다.

이외에 한식, 양식, 일식, 중식, 디저트, 음료 각 카테고리별로 대표

되는 메뉴의 종류에 따라 그룹핑 하는 방법이 있습니다. 양식의 경우 피자, 파스타, 스테이크, 햄버거, 샌드위치로, 일식의 경우 초밥, 스시, 우동으로, 디저트의 경우 도넛, 쿠키, 케이크로, 그리고 음료의 경우 커피, 맥주, 와인과 같은 방식으로 구분할 수 있습니다. 또 그룹핑하지 않고 전체의 메뉴 아이템을 나열하는 방식도 있습니다.

지금까지 다양한 방식으로 카테고리를 구분하여 메뉴 구성을 하는 방법을 소개했지만, 정해진 정답은 없습니다. 중요한 포인트는 브랜드의 콘셉트가 잘 표현되도록 하고 고객이 메뉴를 고를 때 빠르게 이해하고 주문하는 데 도움이 되면 그만입니다. 그리고 어떤 기준이든지 우선 카테고리로 구분하고 고객이 부담되지 않도록 한 카테고리당 5~7개의 메뉴로 배치하면 효과적입니다. 예를 들어 메뉴를 애피타이저, 메인, 디저트 세 가지 카테고리로 그룹핑하려고 하면 전체 메뉴는 15개에서 최대 30개까지가 됩니다. 단, 메뉴 구성을 완성할 때 주의할 점은 메뉴 수를 너무 많이 가져가지 말아야 하는데 자칫 메뉴가 팔리지 않아 준비한 재료가 버려질 수 있기 때문입니다. 재료 폐기는 곧 재료비 상승으로 이어질 수 있어서 이 점을 고려하여 메뉴 리스트를 완성하는 것이 중요합니다.

☞ 메뉴 유형 세 가지

메뉴의 유형은 특징에 따라 크게 '베이직', '콘셉트', '트렌디'의 세 가지 유형으로 구분해 볼 수 있습니다. 이렇게 유형을 구분하여 특성을 파악하면 체계적으로 메뉴를 구성할 수 있고, 전략적으로 운영하는 데 도움이 많이 됩니다.

■ 메뉴 유형 1. 베이직

베이직(Basic) 메뉴 군입니다. '기본적인'의 뜻을 가진 영어 단어인데, 메뉴에서 '기본적'이란 특별함이 없는 '보통'의 의미로 해석할 수 있습니다. 유사하게 떠오르는 단어로 '평범한, 대중적인, 일반적'인 것들이 있는데, 어떤 메뉴가 여기에 속할까요? 익숙하고 평소 자주 먹는 메뉴들이 여기에 해당합니다. 예를 들어, 쌀밥, 된장국, 배추김치, 계란프라이, 토스트 등이 있습니다. 중식당에 가면 대부분 짬뽕, 짜장면, 볶음밥과 같은 식사 메뉴이고 요리 하나 곁들이면 대부분 탕수육일 가능성이 높습니다. 양식당은 봉골레 파스타, 토마토 소스를 얹은 마가리타 피자 또는 기본 패티, 치즈, 양상추, 토마토 정도 넣은 치즈버거 정도가 있습니다. 카페에서는 아메리카노, 라떼, 에스프레소 같은 메뉴가 있습니다.

이렇게 익숙한 메뉴들이 베이직 메뉴 군에 속합니다. 고객 입장에서는 여기 아니어도 다른 브랜드에서 먹을 수 있는 평범한 메뉴들인 셈인데, 그렇다고 기본적인 메뉴를 리스트에서 뺄 수는 없습니다. 고객 중에도 기본 메뉴를 필요로 하는 경우가 있기 때문에 기본 메뉴는 갖추고 있어야 합니다. 그리고 고객의 메뉴 저항감을 낮추고 안정감을 주는 요인으로 작용하기도 합니다.

그럼 베이직 군에 속하는 메뉴는 어떻게 전략적으로 운영하면 좋을까요? 우선 객단가를 높이기 위한 수단으로 활용할 수 있습니다. 예를 들어, 칼국수에 곁들이는 만두, 부대찌개에 추가로 넣는 라면 사리가 객단가를 상승시킬 수 있는 메뉴입니다. 만두, 라면사리 같은 메뉴는 보조 메뉴 또는 사이드 메뉴로도 인식합니다. 베이직 유형에 속하는 메뉴에 가치를 주어 브랜드의 이미지를 긍정적으로 상승시키는 역할도 할 수 있습니다. 기본 메뉴 품질이 좋으니 다른 메뉴들도 좋을 것이라는 기대 심리를 심어줄 수 있어서 제대로 활용하면 브랜드에 긍정적인 요인이 됩니다. 예를 들어, 뷔페에서 본전 뽑는 기분을 주는 비싼 메뉴 말고 배부르게 하는 국수, 밥 메뉴가 있습니다. 주로 탄수화물 위주의 식사 메뉴는 뷔페 메뉴 구성에서 베이직 군에 속합니다. 본전 생각하는 고객이라면 이런 메뉴는 가급적 많이 먹지 않을 겁니다.

하지만 이러한 메뉴에 비싼 재료를 사용하고 신경을 써서 음식을 만들어 놓으면 관심을 끌 가능성이 높아집니다. 예를 들어 평범한 계란 볶음밥이 아니라 버섯, 야채, 고기를 넣고 센 불에 볶은 중국식 볶음밥, 평소 먹던 유부초밥이 아니라 일본식 숙성 간장소스에 버무린 연어를 올린 유부초밥 같은 메뉴를 만들어서 베이직 군에 속한 메뉴를 매력적으로 보이도록 하는 경우입니다.

그럼 전체 메뉴에서 얼마나 많은 메뉴를 베이직 군으로 구성해야 할까요? 전체 메뉴에서 베이직 메뉴 군이 차지하는 비율은 대략 70% 내외 정도로 하면 적당합니다. 메뉴 수가 많으면 80%까지 비율을 올려도 괜찮은데 브랜드에서 추구하는 콘셉트와 서비스 형태에 따라 비율은 조금씩 조절하시면 됩니다.

베이직 군에 속하는 메뉴 개수를 알아보기 위해 예를 들어볼 텐데요. 그러기 위해서 먼저 기준이 되는 전체 메뉴 수에 대해 알아야 계산이 가능합니다. 어떻게 알 수 있냐고요? 카테고리로 메뉴를 그룹핑한 후 각 카테고리별로 메뉴 아이템 수를 정하면 알 수 있습니다. 카테고리 그룹핑 하는 방법과 적절한 메뉴 수의 기준은 앞에서 소개한 바 있습니다. 만일 카테고리를 식재료인 육류(meat), 해산물(seafood), 채소(vegetable) 세 가지로 구분한다면 각 카테고리별로 보통 5~7개, 고급 레스토랑은 최대 10개까지 메뉴 수를 구성한다고 하였으니 전체 메뉴 수는 15~21개 정도가 될 것입니다. 고급 레스토랑은 30개까지 늘어날 수 있습니다. 전체 메뉴 수가 정해졌으니 베이직 군에 속하는 메뉴 수는 쉽게 구할 수 있습니다. 베이직 메뉴 군의 비율이 70% 정도라고 하였으니 전체 메뉴 수와 곱하면 대략 10~14개 정도인 것을 알 수 있습니다. 이 숫자를 참고하여 메뉴를 선택하고 전략을 세우면 됩니다.

■ 메뉴 유형 2. 콘셉트

다음은 콘셉트(Concept) 메뉴 군입니다. '개념, 주된 생각'이라는 뜻을 가진 영어 단어입니다. 단어에서 알 수 있듯이 브랜드 정체성이 담긴 메뉴를 말합니다. 브랜드 스토리가 담겨 있고 개성과 특징을 느낄 수 있도록 해주는 일이 중요합니다. 다른 곳에도 있는 메뉴가 아니라 이곳에만 있는 메뉴여야 하는데 시그니처 메뉴(Signature menu, 간판이 되는 메뉴) 즉, 대표 메뉴가 바로 여기에 해당합니다.

지금까지 참여했던 많은 외식 프로젝트와 주변에 알려진 여러 사례를 통틀어 보면 한 가지 분명한 공통점이 있습니다. 바로 식당이 정말 성공하려면 반드시 브랜드를 대표하는 시그니처 메뉴가 꼭 있어야 한다는 점인데 이 부분에 거의 예외가 없었던 것 같습니다. 고객들이 기억하고 다시 찾아오게 하는 특징이 있는 메뉴가 바로 콘셉트 메뉴입니다. 식당을 추천해 주거나 소개받을 때 궁금해하는 것이 있죠? 바로 대표 메뉴가 무엇인지에 대한 질문입니다. 또는 식당을 검색할 때 마찬가지로 키워드 검색에서 먹고 싶은 메뉴 아이템을 넣어 찾아 보게 되는데, 이때 대표 메뉴 위주로 검색하게 됩니다. 이렇기 때문에 콘셉트 메뉴 군에 속하는 메뉴는 당연히 전략적으로 추진하는 메뉴로 운영하게 됩니다. 물론 가장 좋은 방법은 입소문이 나서 알아서 고객이 찾아오도록 만드는 것이겠죠. 그렇게 되면 메뉴 알리는 데 사용하는 비용을 대신 고객에게 서비스를 제공하는 것으로 대체할 수 있습니다.

콘셉트 메뉴는 안정적으로 매출을 일으키는 메뉴여야 하고 팔수록 손해나지 않고 이익이 되도록 설계해야 합니다. 그러기 위해서 메뉴를 개발한 후에 반드시 원가를 계산해 봐야 하겠지요. 인기도 좋고 수익도 좋은 메뉴를 만들기 위해서는 연구와 개발이 필요합니다. 만일 우선순위를 정해서 개발을 해야 한다고 보면 콘셉트 메뉴 군에 속하는 메뉴입니다. 브랜드를 대표하는 메뉴가 여러 개일 수 없으니 그럼 콘셉트 메뉴 군에 속하는 메뉴는 한 개여야 할까요? 그렇지 않습니다. 그룹핑한 카테고리별로 대표하는 메뉴들이 있어야 하고 이 중에서 어떤 것을 가장 대표 선수로 만들지를 선택하면 됩니다.

몇 개 메뉴가 콘셉트 메뉴 군에 속할지 알아보아야 하는데 이 유형의 비율은 20% 내외 정도로 보면 적당합니다. 마찬가지로 이 비율은 상황에 따라 조절할 수 있습니다. 그럼 아까 예시로 든 경우에 대입해 보면 몇 개의 콘셉트 메뉴가 필요할까요? 카테고리가 3개이고, 전체 메뉴 수는 15~21개라고 하였으니 콘셉트 메뉴 수는 3~4개 정도가 됩니다. 이 숫자에 맞춰 시그니처 메뉴, 즉 대표 메뉴를 선정하시면 됩니다.

■ 메뉴 유형 3. 트렌디

마지막으로 트렌디(Trendy) 메뉴 군입니다. '최신 유행의' 뜻이 담긴 영어 단어인데, 말 그대로 최근 트렌드를 반영하는 메뉴를 말합니다. 메뉴의 깊이와 재미를 줄 수 있는 특징을 가진 메뉴입니다. 매출이 많이 올라가지는 않지만 그렇다고 메뉴에서 빠지면 바이럴이 안될 수 있습니다. 그렇다고 굳이 트렌디 메뉴를 전면에 내세워 광고할 필요는 없습니다. 단지 프로모션 용도로 생색내기 정도로만 갖추고 있으면 됩니다. 브랜드가 계속해서 숨 쉬고 있다는 인식을 주기 위한 목적입니다. 예를 들어 제철에만 나는 재료로 계절감을 더해서 만든 시즌 메뉴, 고객 구매 심리를 자극하는 희소성 법칙에 따라 만든 한정 메뉴가 트렌디 군의 유형에 속합니다.

트렌디 군에 속하더라도 상품을 잘 만들어 인기가 생기면 시즌에만 반짝하고 운영하지 않고 매 시즌마다 시즌 한정 메뉴로 팔 수 있습니다. 그리고 자연스럽게 시즌 시그니처 메뉴로 등극할 수 있습니다. 예를 들어, 서초동에 〈임병주산동칼국수〉 음식점은 강남 일대에 줄 서는 맛집으로 알려져 있습니다. 칼국수를 팔아서 건물을 올렸다는 소문도 있을 정도로 장사가 잘되는 식당인데, 이곳의 주력 메뉴는 칼국수입니다. 곁들임 메뉴로 야채를 듬뿍 넣어 빚은 만두가 있고, 여름에만 파는 녹진한 콩국물이 일품인 진한 콩국수도 있습니다. 이렇게 볼 때 칼국수는 시그니처 메뉴이기 때문에 콘셉트, 만두는 사이드 메뉴여서 베이직 그리고 여름 한정 판매하는 콩국수는 트렌디 메뉴라고 볼 수 있습니다.

그럼 트렌디 군의 비율은 몇 %가 적당할까요? 베이직 군 70%, 콘셉트 군 20%으로 하였으니 트렌디 군은 10% 내외로 잡으면 됩니다. 그럼 아까 예시로 든 경우에 대입해 보면 전체 메뉴 수 15~21개 기준으로 트렌디 군의 유형은 1~2개 정도로 선정해 볼 수 있습니다.

베이직	콘셉트	트렌디
70%	20%	10%
"반드시 있어야 하는" 일반적으로 기대하는 기본이 되는 메뉴	"스토리를 부여해 주는" 브랜드를 대표하는 시그니처 메뉴	"최근 추세를 반영하는" 메뉴의 깊이와 재미를 줄 수 있는 메뉴

메뉴의 3가지 유형

이렇게 메뉴 유형을 베이직(Basic), 콘셉트(Concept), 트렌디(Trendy) 세 가지로 구분하여 보았고, 각 유형별로 메뉴 비율은 70%, 20%, 10% 정도라고 정리해 보았습니다. 지금까지 소개한 내용을 참고하여 전략적으로 메뉴를 구성해 보시면 좋겠습니다. 이러한 기준이 바탕이 되면 가짓수가 많은 뷔페 메뉴도 어렵지 않게 구성할 수 있게 됩니다. 그리고 뷔페 형태가 아닌 일반적인 다이닝 개념의 음식점도 짜임새 있게 메뉴를 구성할 수 있습니다.

만일 이런 분류 방법이 복잡하고 실행하기 어렵다면 간단하게 그룹핑한 카테고리별로 비중만 설정해서 메뉴 수를 결정하고 그에 맞춰 메뉴를 선택하시면 됩니다. 예를 들어, 메뉴를 런치(Lunch), 디너

(Dinner) 카테고리로 그룹핑 한다면 런치와 디너의 메뉴 비중을 4 : 6으로 잡고 운영해 볼 수 있습니다. 이럴 경우 전체 메뉴 수는 카테고리별로 5~7개, 최대 10개가 적당하다고 하였으니 총 10~14개, 최대 20개입니다. 20개 메뉴로 운영할 계획이라면 런치 8개, 디너 12개 메뉴 안에서 특징에 맞는 메뉴를 선택하면 됩니다. 지금까지 말씀드린 비율이 절대적인 것은 아니니 상황에 따라 비중을 조금씩 조절하시면서 메뉴를 구성하시면 됩니다.

2단계 : 메뉴개발

: 익숙함과 낯설음, 그 오묘한 경계선

☞ 메뉴개발 과정에서 주의할 점

지금부터는 본격적으로 레시피 개발을 진행해야 합니다. 메뉴 기획 단계에서 시장 조사를 진행했지만, 메뉴 개발 관점에서 시장 조사를 다시 할 수도 있습니다. 시장 조사를 할 때는 고객들이 맛에 반응하는 정도를 체크하는 것이 포인트입니다. 고객이 자주 방문하는 식당과 경쟁사 메뉴들을 맛보면서 어느 정도의 단맛을 원하는지 확인합니다. 그리고 참고할 만한 새로운 식재료가 있는지 살펴봅니다. 좋은 메뉴가 발견되면 재료를 준비해서 직접 만들어 보고 내 가게만의 고유한 레시피를 완성합니다.

메뉴에 사용되는 소스의 경우 직접 제조해서 사용할 수 있지만, 시판 제품을 사용하고 재료를 보충해서 소스를 업그레이드할 수도 있습니다. 어떤 방법이 좋을지 장단점을 따져 봐야 하겠지요. 전처리를 모두 매장에서 할 경우 원가는 적게 들겠지만 인건비 부담이 있을 수 있고, 시판 제품을 활용한다면 인건비 부담이 줄어드는 대신 원가가 조금 올라갈 수도 있기 때문입니다. 판단을 할 수 있는 가장 좋은 방법은 전처리한 메뉴의 원가를 계산해서 시판 제품의 원가와 비교하면 됩니다. 계산하는 방법은 4장에서 자세하게 소개하도록 하겠습니다. 메뉴를 개발할 때 기존 식재료 이외에 새롭게 추가되는 재료가 얼마큼 있을지 체크도 함께 해봐야 합니다. 재료가 너무 많아지면 식재료 관리에 어려움이 있을 수 있기 때문입니다.

그리고 메뉴를 개발할 때 이것만은 꼭 기억해 보세요. 바로 기본기에 충실해야 한다는 점입니다. 메뉴 맛을 극대화할 수 있는 지름길이기도 합니다. 예를 들어 감자탕 메뉴를 개발해야 한다고 보면 다른 것보다 육수가 핵심입니다. 냄새나지 않게 육수를 끓이려면 가장 중요한 것이 바로 등뼈를 물에 담가서 핏물을 충분히 빼고 불순물을 모두 제거해 주는 과정입니다. 이 과정만 제대로 지키면 다음부터는 쉽게 맛을 낼 수 있습니다. 정말 기본인데 제대로 지키지 못하는 경우가 많습니다. 원물 재료 손질하는 과정을 잘하지 못하면 냄새를 없애기 위해 다른 재료들이 더 사용됩니다. 그렇게 되면 재료 사용이 많아지면서 원가는 오르게 됩니다. 여기에 소개한 몇 가지 방법들을 참고해서 레시피 개발을 진행해보시면 좋겠습니다.

메뉴 개발이 끝나면 품평회를 거치도록 합니다. 가급적 객관적으로 피드백을 줄 수 있는 사람들을 찾아보는 것이 중요합니다. 시식회를 진행하며 메뉴를 수정하고 보완하는 과정을 마치고 나면 마지막으로 해야 할 일이 표준 레시피와 운영 매뉴얼을 준비하는 일입니다. 레시피는 최대한 자세하게 기록해두는 것을 추천합니다. 직원들이 메뉴를 만들 수도 있기 때문에 공정 과정이 너무 복잡하지 않도록 다시 한번 체크합니다.

☞ 고객 이끌 강력한 시그니처 메뉴 핵심 원리

1939년 강남 〈한일관〉 불고기, 1946년 중구 〈우래옥〉 평양냉면, 1954년 광화문 〈미진〉 메밀국수, 1956년 대전 〈성심당〉 튀김소보로, 1964년 을지로 〈안동장〉 굴짬뽕, 1986년 성북동 〈쌍다리식당〉 돼지불백, 지금까지 언급한 장소가 갖는 공통점이 있습니다. 우선 오랫동안 장사를 하고 있고, 브랜드를 대표하는 '선수'들이 존재한다는 사실입니다. 오래되었지만 아직까지 인기가 식지 않고 대를 이어서 성업 중인 식당은 단골 고객이 많고 대표 메뉴 맛을 잘 지키고 서비스해온 덕분입니다. 오래된 노포집들, 백년가게에 선정된 식당뿐만 아니라 요즘 새로 생긴 가게들조차도 입소문이 나고 줄 서는 맛집이 되기 위해서는 대표 메뉴, 즉 시그니처 메뉴가 필수입니다.

시그니처 메뉴가 있어야 한다는 것은 누구나 아는 사실일 텐데, 문제는 만들기가 어렵다는 점입니다. 하지만 시그니처 메뉴에 대한 원리를 알고 있으면 조금 쉽게 메뉴를 만들어 볼 수 있습니다. 시그니처 메뉴를 만드는 핵심 원리는 '익숙한 맛에 낯설게 비틀기'입니다. 아는 맛인데 새롭게 느껴지도록 만드는 것이 포인트입니다. 기본 맛은 본질 그대로 철저히 유지하고 몇 가지 장치를 통해서 새로운 인식을 전달하면 됩니다.

☞ 익숙한 맛, 기본 맛에 충실

시그니처 메뉴를 만들 때 먼저 신경 써야 할 부분은 맛입니다. 고객들이 기대하는 메뉴의 본질에 충실해야 합니다. 그래서 고객이 익숙하게 느끼는 맛은 변화시키지 말고 최대한 잘 구현할 수 있도록 해야 합니다. 새로운 시도를 하고 싶다는 마음에 창의적인 맛의 메뉴를 개발하고 있다면 고객이 낯설게 받아들일 수 있기 때문에 바로 멈춰야 합니다. 예를 들어, 육개장을 주문한 고객이라면 일반적으로 얼큰하고 진한 육수에 고기와 고사리, 대파가 푸짐하게 들어간 메뉴를 상상할 수 있습니다. 그런데 맛을 보니 달고 시큼한 맛이 난다면 어떨까요? 금세 인상을 찌푸리게 될 것입니다. 평소 알고 있고 기대하는 맛이 아닐 경우 긍정적인 평가를 받기는 쉽지 않습니다. 그래서 퓨전 메뉴를 개발할 때 조심해야 합니다. 단, 음식을 전문으로 공부한 요리사는 재료와 소스 이해도가 높은 상태이기 때문에 새로움을 시도해 볼 수 있을 겁니다.

그럼 기본적으로 알고 있는 맛을 최상의 맛이 나도록 만들려면 어떻게 하면 좋을까요? 우선 재료 선정에 심혈을 기울여야 하고 다음으로 기본 재료를 제대로 손질해서 맛 구현에 최적화된 조리법을 적용하면 됩니다.

☞ 낯설게 비틀기, 맛 이외 '장치' 활용

외형적인 부분에 차별화를 두어 시그니처 메뉴를 완성합니다. '낯설게 비틀기'라는 말로 설명이 가능한데요. 낯설게 비틀기는 생소함과 익숙하지 않음을 의미합니다. 평소와 다르게 보여준다는 생각으로 접근하면 됩니다.

익숙한 맛	낯설게 비틀기
기본 맛에 충실	맛 이외의 요소를 변형
재료, 원산지 기본 손질 조리방법	비주얼 (그릇, 담는 방법) 재료 모양 메뉴 조합

시그니처 메뉴의 핵심 원리

첫째, 음식을 담는 그릇 사이즈와 모양을 다르게 하거나, 색깔별로 가지런하게 담거나, 입체감을 주기 위해 높이 쌓아 올리는 방식을 적용하여 시각적인 효과를 강조합니다. 예를 들어 제주 '핀크스 포도호텔'의 우동은 새우를 머리부터 꼬리까지 통으로 튀겨서 우동 그릇 위에 길다랗게 올려주어 볼륨감 있게 메뉴를 담아냅니다. 신사동에 위치한 와인바 '미아전'에서 판매하는 감자전은 손바닥 사이즈로 작게 구워서 여섯 장을 높이 쌓아 담아냅니다.

둘째, 음식에 사용하는 재료 모양을 기존과 다르게 하여 사용할 경우 새로운 느낌을 줄 수 있습니다. 예를 들어, 일반적으로 탕수육 모양은 길고 납작하지만, 중식당 '모던눌랑'의 탕수육은 목화솜같이 동그란 모양입니다.

셋째, 음식을 구성하는 조합을 기존과 다르게 하여 생소함을 느끼도록 합니다. 예를 들어 대부분 밥과 국 구성으로 음식이 제공되는 데 반해, '문배동육칼'의 육칼 메뉴는 국과 국수 조합으로 메뉴를 완성했습니다. 육개장에 칼국수를 넣어 만들었는데 밥도 함께 제공하기도 하지만 일반적인 상식을 깨트려 메뉴를 조합한 덕분에 특별함이 더해진 경우입니다.

넷째, 평소 보지 않은 재료 조합으로 메뉴를 완성하기도 합니다.
이 방법을 적용해 시그니처 메뉴를 잘 만든 사례가 있습니다. 2015
년 대구를 시작으로 현재 전국으로 확장하여 성업 중인 일본 가정
식 음식점 '토끼정'인데요. 브랜드 대표 메뉴인 크림 카레우동은 하
얀 크림으로 덮여 있어서 처음 메뉴를 받으면 어떤 음식인지 궁금하
게 만듭니다. 그런데 젓가락으로 크림이 있는 안쪽 내용물을 올리
면 노란색 우동면이 나옵니다. 분명 우동인데 처음 보는 낯선 비주
얼입니다. 그런데 맛을 보면 잘 아는 익숙한 카레 맛입니다. 시그니
처 메뉴의 핵심 원리를 가장 잘 이용한 경우라고 할 수 있습니다.

　지금까지 시그니처 메뉴의 핵심 원리에 관해 소개했는데 '익숙한
맛'과 '차별화된 멋'이 포인트라고 보시면 됩니다. 기본 원리를 알면
메뉴를 개발하기 쉬워집니다. 그런데 가끔씩 엉뚱한 방법으로 시그
니처 메뉴 특징을 설명하는 경우가 있습니다. 누가 만들었고, 원조
타이틀을 사용하고, 서비스와 프로모션 행사를 하는 일은 시그니처
메뉴 특징이 되지 못합니다. 메뉴 본질에 충실해야 하는데 다른 부
수적인 장치가 돋보이도록 해서 시그니처 메뉴라고 말하는 경우입
니다. 예를 들어, 장인이 만든 국수, 서울 3대 짬뽕, 원조 보쌈, 무한
리필 돼지갈비로 표현되는 메뉴인데, 이런 수사들은 메뉴가 잘 팔
리도록 도움을 주는 보조 역할이고 마케팅 수단일 뿐입니다. 이런
특징은 스토리를 만들 때 사용하면 좋습니다. 이 점을 참고해서 경
쟁력 있는 대표 메뉴를 만들어 보시면 좋겠습니다. 평소 시장조사
를 할 때 시그니처 메뉴 위주로 특징들을 살펴보시면 이번 장에서
소개한 '익숙한 맛, 낯설게 비틀기' 원리를 쉽게 이해하실 수 있을 것
입니다.

3단계 : 출시준비(마지막 점검)

(네이밍, 설명, 스토리텔링, 담는 방법, 그릇, 메뉴 색깔)

메뉴 출시 프로세스에서 3단계 출시 준비, 즉 메뉴를 상품화하는 것에 대한 내용입니다. 1단계에서 메뉴 리스트가 완성되었고 2단계에서 시그니처 메뉴개발까지 끝난 상태인데요. 이제는 출시 전 마지막 과정입니다. 그럼 메뉴 출시하기 전에 무엇을 더 챙겨야 할까요? 우선 메뉴 원가를 최종 점검하고 가격을 결정해야 합니다. 특히 이 부분은 마진율과 연관되어 있기 때문에 출시준비 단계에서 꼼꼼하게 체크해야 합니다. 원가 점검과 가격 결정하는 일 말고도 메뉴 주문에 영향을 주는 요인들이 많아서 챙겨야 할 것들이 더 있습니다. 메뉴 이름, 메뉴 설명, 스토리텔링, 시각적인 효과까지 모두 해당합니다. 이렇게 많은 부분을 챙겨야 하기 때문에 메뉴를 완성하는 데까지 많은 노력이 필요합니다.

☞ 메뉴 주문에 영향을 주는 요인

음식을 맛보기 전에는 메뉴에 관한 궁금증이 있을 수 있습니다.

손님이 메뉴를 주문하기 전에 어떤 음식인지 이해할 수 있는 단서를 제공해 주면 좋은데, 이때 메뉴에 관한 정보가 많다면 메뉴를 파악하는 데 도움이 됩니다. 가능한 한 짧지 않고 구체적으로 메뉴를 표현해 주면 좋고, 메뉴나 재료에 이야기가 담기면 특별함을 느끼게 해줍니다. 메뉴명에 식재를 추가하거나, 조리방법을 알려주거나, 지역 이름을 붙여 주는 방법이 있습니다. 또는 음식 모양이 상상되도록 하거나, 고객이 좋아하는 소리 특성을 표현해도 좋습니다. 계절을 나타내 주거나, 매콤한 또는 바삭한 정도로 맛감각을 표현하고, 음식량에 대한 정보를 주거나, 곁들이는 메뉴를 나열해 주는 방법도 있습니다. 이렇게 하면 제공된 정보를 통해 머릿속에서 이미지를 상상하기도 하고, 이미 경험해 본 메뉴도 떠올려 볼 수 있게 됩니다. '맛있을 것 같은데 한번 주문해 볼까?'라고 생각하며 긍정적인 호기심을 갖도록 만들 수 있고 결국 주문까지 이어지게 하는 데 도움을 주게 됩니다. 이를테면 '깊은 가을 산에서 채집한 네 가지 향긋한 야생 버섯과 흑두부를 맑은 양지 육수에 넣어 끓여 내는 계절 특선 전골요리', '어머니가 직접 농사지은 강원도 고랭지 배추로 만든 3년 된 묵은지로 끓여 내는 꽁치찌개'와 같이 말입니다.

미국 스탠퍼드 대학의 댄 주래프스키(Dan Jurafsky) 언어학 교수는 6,500개 메뉴에서 650,000개 요리 단어와 가격을 분석하는 연구를 진행했는데, 요리를 설명하기 위해 더 긴 단어를 사용하면 더 나은 가치로 보이게 만들 수 있다는 결과를 얻었다고 합니다. 그리고 그의 저서 《음식의 언어》에서 메뉴 설명이 길어질수록 가치가 올라간다는 사실도 소개하고 있습니다.

영국 옥스퍼드 대학의 실험 심리학 및 다감각 인식 교수인 찰스

스펜스(Charles Spence)도 《왜 맛있을까》에서 메뉴 설명을 자세히 하는 일이 중요하다고 말합니다. 단순히 '안심스테이크'라고 하는 것보다 '로즈마리 감자튀김을 곁들인 뉴욕 스타일 200g 안심스테이크'라고 설명하는 경우 메뉴에 관한 신뢰를 주어 주문까지 하게 만든다고 합니다.

메뉴를 완성할 때 음식 비주얼도 참 중요합니다. 메뉴 개발이 맛에 집중해서 메뉴를 만드는 일이라면, 출시준비를 앞두고는 비주얼까지 점검해야 합니다. 요즘은 대부분 식당에 가기 전에 미리 SNS에 올라온 사진과 후기를 찾아서 어떤 메뉴를 주문하면 좋을지 알아보고 식당을 방문합니다. 이렇게 온라인에서 보이는 이미지로 메뉴를 일차적으로 판단하고, 이를 바탕으로 오프라인에서 음식을 주문하는 경우가 많다 보니 먹음직스러운 음식 이미지가 중요해졌습니다. 매력적인 비주얼은 맛에 기대감을 주는 중요한 요인이기도 합니다.

그럼 어떻게 매력적인 비주얼을 만들 수 있을까요? 음식 사진을 참고하면 아이디어를 얻기 쉽습니다. 추천하는 방법으로는 핀터레스트(Pinterest) 같은 이미지 공유 플랫폼, 혹은 구글 검색창에서 이미지 검색을 하거나, 국내외 음식 잡지를 통해서도 비주얼을 참고할 수 있습니다. 여러 채널을 활용하면서 콘셉트에 맞는 메뉴를 연출해 보시면 좋겠습니다.

음식에서 비주얼은 그릇, 담는 방식, 색깔로 인해 달라집니다. 시각적인 효과를 극대화하는 요소로서, 집에서 먹는 음식과 음식점에서 파는 메뉴 간의 차이를 만들고 완성도를 높이는 데 결정적인 역할을 합니다. 배달 음식 메뉴더라도 일회용 용기가 아니라 그릇에 담아 찍으면 조금 더 가치를 올릴 수 있기 때문에 만일 음식 사진을 찍어야 한다면 이 부분을 참고해서 진행하시면 좋겠습니다.

몇 년 전 대형 외식기업에서 한식 파인 다이닝 레스토랑을 오픈하는 프로젝트를 맡았는데, 당시 그릇으로 메뉴 차별화를 주어 고객 반응을 이끈 사례가 있습니다. 일품요리로 버섯전골 메뉴를 선택했는데 스테인리스 재질로 된 전골냄비 대신 원하는 모양으로 유기 재질 냄비를 맞춤 제작하여 음식을 담아 주었습니다. 놋쇠로 만든 전골냄비가 반짝이는 황금 색깔에 묵직한 원형 모양으로 되어 있어서 메뉴를 가치 있게 보이는 데 큰 역할을 해주었습니다. 이 프로젝트 직전에 캐주얼 한식 콘셉트인 비비고 브랜드의 상품기획 일을 담당하다 보니 메뉴 선택과 운영에 있어서 중복될까 봐 많은 고민이 있었습니다. 한식 메뉴는 대부분 비슷하기 때문에 이미지가 겹치는 경우가 많은데, 이때 그릇과 음식을 담는 방식으로 차별화해서 메뉴를 완성했습니다. 결과적으로 고급스러운 이미지로 메뉴 콘셉트가 잘 표현되었고 장사에 긍정적인 요인으로 작용하여 프로젝트를 성공적으로 마무리할 수 있었습니다.

한 가지 팁을 드리면, 그릇을 선택할 때는 요리가 먹음직스럽게 보이도록 표현해 주는 것이 중요합니다. 그래서 너무 화려한 색상이나 무늬가 있는 그릇은 좋지 않습니다. 이미 요리에 다양한 색깔이 사용됐기 때문에 오히려 단순한 모양과 화이트, 베이지 톤이 있는 그릇을 선택해 주는 편이 요리를 돋보이게 해줍니다.

고객과 직접적으로 소통하는 수단으로 쓰이는 메뉴북도 챙겨야 할 부분입니다. 고객이 집중해서 메뉴를 읽는 데 걸리는 시간은 길지 않기 때문에 메뉴판은 가독성이 좋아야 합니다. 메뉴판을 디자인할 때는 너무 복잡하거나 화려하지 않게 하고, 글자체와 글자열은 깔끔한 것이 좋으며, 종이 재질과 메뉴판 표지도 콘셉트에 맞춰 선택합니다. 주력으로 팔고 싶은 메뉴가 있다면 강조를 하고, 메뉴 배치는 메뉴판을 펼쳤을 때 시선이 가장 먼저 가는 오른쪽 상단에 두면 좋습니다. 실제로 시선 처리에 관련한 테스트 결과가 있는데, 독일의 신경 마케팅 분야 최고 권위자인 한스-게오르크 호이젤(Hans-Georg Häusel) 교수가 지은 《뇌, 욕망의 비밀을 풀다》에서 보면 상품을 보는 시선과 이동 방향이 대부분 오른쪽에 치우쳐 있다는 내용을 소개하고 있습니다.

마지막으로 메뉴 출시 전에 마케팅 전략도 세워야 합니다. 아무리 메뉴를 잘 만들어도 알리지 않으면 스스로 팔리지 않습니다. 마케팅에 대한 중요성은 이미 많이 인지하고 계실 듯합니다. 마케팅에 관한 내용이 방대하고 전문적인 영역이라 본서에서 본격적으로 다루지는 않으려고 합니다만, 그래도 마케팅 전략을 꼭 준비하고 메뉴를 출시해야 한다는 걸 잊지는 않으시면 좋겠습니다.

지금까지 3장 전체에서 다룬 내용은 메뉴 출시를 체계적으로 할 수 있는 방법에 관한 것이었습니다. 그 방법으로 3단계 프로세스를 소개했는데, 〈1단계 메뉴 기획〉에서 충분한 조사와 전략적 접근을 통해서 메뉴 리스트를 완성하고, 〈2단계 메뉴 개발〉에서 레시피를 완성하며, 〈3단계 출시 준비〉에서 원가 점검을 통해 가격을 결정한 후 메뉴 이름과 메뉴 설명을 작성, 비주얼 체크, 메뉴북 제작과 마케팅 전략까지 계획하는 과정으로 요약됩니다.

다시 강조하지만, 메뉴 출시는 반드시 순차적으로 진행해야 합니다. 혹시 단계별로 담당자들이 배정되어 있더라도 메뉴 출시라는 공동의 목표를 가지고 원팀으로 일을 해야 합니다. 메뉴기획을 할 때 메뉴 개발 단계에서 우려되는 부분들을 미리 상의하고 메뉴 구현 이 가능한지 체크하면 시행착오를 줄일 수 있습니다. 메뉴 개발을 진행할 때도 메뉴 기획에서 의도한 방향으로 레시피가 개발되는지 수시로 점검을 해야 합니다. 이런 방식으로 일을 해야 메뉴의 완성 도를 높이고 좋은 결과물을 만들어 낼 수 있습니다.

그동안 어떤 기준으로 메뉴 기획을 해나갈지 갈피를 잡지 못했거 나, 성공적인 외식기업이 일하는 방식이 궁금했다면, 이번 기회에 확실히 알 수 있는 계기가 되었으리라 생각합니다. 메뉴 출시는 식 당 운영에 있어서 가장 핵심이 되는 일입니다. 그리고 메뉴에 관한 전반적인 부분을 계획하고 결정하는 과정으로 결국에 식당 이익 창 출을 목표하고 있습니다. 이 부분을 깊이 깨닫고 체계적으로 메뉴 를 준비해서 지금보다 더 안정적으로 장사를 운영하셨으면 좋겠습 니다.

Chapter.4

식당의 이익을 100배 높이는 원가 관리 노하우

손익관리,
왜 필요한가?

☞ 한 달 장사는데 남는 게 없어요!

혹시 〈생활의 달인〉이라는 방송 프로그램 아세요? 한 분야에 오랜 기간 종사하며 열정과 노력으로 달인 경지에 이르게 된 분을 소개해 주는 프로그램인데, 줄 서는 맛집 소개 순서로 '달인 레시피'라는 코너가 있습니다. 분명 평소 먹어 본 메뉴인데 만드는 과정을 보고 있으면 처음 보는 방법도 있어서 신기하기도 하고 어떤 맛일까 궁금하게 만듭니다. 방송에서 레시피 팁도 소개하는 데 사용하는 재료가 정말 많고 만드는 방법도 간단하지 않아서 메뉴를 완성하기까지 꼬박 이틀이 걸리는 경우도 있다고 합니다. 소개된 식당들 대부분 인기가 좋아서 재료가 금방 소진된다고 하는데, 그렇다면 장사가 잘된다는 이야기입니다.

나중에 가보고 싶은 마음이 있어서 식당을 검색해 보면 궁금증이 더 커집니다. 재료비가 많이 들어간 것 같은데 어쩜 이렇게 가격이 낮을 수 있는지 이해가 되지 않았기 때문입니다. 시간과 노력을 쏟아서 만든 메뉴 치고는 가격이 너무 저렴해 보였기 때문에 과연 비용 부담을 버티면서 식당을 오래도록 유지할 수 있을지 걱정이 되었습니다. 물론 마진율 관리를 잘하고 있는 곳도 있겠지만 현실은 그렇지 못한 경우가 대부분입니다.

손익관리를 하지 않은 채로 장사를 하면 대부분 열심히 장사하고도 남는 게 없는 허탈한 상황에 처할 수 있습니다. 장사에서 중요한 것은 매출보다 이익입니다. 물론 브랜드 운영 측면에서 본질은 고객이겠지만, 사장님 관점에서 장사의 본질은 이익이어야 합니다.

하지만 장사하면서 이 부분을 많이들 간과하시는 것 같습니다. 이익은 사실 계획되어야 이룰 수 있기 때문에 이익을 고려하지 않은 채 장사를 하면 매출이 높아도 마진율을 올리는 데 한계가 있을 수 있습니다. 또한 이익 개선을 위해서 비용도 함께 관리해야 합니다. 그러기 위해서 손익관리가 필요한 것입니다. 손익관리를 하면 한 달 동안 장사하면서 사용한 비용은 얼마인지, 매출은 얼마나 했는지, 그리고 이익이 얼마나 되는지 쉽게 파악할 수 있습니다. 또한 누적되는 데이터를 바탕으로 실적을 비교해 보고 운영 상황을 점검하며 이익을 위한 전략을 세울 수 있게 됩니다.

☞ 월간 손익계산서, 연간 손익계산서

손익관리를 할 수 있는 가장 좋은 방법은 손익계산서를 작성하는 것입니다. 손익계산서는 손실과 이익을 관리하는 표를 말하는데 일정 기간 동안 비용, 매출, 이익에 관해 기록하여 전반적으로 운영 상태를 체크하고 분석을 하는 데 도움을 줍니다. 월간, 연간 단위로 정리할 수 있고, 주 단위 또는 비용이 발생할 때마다 수시로 업데이트를 해줄 수도 있습니다. 외식기업의 경우 월간과 연간 단위로 손익계산서를 모두 작성하고, 매월 데이터 분석을 통해서 마진율 관리를 철저하게 합니다. 주로 월간 손익계산서는 매장을 관리하는 실무 담당자가 맡아서 작성하고, 연간 단위는 기획부서나 재무를 담당하는 부서에서 주관하고 있습니다.

외식기업에서 사용하는 손익계산서가 있긴 하지만, 사용하는데 복잡할 수 있어서 이 책에서는 실전에서 활용하기 쉬운 스타일로 다시 정리한 손익계산서를 소개하고자 합니다. 작성하는 즉시 각종 비용의 비율과 마진율을 즉시 확인해 볼 수 있다는 점 때문에 실제로 사용하고 있는 사장님에게 긍정적인 피드백을 받고 있습니다. 하지만 일반적으로 정해져 있는 손익계산서 양식은 없으니 혹시 현재 가지고 계신 표가 있으면 그대로 사용하시면 됩니다. 손익계산서는 누구에게 보여주는 용도가 아니라 사장님 스스로 가게 살림살이를 파악하는 목적으로 작성하는 것이기 때문에 현재 상태를 쉽게 기록할 수 있고, 영업 활동이 어떤지 바로 확인할 수 있으면 어떤 스타일이든지 상관없습니다.

월간 손익계산서

월간 손익계산서 표를 보면 비용과 매출을 일자별로 기록할 수 있게 되어 있습니다. 이 표의 가장 큰 장점은 바로 실시간으로 이익을 확인해 볼 수 있다는 점입니다. 비용과 매출 칸에 데이터를 작성하면 오늘까지의 이익이 자동으로 계산됩니다. 현재 상태를 직관적으로 볼 수 있어서 오늘까지의 영업 활동을 한눈에 파악하기에 좋습니다. 월간 손익계산표에 있는 용어에 대한 설명은 뒤에서 자세히 소개하도록 하고, 지금은 손익계산서를 작성하는 방법에 대해서만 알아보겠습니다.

표에는 총매출, 총비용, 영업이익이 표시되어 있습니다. 우선 총비용은 매출원가, 고정비, 변동비로 크게 세 가지 파트로 구성되어 있습니다. 매출원가는 식재료, 음료와 주류, 부자재 항목으로 나누어져 있습니다. 매출원가는 변동비이지만 주요하게 관리해야 하는 비용이기 때문에 별도로 칸을 만들어 주었습니다. 그리고 항목별 내역을 보면 날짜, 업체, 금액을 작성하는 칸이 있습니다. 날짜 칸에는 비용이 실제로 발생한 일자를 적고, 업체 칸에는 비용이 발생한 이유를 적고, 금액 칸에는 집행된 금액을 각각 기록하면 됩니다. 비용이 발생될 때마다 표기할 수 있지만, 장사 중에 매일 작성하기 어려울 수 있으니 주 단위로 업데이트해 보면 좋을 것 같습니다. 이런 방법으로 작성하면 각각의 비용들이 자동으로 계산되어서 총비용 칸에 표시되고, 총매출 대비해서 비용이 몇 퍼센트를 차지하는지 바로 알 수 있습니다.

다음으로 총매출 부분에는 일자별로 매출을 작성하도록 했습니다. 총매출을 작성하면 순매출이 바로 표시됩니다. 이때 총매출은 부가가치세가 포함된 금액이고, 순매출은 부가가치세가 제외된 금액을 말합니다. 표에서는 VAT로 표기했는데 'Value-Added Tax'의 줄임말로 음식값에 붙는 세금을 뜻합니다. 일반적으로 외식기업에서는 순매출을 매출로 인식하고 실적을 관리하고 있으나, 실제 장사에서는 보통 부가세가 포함된 총매출을 매출로 인식합니다. 그리고 일자별로 매출을 작성하는 칸에 보면 휴무일과 영업일이 잘 파악될 수 있도록 하기 위해 휴무일에 표시를 해주었습니다. 한 달 동안 영업한 일수를 작성하면 일 평균 매출도 확인해 볼 수 있습니다. 마지막으로 영업이익 부분은 총매출에서 총비용을 제외한 금액이 나타납니다. 자동으로 계산이 되도록 표에는 설정을 해 놓았기 때문에 실시간으로 오늘까지의 이익을 체크해 볼 수 있습니다.

구분		1월	2월	3월	4월	5월	6월	7월	8월	9월	10월	11월	12월	총합계
총액 등(VAT 포함)		55,880,000	0	0	0	0	0	0	0	0	0	0	0	55,880,000
	홀매출	38,850,000	0	0	0	0	0	0	0	0	0	0	0	38,850,000
	배달매출	17,030,000	0	0	0	0	0	0	0	0	0	0	0	17,030,000
순액용(VAT 제외)		50,800,000	0	0	0	0	0	0	0	0	0	0	0	50,800,000
매출원가		19,960,000	0	0	0	0	0	0	0	0	0	0	0	19,960,000
		34.1%												
	식재료	11,960,000	#DIV/0!	#DIV/0!	#DIV/0!	#DIV/0!	#DIV/0!	#DIV/0!	#DIV/0!	#DIV/0!	#DIV/0!	#DIV/0!	#DIV/0!	11,960,000
		25.2%												24.7%
	원료 주류	2,400,000	#DIV/0!	#DIV/0!	#DIV/0!	#DIV/0!	#DIV/0!	#DIV/0!	#DIV/0!	#DIV/0!	#DIV/0!	#DIV/0!	#DIV/0!	2,400,000
	부자재	2,700,000												2,700,000
		4.3%												4.7%
매출 총이익		36,820,000	#DIV/0!	#DIV/0!	#DIV/0!	#DIV/0!	#DIV/0!	#DIV/0!	#DIV/0!	#DIV/0!	#DIV/0!	#DIV/0!	#DIV/0!	36,820,000
	매출 매출원가	65.9%	#DIV/0!	#DIV/0!	#DIV/0!	#DIV/0!	#DIV/0!	#DIV/0!	#DIV/0!	#DIV/0!	#DIV/0!	#DIV/0!	#DIV/0!	65.9%
변동비		5,114,000	0	0	0	0	0	0	0	0	0	0	0	5,114,000
		8.2%	#DIV/0!	#DIV/0!	#DIV/0!	#DIV/0!	#DIV/0!	#DIV/0!	#DIV/0!	#DIV/0!	#DIV/0!	#DIV/0!	#DIV/0!	8.2%
	수수료관리비	1,200,000	0	0	0	0	0	0	0	0	0	0	0	1,200,000
		2.1%												2.1%
	기타 변동비	3,914,000	0	0	0	0	0	0	0	0	0	0	0	3,914,000
		7.2%	#DIV/0!	#DIV/0!	#DIV/0!	#DIV/0!	#DIV/0!	#DIV/0!	#DIV/0!	#DIV/0!	#DIV/0!	#DIV/0!	#DIV/0!	7.2%
공헌이익		31,706,000	#DIV/0!	#DIV/0!	#DIV/0!	#DIV/0!	#DIV/0!	#DIV/0!	#DIV/0!	#DIV/0!	#DIV/0!	#DIV/0!	#DIV/0!	31,706,000
	매출 총이익 변동비	56.7%	#DIV/0!	#DIV/0!	#DIV/0!	#DIV/0!	#DIV/0!	#DIV/0!	#DIV/0!	#DIV/0!	#DIV/0!	#DIV/0!	#DIV/0!	56.7%
고정비		17,600,000	0	0	0	0	0	0	0	0	0	0	0	17,600,000
		31.1%	#DIV/0!	#DIV/0!	#DIV/0!	#DIV/0!	#DIV/0!	#DIV/0!	#DIV/0!	#DIV/0!	#DIV/0!	#DIV/0!	#DIV/0!	31.1%
	인건비	11,000,000	0	0	0	0	0	0	0	0	0	0	0	11,000,000
		19.7%												19.7%
	임차료	4,500,000	0	0	0	0	0	0	0	0	0	0	0	4,500,000
		8.1%												8.1%
	기타 고정비	2,100,000	0	0	0	0	0	0	0	0	0	0	0	2,100,000
		3.8%												3.8%
영업이익		14,106,000	0	0	0	0	0	0	0	0	0	0	0	14,106,000
	공헌이익 고정비	25.2%	#DIV/0!	#DIV/0!	#DIV/0!	#DIV/0!	#DIV/0!	#DIV/0!	#DIV/0!	#DIV/0!	#DIV/0!	#DIV/0!	#DIV/0!	25.2%

연간 손익계산서

한편 연간 손익계산서는 1월부터 12월까지의 영업 상태를 확인할 수 있습니다. 외식기업에서는 비용 항목을 모두 표기해서 정리하지만, 여기에서 소개하는 표는 편의상 매출원가, 변동비, 고정비에 관련한 주요 비용들만 볼 수 있도록 해 두었습니다. 각 비용들을 자세히 알고 싶다면 월간 손익계산서를 참고하면 됩니다. 연간 손익계산서를 작성하는 이유는 전체를 한눈에 파악하고 분석을 하기 위해서입니다. 어떤 달에 특히 비용이 많이 발생하는지, 어떤 주기로 매출이 변화하는지 살펴볼 수 있고, 여기에 맞춰 비용과 운영 전략을 세울 수 있게 됩니다. 연간 손익계산서로 가게 손익을 분석하려면 먼저 월별로 손익계산서를 작성해야 합니다. 한두 달로는 흐름 파악이 어려울 수 있기 때문에 힘들더라도 최소 3개월은 꾸준하게 작성해서 데이터를 쌓을 수 있도록 합니다.

☞ 식당 운영 필수! 돈 관리

손익계산서를 작성하는 일 외에도 실전에서 돈 관리를 하는 데 도움이 될 만한 몇 가지 방법을 소개해 드립니다.

첫째, 신용카드 매출이 입금될 때는 평균 2~3일 정도 시간이 소요되는데 이 부분을 감안하여 비용을 집행하도록 합니다. 거래 업체 결제일을 한 날짜로 지정하지 말고 분산할 경우 한 번에 목돈이 들어가지 않기 때문에 돈 집행이 용이할 수 있습니다.

둘째, 외부 시설 개보수, 퇴직금, 세금같이 목돈이 들어갈 수 있기 때문에 미리 돈을 저축해 놓으면 좋습니다. 적금 통장을 만들고 매월 나가는 돈을 비용으로 반영하는 방법입니다. 예를 들어, 갑자기 직원이 그만둬서 퇴직금을 지급해야 할 때 예상하지 못한 비용이 나가야 하는 상황에 처하게 됩니다. 게다가 은행 잔고까지 여유롭지 않으면 당황할 수 있습니다. 결국 대출이 필요할 수 있고 돈 관리에 어려움이 생길 수 있는데, 이때 저축한 돈이 있다면 상황을 잘 넘길 수 있을 것입니다.

셋째, 사장님 급여 통장을 만들어서 조금씩 이체해 놓는 방법입니

다. 월말이 돼서 업체에 결제하고 나면 통장 잔고가 비어 있을 때가 생길 수 있습니다. 결국에 사장님 월급으로 남아 있는 돈이 별로 없게 되는데, 이런 상황이 발생하지 않도록 사장님 월급도 비용처럼 인식하고 평소 조금씩 이체해서 돈을 모아 두는 방법을 추천드립니다.

넷째, 개인적으로 사용하는 돈과 가게 운영 자금이 섞이지 않도록 통장을 따로 분리해서 사용하는 방법입니다. 돈이 섞이게 되면 가게 운영에 사용한 비용이 얼마인지 파악하기 어렵습니다. 만일 여건상 통장 분리가 어렵다면 손익계산서를 작성해서 얼마가 남았는지, 얼마큼의 돈이 더 들어올 예정인지 확인하여 전체적인 손익 상태를 체크해 보아야 합니다. 손익계산서를 통해서 확인해 보지 않으면 전혀 파악할 수 없습니다. 알고 있는 내용이지만 아직 실천하지 못하고 있다면 원활한 돈 관리를 위해서 한번 시작해 보시면 어떨까요?

물가 인상, 인건비 상승, 경제 불황으로 사장님 고민이 점점 더 늘고 있는 상황입니다. 이런 상태에서 현재 비용도 늘고 매출이 정체되어 있거나, 남는 게 별로 없다고 느끼고 있다면 이럴 때일수록 손익관리가 더욱 필요한 때입니다. 손익관리가 필요하다고 깨닫고 지금 당장 무언가 실천하고 싶다는 생각이 들면 손익계산서를 작성하는 일부터 한번 시작해 보세요. 그리고 손익계산서를 통해서 마진율을 수시로 체크하면서 장사 전략을 세워 보세요. 지금이야말로 식당 운영을 체계적으로 관리해서 보다 효율적으로 장사를 해야 할 타이밍입니다.

매출의 개념과
매출액 계산법

☞ 매출에 숨겨진 의미

하루 장사를 마감하고 나면 '오늘은 얼마나 벌었나?' 궁금해서 포스에서 매출 데이터를 확인합니다. 이때 혹시 어떤 금액으로 매출을 체크하시나요? 외식업에서 주로 사용하는 포스 업체 정산서를 보면 면세매출액, 과세매출액, 부가세액, 매출합계가 표시되어 있는데, 음식점은 과세 사업이어서 면세매출액은 표시되지 않고 매출을 확인할 때는 대부분 매출합계 금액을 보게 됩니다. 그런데 사장님이 보시는 매출합계 금액이 모두 사장님 돈일까요? 안타깝지만 그 돈이 모두 사장님 돈은 아닙니다.

여기에는 부가가치세가 포함되어 있습니다. 부가가치세는 줄여서 '부가세'라고 부르는데, 음식을 제공하는 과정에서 얻어지는 부가가치에 대해 내는 세금으로, 최종소비자가 부담하게 되는 간접 세금입니다. 일반적으로 음식값에서 10%를 부과하고 사장님은 이 세금을 받아 보관하고 있다가 부가세 신고 기간에 납부를 합니다. 이때 미리 받아 놓은 돈을 예수금이라고 합니다. 고객이 음식을 구입할 때마다 세금 신고를 직접 할 수 없기 때문에 사장님이 가지고 있다가 국세청에 대신 납부하는 것입니다. 이런 이유로 매출합계 금액이 모두 사장님 돈은 아닌 셈입니다. 매출합계에서 부가세를 제외한 과세매출액을 진짜 순매출로 봐야 하고, 부가세가 포함된 매출합계 금액은 총매출입니다. 일반적으로 외식기업에서는 순매출을 매출로 인식하고 실적관리를 하는 데 반해, 사장님은 부가세가 포함된 총매출을 매출로 본다는 것이 다른 차이점입니다.

총매출 = 순매출 + 부가세

총매출 = 매출합계
순매출 = 과세매출액
부가세 = 매출세액

* 부가가치세액 = VAT (Value–Added Tax)

매출 개념

총매출을 1.1로 나눈 금액을 부가세로 봐야 하기 때문에 신고 기간에 내야 하는 세금이 꽤 많아 보입니다. 하지만 실제로 금액 전액을 부가세로 납부하지는 않습니다. 그 이유는 사장님도 마찬가지로 식당 운영에 필요한 지출을 할 때 부가세, 즉 매입세액을 부담했기 때문입니다. 그래서 사장님이 실제로 부담하는 최종 납부 금액은 매출세액에서 매입세액을 제외하기 때문에 조금 줄어듭니다. 그리고 '의제매입세액 공제' 제도를 통해서 부가세를 조금 더 낮출 수 있습니다. '의제매입세액 공제'란 면세 품목을 구입할 경우 매입세액이 없어서 공제받을 부분이 없더라도 농산물, 축산물, 수산물, 임산물에 한해서 일정한 매입세액이 포함된 것으로 간주하고 정해진 비율에 따라서 일부 금액을 공제받을 수 있도록 만든 제도를 말합니다. 의제매입세액 공제율은 한도가 정해져 있으며 업종과 사업자 유형에 따라 달라집니다.

식당 매출은 일명 포스라는 IT 장비를 통해서 쉽게 알 수 있습니다. 외식업에서 흔하게 사용되고 있는 포스(Pos)는 'Point of Sale'의 앞 글자를 딴 것인데, 판매가 이루어지는 시점을 뜻하며 판매 내역, 결제 정보, 주문 내역같이 다양한 데이터를 실시간으로 처리하고 관리해 주는 기기를 말합니다. 매출은 포스를 통하면 바로 확인할 수 있어서 편합니다. 그래서 매출을 직접 계산할 필요는 없지만, 어떻게 매출이 계산되는지 이해하고 있으면 장사에 많은 도움이 많이 됩니다. 도대체 실전에서 어떤 방식으로 도움이 된다는 걸까요? 그리고 매출액 계산은 어떻게 하면 될까요?

매출액 계산법은 장사를 준비할 때 유용하게 쓰입니다. 예를 들어, 수익성을 검토하는 과정에서 매출을 예측해야 하는데 데이터가 없어서 막막할 수 있습니다. 이때 매출액 계산법을 이용하면 쉽게 목표 매출을 산출할 수 있습니다. 경쟁사 매출도 대략 파악이 가능해집니다. 실제로 외식기업에서 새로운 사업을 추진할 때 시장조사를 하는데, 이때 매출액 계산법을 적용해서 영업 현황을 파악합니다. 그리고 매장을 운영하면서 매출 증대 전략이 필요할 경우 어떤 부분을 집중하면 좋을지 체크해 볼 수 있습니다. 정말 단순한 기본 공식인데 의외로 다양한 상황에 두루 쓰인다는 사실을 알 수 있습니다.

매출액은 두 가지 방법으로 계산할 수 있습니다.

| 공식1 | 고객수 × 객단가
* 고객수 = 좌석수 × 회전율 |
| 공식2 | 메뉴 가격 × 메뉴 판매량 |

매출액 계산하는 2가지 방식

☞ 매출액 계산 방식 ①

첫 번째 방식은 '고객수 × 객단가'입니다. 고객수에 객단가를 곱하면 매출을 계산할 수 있는데요. 우선 고객수에 관해 설명해 보겠습니다. 고객수는 장사 중이라면 알 수 있는 정보이지만 오픈 전에는 예측해야 합니다. 좌석수와 회전율을 확인해야 고객수를 파악할 수 있는데, 이때 좌석수는 식당 테이블에 놓인 의자 개수를 의미합니다. 배달 장사의 경우라면 고객수는 주문건수를 의미합니다. 그리고 테이블 회전율은 하루에 테이블이 몇 번 사용되었는지를 뜻합니다. 이렇게 확인한 좌석수와 회전율을 곱하면 고객수를 알 수 있습니다.

좌석수 관련해서 한 가지 고려할 사항이 있습니다. 준비한 테이블 좌석수에 맞춰 고객이 모두 착석하지 않는다는 사실인데요. 이 부분이 계산에도 반영되어야 합니다. 예를 들어, 4인석 테이블 2개, 2인석 테이블 5개, 6인석 테이블 2개가 놓여 있다면 전체 좌석수는 30석입니다. 계획으로는 4인석 테이블에 4명이 앉아야 하지만 실제 운영하다 보면 4인석에 2명이 앉게 되는 경우가 발생합니다. 이렇다 보니 좌석수를 곱해줄 때는 1배 수로 계산해 주기보다 채워진 비율을 감안하여 적용합니다.

테이블 회전율은 정확하게 파악하기 어렵지만 알아볼 수는 있습니다. 일정 시간을 기준으로 테이블이 모두 채워지는 횟수를 직접 체크하고 하루 운영 시간에 대입해 보면 됩니다. 이런 방식으로 좌석수와 회전율에 관한 예외 상황과 체크 방법을 통해서 고객수를 예상합니다. 예를 들어, 좌석수가 30개인 테이블이 80~90% 정도만 채워지고, 하루 영업시간에 테이블 회전이 3번 이루어진다고 가정한다면, 좌석수 30개 × 점유율 80% × 회전율 3을 곱하면 되고, 이렇게 계산해 보면 일 고객수는 72명이 된다는 걸 알 수 있습니다.

다음으로 객단가에 대한 설명입니다. 객단가는 고객 1인당 평균 주문 금액을 의미합니다. 일정 기간 동안의 매출액을 그 기간에 방문한 고객 수로 나누면 객단가를 구할 수 있습니다. 장사 시작 전이라면 브랜드 콘셉트와 서비스 형태를 감안하여 객단가를 정하면 됩니다. 또는 동일한 카테고리로 운영하는 경쟁사에 가서 직접 메뉴를 주문해 보며 객단가를 짐작해 봐도 됩니다.

지금까지 고객수와 객단가에 관해 설명했는데, 이해를 돕기 위해 예시 하나를 들어보겠습니다. 50석 규모의 식당을 오픈하려는 계획으로 주 6일 영업, 객단가 2만 원, 테이블당 점유율 90%, 회전율 약 1.5 회전으로 예상한다고 가정합니다. 이때 일 매출과 월 매출이 얼마가 될지 계산해 볼 수 있는데요. 매출 계산하는 공식 첫 번째를 적용해서 보면 일 매출이 135만 원이 되는데, 좌석수 50개 × 테이블당 점유율

90% × 회전율 1.5 × 객단가 20,000원으로 계산한 것입니다. 그리고 월 매출은 일 매출 1,350,000원 × 한 달 영업일수 24를 곱하면 3,240만 원이 됩니다.

고객수와 객단가를 곱하면 예상 매출을 알 수 있다고 소개했는데요. 그렇다면 매출 상승을 위한 전략을 세울 때 어떻게 공식을 활용하면 좋을까요? 고객수와 객단가를 곱해야 한다고 했으니 매출을 올리려면 고객수를 늘리든지 객단가를 올려주면 됩니다. 고객수와 객단가가 함께 변하면 매출은 더 오르겠지요. 그러니 이 두 가지 중에 우선순위를 정해서 전략을 세우면 됩니다.

만일 고객수를 늘리고 싶다면 마케팅을 진행해야 하고, 객단가를 올리고 싶다면 메뉴 판매에 집중하면 됩니다. 프로모션, 이벤트 등, 여러 활동을 통해 신규 고객을 유치하고, 단골 고객에게 세심한 배려와 정성을 쏟아 재방문율을 높이고, 불만족한 고객이 있다면 이탈을 방지하기 위한 노력을 함으로써 고객수를 늘리고 유지하는 데 힘을 쓸 수 있습니다.

만일 고객수 늘리는 일이 당장 어렵다면 객단가를 올리는 것부터 시작하면 됩니다. 객단가 상승을 위해 세트메뉴를 구성하고, 주요리에 곁들이기 좋은 사이드 메뉴를 운영하고, 음료와 주류 주문을 권장하는 방법이 있습니다. 특히 음료나 주류 판매는 객단가 상승에 큰 도움이 되기 때문에 판매하기 좋은 아이템 개발에 신경을 쓰도록 합니다. 단순한 공식이지만 개념을 이해하면 실전에서 매출 상승 전략을 세울 때 유용하게 쓰일 수 있다는 사실을 알 수 있습니다.

음식점 예시	50석 규모, 1.5회전, 객단가 20,000원, 주 6일 영업
일 매출	좌석수(50석)×회전율(1.5회전)×객단가(20,000원)
월 매출	일 매출 1,500,000원×한 달 영업일 24일 = 36,000,000원

매출액 계산 방식 ①

☞ 매출 계산 방식 ②

두 번째 방식은 '메뉴 가격 × 메뉴 판매량'입니다. 메뉴가 여러 개일 경우 메뉴당 가격과 판매량을 곱하고, 이렇게 각 메뉴를 계산한 후에 모두 더해주면 전체 매출을 알 수 있습니다. 예를 들어, A 메뉴가 8천 원이고 100개 팔렸다면 80만 원입니다. 7천 원짜리 B 메뉴가 60개, 6천 원짜리 C 메뉴가 90개 팔리면 42만 원과 54만 원으로 계산됩니다. 그러면 메뉴로 인한 총매출은 176만 원이 됩니다. 매출을 올려야 하는 상황이라면 가격을 올리든지 메뉴를 많이 팔면 됩니다.

카테고리	번호	메뉴명	메뉴 가격 (원)	메뉴 가격 (부가세 제외)	메뉴 판매량	순매출 (원)
누들	1	도쿄치킨누들	8,000	7,273	50.00	363,636
	2	싱가풀쉬림프누들	8,000	7,273	75.00	545,455
	3	상하이비프누들	8,000	7,273	75.00	545,455
라이스	4	매운불닭치볶음밥	8,000	7,273	50.00	363,636
	5	바싹불고기볶음밥	8,000	7,273	30.00	218,182
	6	해물볶음밥	8,000	7,273	50.00	363,636
세트	7	1인 누들 set	12,000	10,909	100.00	1,090,909
	8	1인 라이스 set	12,000	10,909	120.00	1,309,091
	9	2인 누들+라이스 set	20,500	18,636	200.00	3,727,273
	10	4인 누들+라이스 set	41,000	37,273	250.00	9,318,182
사이드	11	땡초닭튀김+매콤소스	5,000	4,545	45.00	204,545
	12	미니돈까스+돈까스소스	5,000	4,545	40.00	181,818
	13	소고기양상치쌈	8,000	7,273	20.00	145,455
음료선택	14	캔콜라 355ml	1,000	909	50.00	45,455
	15	콜라 500ml	1,500	1,364	50.00	68,182
	16	콜라 1.25L	2,000	1,818	50.00	90,909
	17	물 500ml	1,000	909	50.00	45,455
		TOTAL			1,305	18,627,273

매출액 계산 방식 ②

메뉴 가격을 인상하면 매출을 쉽게 올릴 수 있지만, 가격을 그냥 올릴 수는 없겠죠. 그렇게 하면 고객이 다 떨어져 나갈 수 있으니 말입니다. 그래서 메뉴 자체의 가치를 높여 주거나, 고객 서비스를 업그레이드하는 방식을 써서 가격 인상에 거부감을 갖지 않도록 해줍니다.

만일 가격을 올리는 것이 부담스럽다면 메뉴를 많이 팔면 됩니다. 그러기 위해서 주방 동선이 효율적으로 배치되어 있는지 체크해 봐야 합니다. 동선이 너무 길어지면 이동 거리가 멀어져서 조리 시간이 길어지고 관련 종사원의 피로도가 높아져 결국 메뉴를 빠르게 제공할 수 없게 됩니다. 이외에도 메뉴를 복잡하게 운영하지 않고 간단하게 메뉴를 구성해서 운영하는 것이 필요합니다.

고객수 늘리기	객단가 올리기	메뉴 가격 인상	메뉴 판매량 늘리기
1.신규 고객 확보 2.재방문율 관리 3.불만 고객 이탈 방지 4.리뷰 관리	1.세트 메뉴 운영 2.사이드 메뉴 출시 3.음료, 주류 메뉴 보강	1.메뉴 원가 파악 2.메뉴 가격 조정	1.조리시간 단축 2.메뉴 단순화 3.효율적인 주방동선
마케팅 활동	메뉴 운영	가격 관리	운영 효율
매출공식① 고객수 × 객단가		매출공식② 메뉴 가격 × 메뉴 판매량	

매출 올리는 방법

지금까지 매출에 담긴 의미와 기본 개념 그리고 매출을 계산하는 방식에 대해 살펴봤습니다. 경쟁점의 매출현황을 분석해야 할 때, 식당 오픈 전에 손익분기점 매출액을 계산해야 할 때, 매출 상승 전략을 세워야 할 때와 같이 다양한 상황에서 매출액 계산법이 활용된다는 사실도 확인했습니다. 창업을 준비할 때 막막하거나, 매출 상승 전략을 어떻게 세워야 할지 고민이라면 너무 복잡하게 접근하지 말고 장사 운영에서 핵심이 되는 매출 계산하는 방식만 우선 떠올려 보세요. 그러면 의외로 막혔던 게 쉽게 풀릴 수 있습니다.

비용의 이해와
원가 관리

☞ **비용 구조 이해하기**

장사가 바빠서 손익계산서를 작성하지 못하거나, 작성하는 일이 어렵다고 느껴서 실천하지 못하는 분들이 있습니다. 또는 대부분 매월 들어가는 돈이기도 하고 다 알고 있는데 굳이 기록해야 할지 의아해하기도 합니다.

하지만 손익계산서는 비용 관리의 핵심입니다. 손익계산서를 작성하면 돈이 어디에, 어떻게, 얼마나 들어가는지 쉽게 확인할 수 있습니다. 그리고 매출, 비용, 이익을 한 번에 볼 수 있어서 운영 현황도 한눈에 파악할 수 있습니다. 이번 장에서는 손익관리를 하는데 첫 단추가 되어 줄 비용에 대해 자세히 알아보도록 하겠습니다.

비용에 관해 설명하기에 앞서 한 가지 참고해야 할 부분이 있습니다. 비용 분류 방법에서 회계상으로 구분하는 것과 외식업계에서 관행적으로 보는 비용이 조금 차이가 있다는 점입니다. 어떤 사업이든지 매출이 발생하면 세금을 내야 하는데 외식업도 마찬가지입니다. 종합소득세, 부가가치세, 원천세 같은 세금이 있는데, 대부분 이러한 세금을 올바르게 내기 위해 세무 서비스를 받습니다. 이때 회계상 제조원가, 판매비, 관리비 등의 비용으로 구분하여 장부를 정리합니다. 제조원가는 제품을 제조하는 데 발생하는 원가이고, 판매비는 완성된 음식으로 판매가 이루어지기까지 발생하는 비용이며, 관리비는 이외 제반 과정에서 드는 비용을 말합니다.

하지만 이렇게 비용을 구분하면 조금 어려울 수 있습니다. 손익계산서를 작성하는 가장 큰 이유는 내 가게 운영이 현재 잘 되고 있는지 보기 위해서입니다. 그래서 비용 파악과 운영상 관리가 쉽도록 식당 운영에 초점을 맞추어서 비용을 구분했습니다. 이러한 부분을 고려하여 이 책은 외식업을 하는 사장님의 이해를 돕기 위해서 업계 관행상으로 비용을 구분해서 설명하려고 합니다.

비용은 크게 고정비와 변동비 항목으로 구분합니다. 고정비란 말 그대로 고정된 비용을 뜻하는데 음식 파는 것과 직접 관계가 없는 비용으로 매출액과 상관없이 고정적으로 발생하는 비용을 말합니다. 그리고 변동비는 바뀌는 특징이 있고, 음식 파는 것에 직접 관계가 있는 비용으로 매출에 따라서 비례하여 증가하는 비용을 의미합니다. 이렇게 식당 운영 측면에서 두 가지 성격으로 비용을 나눠서 관리할 수 있습니다.

☞ 변하지 않는 비용, 고정비

음식 파는 것과 직접 관계가 없는 비용인 고정비에는 주요하게 인건비와 임차료가 있습니다. 인건비는 전일제(풀타임)로 근무하는 정규직과 시간별 단위로 근로계약을 체결하여 일하는 아르바이트 일용직의 급여와 퇴직급여로 이루어져 있습니다. 인건비가 차지하는 비율은 보통 20~25%를 적정 수준으로 보고 있습니다.

그리고 퇴직급여의 경우 〈근로기준법〉에 의해 발생하는데, 특히 정규직 직원이 많고 근속 수가 오래될수록 퇴직급여가 커지기 때문에 평소 퇴직금 충당금을 준비하는 것이 좋습니다. 퇴직급여 비용이 누적되면 의외로 비용이 커져서 부담이 될 수 있고, 예상하지 못한 비용 지출로 이어져서 손익 관리에 영향을 줄 수 있습니다. 그래서 목돈 통장을 만들어서 정기적으로 적금을 들어 놓고, 이 비용을 매월 고정비 항목으로 관리하면 갑자기 퇴직급여를 지급해야 하는 순간 요긴하게 사용할 수 있습니다.

다음으로 임차료는 공간을 빌려서 사용하는 임차인의 입장에서 부담하는 월세인데 보통 전체 매출에서 5% 내외로 보고 있습니다. 임차료는 고정이지만 비율은 전체 매출에 따라 계산하기 때문에 달라질 수 있습니다. 예를 들어, 매출이 상승하면 임차료 비율은 낮아집니다. 임차료는 어떤 상권인지에 따라 천차만별이기 때문에 언급한 비율은 참고 정도만 하면 좋을 듯합니다.

구분		비용 세부 항목 설명
고정비		음식 하나를 파는 것과 직접 관계 없는 비용
인건비		
	정규직	전일제(풀타임) 임금, 상여금
	일용직	아르바이트 임금
	퇴식급여	퇴식급여
기타	임차료	건물임차료, 창고임차료 등
	감가상각비	상표권, 영업권, 특허권, 시설투자비(5년 사용 기준), 대출이자
	지급수수료	세무기장료, 중개수수료, 택배용역료, 비품관리비, 청소용역료, 벌레퇴치용역비, 보안업체용역비, 소경비
	세금과공과금	등록면허세, 지방소득세 등
	광고선전비	전단지, 인스타그램 광고비, 쿠폰, 기타SNS 광고비, 카카오친구록, 옥외광고, 신문, 잡지
	통신비	포스비, 전화요금, 인터넷사용료, 팩스요금, 우편, 기타
	환경처리비	음식물쓰레기봉투, 정화조요금
	보험	4대 보험비, 화재보험
	복리후생비	회식비, 간식비, 식비
	도서인쇄비	메뉴판, 명함, 시트, 전단지 제작비, 도서구입비, 복사비, 책자, 정기구독료, 인쇄 및 제작, 음반구입비
	교제비	샘플비, 선물대, 영업활동교제비
	여비교통비	시내교통비, 국내출장비, 해외출장비, 폐점교통비
	교육훈련비	직원 자기계발비
	조사연구비	자료조사비, 자료조사시 경비, 메뉴개발비(신메뉴 개발에 필요한 식자재 등 구입)

외식업 고정비 항목

인건비와 임차료 외에도 감가상각비가 있습니다. 감가상각비는 인테리어 및 주방시설에 대한 공사 투자비와 주방장비, 커피 기계, 와인셀러, 음향 기기와 같은 장비류에 해당하는 기물 투자 비용으로 이루어져 있습니다. 감가상각비란 자산이 시간이 지나면서 가치가 떨어지는 것을 금액으로 계산한 것인데, 그 기간을 세법상 5년으로 보고 있습니다. 따라서 감가상각비를 계산할 때는 공사 투자비와 기물 투자 비용을 합하여 60개월로 나누고 매월 고정 비용으로 반영해 줍니다. 비율은 투자 규모에 따라 달라지기 때문에 적정 수준을 제시하긴 어렵습니다.

식당을 오픈할 때 감가상각비 말고 임대보증금과 개점비도 발생합니다. 초기 연도 비용인 개점비는 집기 및 소모품과 식재료 초도 비용, 가오픈 기간에 필요한 마케팅비 등이 포함되어 있습니다. 이 비용은 고정비 성격은 아니고 창업에 필요한 준비 비용에 해당합니다.

그런데 보증금 같은 경우 비용이 크기 때문에 이것 역시 감가상각비 성격으로 볼 수 있습니다. 그 이유는 외식기업은 공사 투자비와 기물 투자 비용만 감가상각비로 처리하지만, 사장님은 감가상각비, 임대보증금 모두 은행 대출을 받아서 비용을 지급하는 경우가 있기 때문입니다. 그래서 이럴 경우 매월 발생하는 대출이자와 원금 상환에 해당하는 비용을 고정비에 반영해도 됩니다. 여기서 언급한 내용을 쉽게 이해하도록 예상투자비 명세서를 소개해 드립니다. 이 표의 경우 실무에서 비용 정리 목적으로 만들어서 사용한 것인데, F&B 사업 준비 때마다 유용하게 사용했습니다.

구분	대항목	소항목	세부항목	금액	합계금액	TOTAL (단위 : 원)
임차료	임차료	보증금(Key money)		0		
		월세(Monthly rent cost)		0		0
감가상각비	공사투자비	공사비(Construction cost)		20,000,000		
		인테리어 비용(Interior cost)	디스플레이, 테이블, 의자, 장식류	5,000,000	26,000,000	
			사인제작(Pole Sign, Graphic Sign)	1,000,000		38,900,000
	기물투자비	장비류(Equipment)	주방장비(Kitchen Equipment)	10,000,000		
			커피장비(Coffee Equipment)	1,000,000		
			와인셀러(Wine cellar)	1,000,000	12,900,000	
			음향기기(Stereo)	500,000		
			포스(POS)	400,000		
초기년도비용	개점비	집기 및 소모품(Supplies)	접시류(China ware)	1,500,000		
			글라스류(Glass ware)	1,000,000		
			집기류(Utensil)	800,000	4,500,000	
			소모품류(Consumption)	500,000		
			린넨 구입비(Linen cost)	700,000		15,000,000
		유니폼(Uniform)	직원 유니폼	1,500,000		
		인쇄비(Printing material)	메뉴북 인쇄	500,000		
		마케팅비(Advertising cost)	가오픈 영업일수 7일	2,000,000	10,500,000	
		교육비 외(Training cost)	메뉴개발, 교육사료, 팀빌딩, 시식 등	1,500,000		
		식재초도비용(Food)	오픈에 필요한 식재료 비용	2,000,000		
		주류초도비용(Beverage)	오픈에 필요한 주류 비용	3,000,000		
초기투자비						53,900,000
		-감가상각비(depreciation)		38,900,000원		
		-1개월 감가상각비(monthly depreciation) (5년=60개월 기준)		648,333원		

예상 투자비 명세서

지금까지 언급한 비용들 말고도 고정비에 포함되는 항목에는 포스 및 인터넷 사용으로 발생하는 통신비, 음식물 처리 비용인 환경처리비가 있습니다.

또한 보험료, 메뉴판 인쇄비로 주로 사용하는 도서 인쇄비, 마케팅에 필요한 광고선전비, 직원 회식비와 같은 복리후생비, 접대비 목적으로 사용하는 교제비, 여비교통비, 교육훈련비, 시장조사 목적으로 발생하는 조사연구비가 있습니다. 보다 자세한 기타 항목에 대한 설명은 표에서 살펴보세요.

☞ 바뀌는 비용, 변동비

고정비와 달리 변동비는 매출과 비례해서 비용이 발생됩니다. 음식 파는 것과 직접 관계가 있는 비용으로써 대표적으로 매출원가가 있습니다. 매출원가는 식재료, 음료, 주류 그리고 부자재로 이루어집니다. 부자재는 완성한 음식을 포장하는 데 사용하는 일회용 용기를 말합니다.

특히 배달 장사의 경우 음식을 제공하려면 용기가 필요한데 원가에 부자재 비용을 누락하고 계산하는 경우가 종종 있습니다. 그리고 소모품 비용으로 계산하기도 합니다. 하지만 이 비용은 매출원가에 포함되어 계산해야 합니다. 배달 장사에서 부자재가 차지하는 비율은 대략 2~3% 정도입니다. 이보다 높으면 약간 비싼 용기를 사용하고 있다고 볼 수 있습니다.

구분		비용 세부 항목 설명
변동비		음식 하나 파는 데 직접 관계 있는 비용
매출원가		
	식재료	가공식품, 육류, 해산물, 농산물, 기타 식재료
	음료, 주류	음료, 와인, 전통주, 맥주, 소주 등
	부자재	음식 포장용기
수도광열비		
	전기세	전기요금
	가스비	가스요금
	수도세	수도요금
기타	소모품 / 비품비	주방용품, 청소용품, 사무용품, 기타
	수선비	유형자산 수리비, 세탁비
	카드수수료	카드가맹점 수수료
	부가가치세예수금	부가가치세에 해당하는 부분으로 추후 납부해야 하는 금액

외식업 변동비 항목

상권, 업종 형태, 브랜드 콘셉트에 따라 많은 차이가 있지만, 일반적으로 매출원가는 대략 30~35% 정도를 기준으로 보고 있습니다. 대부분 매출원가는 전체 비용 구조에서 가장 큰 비중을 차지합니다. 매출원가를 잘 관리하려면 우선적으로 해야 할 일이 메뉴 원가를 계산할 줄 알아야 하는데, 메뉴 원가계산하는 방법은 이후에 자세하게 소개하도록 하겠습니다. 매출원가는 주요하게 관리해야 하는 비용 항목이다 보니 손익계산서에서도 변동비 항목에 포함시키지 않고 보통 따로 분리해 놓고 숫자를 관리합니다.

매출원가 이외에 변동비에 해당하는 항목에는 수도광열비가 있습니다. 전기세, 가스비, 수도요금에 해당하는 비용이며 전기세와 가스비는 매월 발생하지만 수도요금은 격월로 비용이 발생됩니다. 수도광열비의 비율은 2% 수준으로 생각할 수 있지만, 사용량에 따라 달라질 수 있습니다. 이외에 소모품, 수선비, 신용카드 결제수수료, 부가세 예수금이 변동비에 포함됩니다. 여기서 부가세 예수금은 부가세를 내기 위해 미리 확보해두는 돈을 말하는데 보통 매출액의 5~7% 정도를 예수금으로 잡아 놓습니다.

☞ 원가 관리의 핵심, 프라임 코스트

이제 비용에 관해 모두 소개했는데, 정리해서 보면 중요한 포인트가 있습니다. 고정비 부분에서는 인건비, 그리고 변동비 부분에서는 매출원가가 큰 비중을 차지한다는 것입니다. 그래서 원가 관리를 하고 싶다면 이 두 가지 비용을 중점적으로 관리하면 됩니다. 외식업에서는 이 두 가지 비용을 프라임 코스트(Prime Cost)라고 말합니다.

영어로 'Prime'은 '기본적인, 주요한'이라는 뜻이며, 식당을 운영하는 데 주요하게 발생하는 비용을 의미합니다. 프라임 코스트는 매출과 이익 증대를 위해서 체크하는 중요한 지표로 사용하고 있으며 적정 기준으로 50~60% 수준에 맞추도록 권장하고 있습니다. 여기서 인건비는 20~25% 수준, 매출원가는 30~35% 정도입니다. 프라임 코스트를 60%로 본다면 나머지 40% 비용으로 기타 비용들과 영업이익을 충당해야 합니다. 이때 마진율을 25~30%로 목표한다면 결국 프라임 코스트를 제외한 비용이 10~15% 수준으로 관리되어야 한다는 것을 알 수 있습니다. 음식점마다 상황이 다르기 때문에 목표하는 기준에 맞춰 원가를 관리하면 됩니다.

장사를 할 때 원가 관리가 필요하다는 사실은 알지만 어디서부터 시작해야 할지 몰랐다면 이제는 매출원가, 인건비 순서로 관리하면 된다는 걸 이해하셨을 듯합니다. 매출에서 비용이 얼마만큼 차지하는지 알아야 비용 관리도 하고 이익 창출도 가능합니다. 그러기 위해서 먼저 손익계산서 작성이 필요한 것입니다. 혹시 현재 원가 관리를 하고 싶은데 어떻게 해야 할지 몰라서 고민이라면 이번 장에서 소개한 각종 비용 항목을 참고해서 손익계산서를 작성하는 일부터 바로 실행해 보세요.

얼마를 팔아야
남는 장사일까?

: 이익의 이해

☞ 이익이 나는 지점, 손익분기점

얼마를 벌어야 목표하는 이익을 낼 수 있을까? 매출이 최소 어느 정도면 마이너스가 안되는 거지? 장사하면서 이런 궁금증이 들 때가 있습니다. 다행히도 여기에 대한 궁금증을 해결하는 방법이 있습니다. 이제부터 알려드릴 계산방식에 대입해 보면 되는데요. 어떻게 계산하면 되는지 궁금하시겠지만, 그전에 먼저 계산방식을 이해하는 데 도움이 되는 그래프에 관해 설명하고자 합니다. 바로 손익분기점에 대한 내용입니다.

우선 손익은 손실과 이익을 뜻하고, 분기는 나누어서 갈라짐이라는 사전적 의미가 있는데요. 다시 말하면 손익분기점이란 손실과 이익이 교차하는 지점을 의미합니다.

손익분기점이라는 단어는 아마 외식업보다는 영화 산업에서 더많이 들어보았을 듯합니다. 새로운 영화가 극장에 소개되면 항상 듣는 단어가 손익분기점입니다. 봉준호 감독이 만든 〈기생충〉이라는 영화는 제작비가 150억이 들었다고 합니다. 숫자가 너무 커서 실감이 되진 않지만, 영화를 관람한 관객 수가 최소한 350만 명이 될 경우 들어간 제작비를 회수할 수 있다고 하면 이해가 쉽습니다.

외식업에서도 손익분기점을 동일한 개념으로 이해하면 됩니다. 영화 만들 때 제작비가 들어가듯 식당도 오픈할 때 비용이 듭니다. 그런데 제작비는 한번 들고나면 더 이상 발생하지 않지만, 식당 운영 비용은 그렇지 않습니다. 식당 운영 비용에는 음식을 팔지 않아도 고정적으로 발생하는 고정비와 음식을 팔 때마다 발생하는 변동비가 모두 포함되어 있습니다. 고정비와 변동비에 어떤 항목들이 포함되는지는 앞에서 자세하게 언급했습니다. 이 두 가지 비용을 바탕으로 손실과 이익이 일치하는 지점을 찾으면 그게 바로 마이너스가 되지 않도록 하는 매출인 걸 알 수 있습니다.

손익분기점이 어떤 상태인지 이해가 되셨을 텐데요. 그러면 그래프에 관해서 소개해 드리겠습니다. 우선 총비용 선이 왼쪽 축에 있는 비용 부분에서 중간 지점부터 시작하고 있습니다. 매출이 발생하지도 않았는데 이미 비용이 들어갔다는 의미인데요. 이렇게 된 이유는 바로 고정비 때문입니다. 음식을 팔지 않아도 고정적으로 발생하는 비용 때문에 총비용 선이 비용 부분에서 중간 지점에 표시되었습니다.

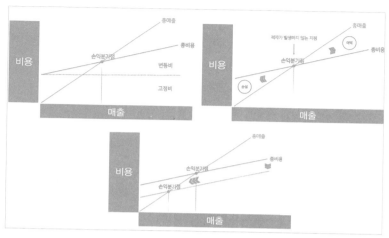

손익분기점의 이해

　총매출 선은 매출과 정비례하여 표시됩니다. 이때 총비용과 총매출이 교차하는 지점이 생기는데, 이 점이 바로 손익분기점(BEP : Break Even Point)입니다. 손실도 없고 이익도 나지 않는 상태를 뜻합니다. 그리고 손익분기점을 초과하면 이익이 발생하고, 미만이면 손실이 발생합니다. 만일 매출이 그대로인데 비용을 줄였다고 가정한다면 그래프에서 총비용 선이 아래로 조금 내려가게 됩니다. 그렇게 되면 교차하는 지점도 아래로 내려가면서 평소 하던 매출보다 조금 낮아도 이익이 발생합니다. 매출 부담을 덜어주는 효과가 생기는 것입니다. 이제는 왜 비용을 관리해야 하는지 분명하게 이해하셨을 듯합니다.

☞ 손익분기점 매출액 구하기

　손익분기점 상태에 해당하는 매출을 계산하려면 우선 공헌이익이라는 개념에 대한 이해가 필요합니다. 공헌이익은 사업 관리를 위한 지표이기도 한데요. 특히 단기 매출을 따져보면서 장사를 해야 하는 음식점의 경우 공헌이익이 어떻게 되는지 알아봐야 장사를 전략적으로 할 수 있습니다.

공헌이익은 매출액에서 변동비를 빼 준 금액을 말합니다. 그리고 고정비와 영업이익이 더해진 상태이기도 합니다. 매출과 상관없이 발생하는 고정비는 어차피 변동이 없고 예측이 가능한 비용이기 때문에 제외하고 대신 매출이 발생할 때마다 같이 변하는 변동비만 관리를 하려는 데 목적이 있습니다. 변동비는 이익을 내는 데 직접적인 영향을 주는 요소입니다.

매출액	= 변동비 + 고정비 + 영업이익
공헌이익	= 매출액 − 변동비 = 고정비 + 영업이익
공헌이익률	= 공헌이익 ÷ 매출액

공헌이익률의 이해

공헌이익에서 공헌은 사전적으로 '힘을 써 보탬이 되다'라는 뜻으로 '이익이 나는 데 보탬을 준다' 정도로 이해하면 좋을 듯합니다. 예를 들어, 김치찌개 가격이 8,000원이고 변동비가 2,000원이면 공헌이익은 6,000원입니다. 만일 한 달 고정비가 900만 원이라고 한다면 최소 한 달 동안 김치찌개 1,500인분은 팔아야 고정비를 충당할 수 있습니다. 1,500인분 이상을 팔면 그때부터 이익이 발생합니다. 고정비를 줄이고 이익을 내는 데 6,000원이 기여를 하는 셈입니다.

공헌이익을 알면 다음으로 공헌이익률을 계산해야 하는데요. 공헌이익률은 매출액에서 공헌이익이 차지하는 비율을 말합니다. 공헌이익을 매출액으로 나누어 계산하면 공헌이익률을 알 수 있습니다. 예를 들어서 매출이 2,000만 원이고 공헌이익이 800만 원이면 공헌이익률은 40%이고, 소수로 말하면 0.4입니다.

식당을 오픈하기 전이라 매출이 없는 경우 공헌이익률을 계산하기 어렵다고 생각할 수 있습니다. 이럴 때는 메뉴의 객단가와 원가율을 대략적으로 예상해서 공헌이익률을 계산할 수 있습니다.

예를 들어, 샌드위치 가게를 준비한다고 가정하고 평균 메뉴의 객단가를 12,000원으로 예상합니다. 재료비를 30%로 본다면 3,600원의 비용이 발생합니다. 객단가를 매출액 그리고 재료비를 변동비로 보고 계산하면 공헌이익은 8,400원입니다. 공헌이익률은 공헌이익을 매출액으로 나누면 된다고 했으니 70%, 소수로 말하면 0.7이 나옵니다. 여기서 재료비만 변동비로 보았지만 수도광열비같이 다른 변동비도 계산할 때 반영할 수 있습니다.

공헌이익률을 계산했다면 이제 손익분기점 매출액을 구할 수 있습니다. 손익분기점 매출액은 고정비를 공헌이익률로 나누면 됩니다. 예를 들어서 고정비가 500만 원이고, 공헌이익률이 40%이면 손익분기점 매출액은 1,250만 원이 됩니다. 1,250만 원 매출을 기준으로 내려가면 적자이고, 올라가면 흑자가 되다고 보면 됩니다. 만일 한 달에 1,000만 원은 남기고 싶다고 한다면 고정비에 목표하는 이익을 더해줍니다. 고정비 500만 원과 목표이익 1,000만 원을 더하면 1,500만 원을 공헌이익률 40%로 나누면 됩니다. 이렇게 하면 매출 3,750만 원을 해야지 1,000만 원을 남길 수 있다는 걸 알게 됩니다.

$$\text{공헌이익률} \overline{)\text{고정비}} = \frac{\text{고정비}}{\text{공헌이익률}} = \text{고정비} \div \text{공헌이익률}$$

손익분기점 매출액의 계산 방식

고정비와 변동비는 손익분기점과 공헌이익률에 영향을 주는 요인이기 때문에 이 두 가지 비용이 변화하면 목표 매출도 바뀌게 됩니다.

만일 고정비를 조금 줄여서 450만 원이라고 한다면 공헌이익률 40% 기준으로 손익분기점 매출액은 1,125만 원이 됩니다. 고정비는 그대로이고 공헌이익률이 50%가 된다면 손익분기점 매출액은 900만 원으로 줄어듭니다.

만일 고정비도 줄이고 변동비도 줄여서 공헌이익률을 올린다고 가정해 봅니다. 고정비가 450만 원이고, 공헌이익률이 60%라고 한다면 손익분기점 매출액은 750만 원이 됩니다. 비용 관리가 중요한 이유가 한 번 더 증명되는 셈입니다.

| 고정비 500만원
공헌이익률 40%

손익분기점 매출액 1,250만원 | 고정비 500만원
공헌이익률 50%

손익분기점 매출액 1,000만원 | 고정비 500만원
목표 이익 1,000만원
공헌이익률 40%

손익분기점 매출액 3,750만원 |

손익분기점 매출액의 예시

장사 중에 부담을 줄이기 위해서 가능한 손익분기점 매출액을 낮춰보는 것이 포인트인데, 이렇게 하려면 고정비 또는 변동비 어떤 비용이라도 줄여야 가능합니다. 이 때문에 앞서 말한 것처럼 프라임 코스트, 즉 인건비와 매출원가 관리가 식당 운영에 있어서 핵심이 되는 것입니다.

그런데 손익분기점 매출액을 계산하는 방식이 진짜 필요한 순간이 있습니다. 언제일까요? 바로 장사를 준비할 때인데요. 장사하는 이유는 돈을 벌기 위해서입니다. 돈을 벌려면 매출이 최소 어느 정도 나와야 하는지 알아야 합니다. 그러기 위해서 손익분기점 매출액 계산이 필요한 것입니다. 손익분기점 매출액을 계산하려면 고정비와 변동비를 알아야 하는데 창업을 준비하는 시점에는 알 수 없는 데이터입니다.

하지만 상권 조사, 브랜드 콘셉트, 적정 비용 범위를 바탕으로 예측은 가능합니다. 그리고 고정비와 변동비, 고객수와 객단가를 예상해서 매출을 잡고 이 데이터를 손익계산서에 넣어서 실제로 이익이 나는지 체크해 보면 됩니다. 이렇게 비용을 변경해 보면서 손익이 나는 상태를 임의적으로 만들어 보는 일을 '손익 시뮬레이션'이라고 합니다.

외식기업에서는 새로운 사업을 준비할 때 식당 규모에 상관없이 반드시 손익 시뮬레이션을 체크해 봅니다. 장사 시작하고 매장을 운영할 때가 아니라 식당을 오픈하기 전 단계부터 목표 매출과 이익에 대해 따져봅니다. 그래서 투자해도 되는 사업인지 아닌지 판단을 하고, 만일 가능성이 보인다면 본격적으로 오픈 준비를 하고 아니면 진행하지 않습니다. 이러한 판단을 하는 데 결정적인 도움이 되는 도구가 바로 손익 시뮬레이션인 것입니다. 손익 시뮬레이션을 통해서 투자비는 얼마까지 사용해도 좋은지, 투자 대비 얼마를 벌 수 있을지 확인하고, 만일 이익이 예상보다 크지 않을 경우 원하는 이익이 나올 때까지 비용을 임의로 조정해 봅니다.

그런데 이렇게 숫자를 미리 체크하더라도 실제 식당을 운영하게 되면 예상치 못한 상황이 발생할 수 있습니다. 예를 들어, 경쟁점이 주변에 새로 생기거나, 코로나19 등 외부 요인이 생길 수 있습니다. 또는 내부 요인도 발생할 수 있는데, 가령 식재료 관리를 제대로 하지 못해서 재료를 폐기하거나, 재료를 필요한 양만큼 사용하지 않고 과하게 사용해서 낭비하는 경우입니다. 그래서 손익 시뮬레이션을 체크할 때는 여러 상황을 감안하여 희망적인 숫자보다는 보수적인 숫자를 적용하는 편이 좋습니다. 부정적인 상황이 발생한다고 가정하고 매출은 낮게, 비용은 높게 설정하는 것입니다. 이와 같이 외식기업에서는 장사를 시작하기 전에 손익 시뮬레이션을 통해 수익이 얼마나 나는지 타당성 검토를 반드시 거친 후 사업을 진행합니다.

구분		비율	손익시뮬레이션(예시)
총매출(VAT 포함)	월 매출		64,090,000
	일 매출		2,465,000
영업일수			26
좌석수			58
월 고객수			3,770
회전율			2.50
객단가			17,000
매출원가			19,227,000
			30.0%
	식재료		
	음료, 주류		
	부자재		
매출 총이익 (총매출-매출원가)			44,863,000
			70.0%
변동비			7,370,350
			11.5%
수도광열비		2.5%	1,602,250
	전기세		
	가스비		
	수도세		
기타	소모품/비품비	1.0%	640,900
	수선비	0.5%	320,450
	카드수수료	2.5%	1,602,250
	부가가치세예수금	5.0%	3,204,500
공헌 이익 (매출 총이익-변동비)			37,492,650
			58.5%
고정비			23,008,310
			35.9%
인건비		24.0%	15,381,600
	정규직		
	일용직		
	퇴직급여		
기타	임차료	4.0%	2,563,600
	감가상각비	1.5%	961,350
	지급수수료	2.0%	1,281,800
	세금과공과금	0.1%	64,090
	광고선전비	1.0%	640,900
	통신비	0.5%	320,450
	환경처리비	0.4%	256,360
	보험	0.3%	192,270
	복리후생비	0.1%	64,090
	도서인쇄비	0.2%	128,180
	교제비	0.1%	64,090
	여비교통비	0.2%	128,180
	교육훈련비	1.0%	640,900
	조사연구비	0.5%	320,450
영업 이익 (공헌이익-고정비)			14,484,340
			22.6%

손익시뮬레이션

한편 이익을 만들기 위해서는 최소한으로 달성해야 할 매출과 비용 관리에 관한 목표가 있어야 합니다. 이러한 목표가 없이 장사만 한다면 어떤 결과가 있을지 예상하기 어렵습니다. 매출이 높다고 다 이익이 나는 것은 아닙니다. 줄을 서는 식당이 모두 돈을 벌고 있다는 의미는 아닐 수 있습니다. 조금 적게 벌어도 마진이 높은 장사를 하는 사장님들이 계십니다.

힘들게 일해도 이익이 남지 않으면 장사할 의미가 사라집니다. 그렇게 되지 않기 위해서 이제부터는 성공하는 외식기업이 일하는 방식을 참고해서 장사를 하셨으면 좋겠습니다. 회사는 가장 먼저 손익분기점을 체크한 후 목표를 세우고 식당 운영을 하는 방식으로 일을 한다고 말했는데, 여기서 중요한 포인트는 순서입니다. 사장님의 경우 이익을 체크하지 않고 매출을 올리는 일부터 집중을 한다면, 외식기업은 손익분기점을 체크하는 일부터 한다는 점이 다릅니다.

회사가 일하는 방식

따져보지 않고 장사하는 것보다는 돈을 남길 수 있는 전략도 고민해 봐야 합니다. 회사가 일하는 모든 방식을 다 적용할 수는 없지만, 그래도 지금 소개한 부분만은 꼭 참고하셔서 가게 운영을 하셨으면 좋겠습니다. 성공하는 외식기업이 일하는 방식 중에 꼭 참고하면 좋을 것이 두 가지 있는데, 그중에 하나가 바로 지금 소개한 내용이었습니다. 이제 남은 다른 하나는 메뉴 원가계산법에서 소개하도록 하겠습니다.

메뉴 원가와
가격의 이해

☞ 메뉴 원가 관리의 개념

효율적인 비용 관리를 통해 장사 마진을 높이는 일이 더욱 중요해진 요즘입니다. 특히 매출이 정체되고, 식재료 인상으로 지출까지 많은 상황이라면 더욱 비용 관리가 필요할 수 있습니다. 비용 관리를 할 때는 우선순위가 있습니다. 매출원가, 즉 재료비는 비용이 가장 큰 비중을 차지하고 있기 때문에 집중적인 관리가 필요하고, 인건비도 매출원가 다음으로 비중이 높은 편이라서 역시 관리가 요구됩니다. 이 두 가지 비용 외에 임차료를 제외한 다른 비용들은 금액이 크지 않고 고정적으로 발생되기 때문에 줄이기 힘들고 절감 효과도 크게 볼 수 없습니다. 그래서 당장 가게 마진을 올리고 싶다면 가장 먼저 식재료 원가 관리부터 시작하시면 됩니다.

원가 관리의 첫 시작은 현재 원가 수준을 파악하는 것부터입니다. 그리고 기준이 되는 목표 원가와 갭 차이가 얼마나 나는지 확인하고 그 차이를 줄일 수 있는 방법을 찾는 방식으로 진행하면 됩니다. 외식기업도 큰 틀에서는 비슷한 방식으로 원가를 관리하지만 조금 더 세밀하고 전문적으로 접근해서 일을 합니다. 대형 외식기업의 경우 '메뉴 기획', '메뉴 개발' 그리고 '원가 기획' 파트로 구분하고 브랜드 원가를 집중적으로 관리하는 일을 원가 기획 파트가 전담할 수 있도록 합니다.

원가 관련해서 실무에서 사용하는 전문 용어가 있는데 바로 '실제원가'와 '이론원가'라는 단어입니다. 실제원가는 현재 상태의 원가를 뜻하는데 실제로 장사하면서 사용한 식재료를 바탕으로 계산한 원가를 말합니다. 그리고 이론원가는 레시피를 바탕으로 계산하고 계획한 원가를 의미합니다. 이론원가는 표준원가이기도 합니다. 회사는 이 두 가지 원가를 수시로 비교하면서 차이가 나는 부분에 대해 분석하고 원인을 찾습니다. 그리고 원가 시뮬레이션을 통해서 브랜드의 원가율을 예측하고 어떻게 원가를 절감하면 좋을지 구체적인 대안을 마련합니다.

대부분 실제원가를 계산할 때는 한 달 동안 재료를 구입한 영수증을 모두 합해서 전체 매출로 나누는 방식을 따르고 있습니다. 하지만 외식기업에서는 조금 다른 방식으로 실제원가를 계산합니다. 재고 실사를 바탕으로 한 달 사용한 재료비가 얼마인지 정확하게 계산을 합니다. 계산하는 방식은 다음과 같습니다. 전월에 재고로 남은 재료비와 당월에 발생한 재료의 금액을 합한 후에 당월에 남은 재료비를 빼 주면 당월에 순수하게 사용한 재료 비용을 계산할 수 있습니다. 전월과 당월에 남은 재료비는 현장에서 체크를 통해 알 수 있습니다. 이런 방식으로 재료비를 계산한 후 전체 매출로 나누면 정확한 실제원가를 확인할 수 있습니다. 주로 대형 외식기업과 직영점을 다수 운영하는 프랜차이즈 그리고 재고 부담이 큰 업장에서 이러한 방법을 활용하고 있습니다.

이러한 방법으로 계산하면 실제원가를 정확하게 산출할 수 있다는 장점이 있지만, 반면 단점도 있습니다. 재고 실사를 할 때 실수로 재고량을 잘못 확인하고 숫자를 기입할 경우 원가가 나쁘게 나오거나 좋게 나올 수 있기 때문입니다. 잘못한 숫자가 반영되어 월 마감을 하게 되면 회사에서는 더 이상 숫자를 변경할 수 없게 되고, 이로 인해 손익에 영향을 끼치게 됩니다. 게다가 조사할 때 시간도 많이 걸리고 영업시간 후에 진행해야 해서 인력 운영에 부담을 줄 수 있습니다. 이러한 단점 때문에 기업형 음식점이나 재고 부담을 안고 가는 식당이 아니고는 추천하지 않습니다.

업계에서 보통 원가율을 말할 때 최소 30% 정도로 유지해야 한다고 합니다. 업종에 따라 비율이 다양한데 보통 면류의 경우 10~20%, 주점은 20~25%, 고기류는 35~45% 수준으로 보기도 합니다. 하지만 상권, 브랜드 콘셉트, 서비스 형태에 따라 달라질 수 있다는 점은 감안해야 합니다.

실제원가와 이론원가는 차이가 날 수밖에 없습니다. 이론원가는 메뉴 원가계산법을 적용해서 계산하는 것이기 때문에 변수가 작용할 만한 요인이 없습니다. 하지만 실제원가는 실제 현장에서 메뉴를 만드는 과정을 반영하고 있습니다. 실무에서는 실제원가와 이론원가 간 평균적으로 2% 정도 차이가 난다고 보고 원가 운영을 하고 있습니다. 오픈하기 전 원가를 예측할 때 레시피를 바탕으로 이론원가를 먼저 계산한 후 거기에다 2%를 추가로 더해줍니다. 그리고 오픈 3개월 후가 지난 시점에 나오는 실제원가와 비교하도록 합니다. 실제로 이러한 방식을 대입하여 원가를 예측하곤 했는데 대부분 예상한 수치에 벗어나는 일이 크게 없었습니다. 그럼 현장에서 어떤 요인이 작용하기 때문에 2%의 갭 차이가 난다는 걸까요?

☞ 실제원가와 이론원가의 차이

첫째로 전처리 과정에서 재료 관리 부주의로 인해 손실이 발생할 수 있습니다. 예를 들어서 관리 소홀로 재료가 변질되고 유통 기한이 경과되어 폐기하거나, 레시피 대로 정해진 양만큼 투입하지 않아서 다시 만들어야 하는 경우가 있습니다. 용기에 남은 재료를 알뜰하게 사용하지 않고 버릴 때도 있습니다. 이런 식으로 식재료를 사용하면 재료가 부족해지고 다시 구입해야 하는데 이러면 예상한 것보다 원가는 올라가게 됩니다.

둘째는 직원 식사를 내부에서 직접 준비하는 경우입니다. 식사 준비를 하면서 재료를 쓰는 경우가 발생하는데 이렇게 운영하게 되면 재료비는 사용하는데 매출은 발생하지 않습니다. 그러면 매출 없이 원가율만 높게 나오기 때문에 정확한 실사용 원가를 파악하기 어려워집니다. 이런 여지를 주지 않도록 아예 외부에 식당을 정해 놓고 식사를 한다든지, 직원 식사를 내부 메뉴로 별도 관리해서 운영하도록 합니다. 하지만 이때 주의할 점은 직원이 식사한 메뉴를 기록으로 꼭 남겨 놓아야 한다는 것입니다. 포스를 활용해서 기록하는 것을 추천하고, 기록할 때는 고객에게 판매하는 메뉴로 기록하지 않고 대신 0원 키를 별도로 생성해서 체크합니다. 그리고 식사한 메뉴의 원가를 산출해서 복리후생비로 처리하도록 합니다. 원가를 계산할 때는 메뉴 원가계산법을 활용하면 되는데, 식사메뉴의 원가를 계산한 후 0원 키로 식사한 전체 메뉴 수를 곱하면 해당 비용을 확인할 수 있습니다.

셋째는 고객에게 무료로 제공하는 서비스 메뉴를 원가에 반영하는 경우입니다. 서비스 메뉴는 무료로 제공되기 때문에 매출이 발생하지 않습니다. 따라서 이때 사용하는 원가는 실사용 원가에 반영하지 말고 마케팅 비용으로 처리해 줘야 합니다. 마찬가지로 포스에 무료로 제공하는 메뉴의 0원 키를 만들어 놓고 해당 메뉴의 원가를 계산하도록 합니다.

네 번째는 메뉴 조리 시 손실이 발생한 경우입니다. 아무리 준비된 매뉴얼에 따라 교육을 하더라도 사람이 하는 일이기 때문에 실수가 있기 마련입니다. 이외에 고객의 주문 실수로 인한 손실도 있을 수 있고, 장사 준비 시간에 시식을 하면서 발생하는 손실도 생길 수 있습니다. **마지막으로 식재료 상승으로 인해 매입 단가가 변동하거나, 이론 수율이 실제 수율과 다를 경우도 있습니다.**

지금까지 소개한 요인들만 주의해도 원가 관리를 하는 데 많은 도움이 될 수 있습니다. 원가 관리를 하는 또 다른 방법으로 메뉴에 사용한 재료의 사용 원가를 하나씩 체크하는 것입니다. 메뉴 원가가 어떤지 정확히 알수록 어디서 비용을 줄일지 판단할 수 있기 때문에 확실하게 원가를 절감할 수 있습니다. 체계적으로 원가 관리를 하는데 핵심이 되는 방법이기도 한데, 그러려면 메뉴 원가를 계산할 줄 알아야 합니다. 메뉴 원가계산 방법은 정말 중요한 부분이라서 이번 장에서는 다루지 않고 다음 장부터 집중적으로 소개하겠습니다.

☞ 메뉴 가격을 결정할 때 방법

평소 메뉴 가격은 어떻게 결정하시나요? 대부분 30% 원가율에 맞춰서 가격을 정하면 된다고들 말합니다. 이 정도 수준으로 나와야 어느 정도 이익을 맞출 수 있다고 보기 때문인데요. 하지만 너무 두리뭉실한 숫자인 듯합니다. 독일의 유명한 경제학자 헤르만 지몬(Hermann Simon)은 《프라이싱, 가격이 모든 것이다》에서 가격 결정이 가진 힘과 중요성에 대해 다음과 같이 이야기하고 있습니다.

> "회사가 창출하는 모든 수익 및 이익은 가격 결정이 낳은 직, 간접적 결과물이다."

회사 경영에서 가격 결정이 이만큼 중요하다는 의미인데요. 가격을 제대로 결정하고 장사를 해야지 원하는 매출과 이익을 만들 수 있다는 사실을 기억해야 하겠습니다.

가격 결정에 영향을 미치는 요인은 상권 특징, 경제 상황, 트렌드 등 다양합니다. 하지만 이러한 여러 요인을 모두 고려하기에는 상황이 너무 복잡할 수 있으니 이 중에서 가장 중점이 되는 4가지만 우선 고려해서 최종 가격을 결정해 보시면 어떨까 합니다.

먼저 메뉴 원가계산 방법을 통해서 원가 비용을 정확하게 파악하여 가격을 1차로 책정합니다. 이때 원가율은 목표 이익에 도움이 되도록 설정합니다. 그리고 반드시 메뉴 가격에서 부가가치세를 제외한 금액으로 원가율을 계산해 줍니다. 만일 부가세를 포함해서 계산한다면 원가가 낮게 나옵니다. 부가세는 나중에 다시 세금으로 내야 하는 비용이기 때문에 가격 설정하는 과정에서 필수로 제외해

줘야 합니다.

다음은 고객이 용납할 수 있는 범위 내 가격인지 체크해야 합니다. 설문지를 통해서 고객에게 지불 가능한 가격 범위에 대해 질문하는 방법을 활용할 수 있습니다.

체크 후에는 일반적으로 형성된 메뉴 가격 대비 비싸게 받는 곳이 있다면 비교해 봅니다. 또 경쟁업체와 어떤 이유로 가격 차이가 발생하는지, 어떻게 이런 차이를 만들 수 있었는지 분석해 봅니다.

마지막으로 고려할 사항은 브랜드에서 추구하는 전략적 목표입니다. 자칫 현재 형성되어 있는 객단가를 낮추는 것은 아닌지 확인해 봐야 합니다. 만일 신메뉴 가격이 낮은 상태라면 세트로 구성해서 평균 객단가를 맞추도록 해서 메뉴를 운영할 수 있습니다. 객단가는 매출 상승에 직접적인 연관을 끼치는 요인이기 때문에 가격 책정 시 반드시 염두에 둬야 할 부분입니다.

가격 책정 시 고려할 사항

메뉴 원가와 가격은 비용과 매출을 책임지는 핵심 요소라는 것을 깨닫고 끊임없이 이 두 가지를 집중적으로 고민해야 합니다. 원가를 줄이고 가격을 높게 받으면 이익이 많이 나겠지만, 가격을 높게 받으면 고객에게 외면당할 수 있다는 두려움이 있습니다. 그리고 원가도 마냥 줄일 수 없습니다. 너무 줄이게 되면 분명 고객이 알아채고 브랜드 가치까지 훼손될 수 있습니다. 원가와 가격을 관리하는 일은 쉬운 일은 아닙니다. 하지만 소홀히 할 수만은 없는 부분입니다. 앞으로는 원가와 가격이 서로 직접적인 연관이 있다는 사실을 깊이 고려해서 전략적으로 식당을 운영하시면 좋겠습니다.

메뉴 원가계산 방법

☞ **원가계산에서 꼭 필요한 세 가지**

장사에서 원가계산을 할 줄 알면 어떤 도움이 될까요? 우선 가격을 결정할 때 가장 큰 도움이 될 수 있습니다. 그리고 어떤 메뉴가 수익에 도움이 되는지 알 수 있기 때문에 메뉴 홍보를 전략적으로 진행할 수 있습니다. 또한 메뉴의 원가가 어떤지 정확히 알면 어느 부분에서 비용을 줄이면 좋을지 판단할 수 있기 때문에 원가절감을 효과적으로 할 수 있습니다. 결국 장사 마진을 올리는 지름길이기도 합니다. 가격은 매출을 책임지고 원가절감은 마진율에 직접적인 영향을 준다는 것을 염두한다면 메뉴 원가계산법은 정말 식당 운영을 하는데 반드시 알고 있어야 하는 도구임에 틀림없습니다.

메뉴 원가를 계산하기 위해서 필요한 것에는 세 가지가 있습니다.

첫째, 그램(g) 단위로 정량화 한 표준 레시피가 필요합니다.

둘째, 표준 레시피를 대용량 레시피와 1인분 레시피로 나눠야 합

니다.

셋째, 재료별 1그램(g) 단가를 정리한 식자재단가표가 있어야 합니다.

표준 레시피 》 레시피 구분 》 식자재 단가표

"우리 가게 메뉴는 그램(g)단위로 정량화 되었는지?"

"프렙 레시피와 포스 레시피로 구분되어 있는지?"

"모든 재료가 수율을 반영해서 1그램(g)당 단가로 계산되었는지?"

원가계산할 때 필요한 3가지

이 세 가지만 준비되어 있다면 어떤 복잡한 메뉴도 쉽게 계산할 수 있습니다. 그럼 하나씩 자세히 소개하겠습니다.

■ 1. 그램(g) 단위로 정량화 한 표준 레시피

레시피는 원가계산에서 가장 기초가 되는 자료입니다. 레시피에는 메뉴를 만들 때 필요한 식자재명, 사용량, 규격, 만드는 방법 등이 표기되어 있는데 음식의 양과 질을 위한 표준을 제시해 주고 있기 때문에 표준 레시피라고 합니다. 일반적으로 표준이 되는 레시피는 무게 단위인 그램(g), 킬로그램(kg), 부피 단위는 밀리리터(㎖), 리터(L)를 주로 사용합니다. 그래서 음식을 만드는 모든 과정에 계량 도구가 함께 하도록 해서 값을 정확하게 측정할 수 있도록 합니다. 레시피를 작성할 때는 오차가 생기지 않도록 하는 것이 중요한 포인트입니다. 그리고 눈대중량, 손대중량을 기준으로 하지 않고 저울을 사용해서 무게 단위로 수치화하여 정확하게 표기합니다. 1 작은술, 1큰술, 1컵과 같이 계량컵과 계량스푼을 사용하기도 하지만 오차가 생길 수 있어서 가급적 사용하지 않습니다. 간혹 밥숟가락을 레시피에 사용하기도 하는데, 오차가 생기므로 사용하지 않아야 합니다.

이제 표준 레시피를 바탕으로 원가를 계산해야 하는데 원가계산을 하려면 그램(g) 단위로 통일해 줘야 합니다. 부피로 표시된 재료도 그램으로 변경해야 하는데 편의상 부피와 무게를 동일하게 보고 변환합니다. 물 이외에 다른 재료의 경우 부피와 무게가 달라서 1:1로 동일하게 적용해 주면 안 되지만 원가계산에서 정말 큰 차이를 주지 않기 때문에 동일하게 적용합니다. 예를 들어 간장 1,000㎖이면 1,000g으로 보면 됩니다. 그리고 킬로그램의 경우 1kg은 1,000g의 공식을 적용해 줍니다. 박스나 봉지에 담긴 재료도 부피 단위이면 계산할 수 없기 때문에 무게로 측정해서 그램으로 작성합니다. 만일 부피로 측정한 액체류의 경우 오차를 줄이고 싶다면 아예 처음부터 측량할 때 무게로 정량화하는 것을 추천합니다. 개수(EA)로 사용하는 재료는 셀 수 있기 때문에 그램으로 변경하지 않아도 됩니다. 현재 레시피가 이렇게 정리되어 있는지 한번 체크해 보시면 좋겠습니다.

■ 2. 프렙(Prep) 레시피, 포스(Pos) 레시피로 구분

표준 레시피를 대용량 레시피와 1인분 레시피로 구분하면 원가를 쉽게 계산할 수 있습니다. 대용량 레시피는 대용량의 재료를 준비하는

데 필요한 조리법이고, 1인분 레시피는 판매 단위 레시피(ex: 김치찌개 소·중·대, 감자탕 소·중·대)로서 고객에게 판매할 목적으로 정해 놓은 분량의 메뉴를 완성하기 위해 필요한 조리법을 의미합니다.

　외식기업에서는 일반적으로 대용량 레시피를 프렙(Prep) 레시피, 1인분 레시피를 포스(Pos) 레시피라고 부르고 있으며 메뉴 개발 과정에서 두 가지 형태로 아예 구분해서 레시피 개발을 진행합니다. 보통 음식을 만들 때 과정을 살펴보면 먼저 필요한 재료들을 준비하고, 그 재료를 가지고 음식을 만듭니다. 재료가 미리 준비되지 않으면 음식을 만드는 데 시간이 오래 걸릴 수 있겠지요. 이 개념을 원가계산에 적용하면 어떤 순서로 계산을 하면 되는지 알 수 있습니다. 대용량 레시피를 먼저 계산하고 거기서 나온 값을 바탕으로 1인분 레시피를 계산하는 순서로 진행하면 됩니다. 그럼 두 가지 레시피의 특징에 대해 조금 더 자세하게 살펴보도록 하겠습니다.

프렙(Prep) 레시피의 특징

　먼저 프렙 레시피에서 'prep'은 '준비하다'라는 뜻으로 전처리 과정이 필요한 대용량 재료의 레시피, 즉 재료 준비를 위한 레시피를 의미합니다. 전처리란 메뉴를 만들기 전에 필요한 재료를 먼저 준비하는 과정을 말합니다. 어떤 메뉴를 프렙 레시피로 보면 좋을지 판단이 안 선다면 조리 공정 시간과 효율성을 기준으로 판단하면 됩니다. 메뉴를 만드는 데 시간이 오래 걸리거나, 대용량으로 만들어 사용해서 조리 효율이 높아지는 경우라면 모두 프렙 레시피에 해당합니다.

프렙
레시피 **=** 대용량
레시피

전처리가 필요한 재료

프렙 레시피

프렙 레시피에 해당하는 사례는 많이 있습니다. 한식에서는 메뉴에 기본으로 사용하는 소, 돼지, 닭, 해산물, 채소로 만드는 육수가 있고, 간장, 된장, 고추장으로 만드는 기본양념 소스가 있습니다. 족발과 보쌈 같은 메뉴도 고기 삶는데 시간이 많이 걸려서 미리 삶아 놓아야 하기 때문에 프렙 레시피가 필요합니다. 양식에서는 숙성 과정을 거쳐야 하는 피자 반죽, 미리 삶아서 사용하면 시간 단축할 수 있는 파스타 면 같은 경우가 해당됩니다. 중식에서는 짬뽕, 볶음 요리 등에 사용하는 기본 닭 육수가 있습니다. 일식에서는 초밥의 경우 밥을 미리 짓고, 초밥에 사용되는 식초를 대용량으로 만드는 경우입니다. 어떤 상황에서 프렙 레시피가 필요한지 아마 이해하셨을 듯합니다.

프렙 레시피는 전처리 과정에 관한 자세한 조리법을 담고 있는 것이 특징입니다. 그리고 어떤 도구를 활용해서 재료를 다듬고 손질하는지, 조리시간, 조리 시 사용하는 계량도구, 조리 시 주의점에 관한 내용이 담겨 있고, 전체 조리한 양을 어떤 용기에 담아서 보관하고, 얼마 동안 사용할 수 있는지, 얼마큼의 양을 만들 수 있는지 알 수 있습니다. 맛의 근간이 되는 기초 과정을 담은 레시피라고 볼 수 있습니다. 기본 육수, 비법 소스, 양념장 같은 경우 프렙 레시피화할 수 있는데, 핵심이 되는 내용이 담겨 있다 보니 사장님이 별도로 관리하는 경우가 있습니다.

시판 재료를 사용하지 않고 프렙 레시피로 재료를 만들 경우 재료비를 절감할 수 있다는 장점이 있지만 반면, 직접 만들어야 하기 때문에 인건비가 상승할 수 있다는 단점이 있습니다. 어떤 방법이 좋을지는 재료별 그램(g) 단가와 손익 분석에 따라 판단해 봐야 합니다. 프렙 레시피의 중요한 특징이 하나 더 있습니다. 프렙 레시피는 완성된 메뉴가 아니라 1인분 레시피에 사용하는 전처리 재료라는 점입니다.

포스(Pos) 레시피의 특징

다음은 포스 레시피에 관한 특징입니다. 포스 레시피에서 포스(Pos)는 'Point of Sale'의 앞 글자를 딴 것인데 판매가 이루어지는 시점을 뜻합니다. 그래서 포스 레시피는 판매를 위한 레시피를 말합니다. 1인분을 기준으로 할 때 얼마큼의 재료가 들어가는지를 아는 것이 핵심입니다. 또한 조리를 시작하는 단계부터 그릇에 담아 메뉴를 완성하는 과정까지의 조리 공정을 담고 있는 것이 특징입니다.

포스 레시피

레시피를 개발할 때 핵심은 조리시간 단축입니다. 주문이 들어오면 최대한 빠르게 음식을 만들어서 제공하는 것이 포스 레시피의 목표입니다. 따라서 시간 내 음식을 제공하는 데 방해가 되는 조리 과정들은 모두 프렙 레시피로 분류해 주어야 합니다.

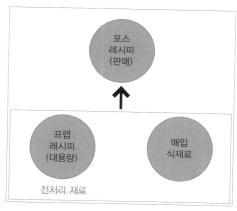

레시피 이해

조리시간은 고객 만족도에 직접적인 영향을 줍니다. 조리시간이 길어지면 메뉴 제공을 늦게 할 수밖에 없고 이는 결국 고객 불만의 원인이 될 수 있습니다. 보통 주문이 들어오면 10분 안에는 메뉴가 제공되고 늦어도 15분 안에는 처리해야 고객 불만이 없기 때문에 이 시간을 감안해서 음식이 나갈 수 있도록 포스 레시피를 정비해야 합니다. 시간 내 음식이 나가려면 재료가 미리 준비되어 있어야 하고 조리과정은 간단해야 합니다.

그런데 조리시간 단축보다 더 중요한 부분이 있습니다. 바로 품질 유지인데, 빠르게 만드는 것이 중요한 것이 아니라 얼마나 메뉴를 제대로 완성해서 제공하느냐가 핵심입니다. 정해진 레시피에 맞춰서 음식을 만들고 제공해야 하는데, 그러기 위해서는 바빠도 레시피를 준수할 수 있도록 해야 합니다.

하지만 현실적으로 바쁜 영업 타임에 주문이 밀려오면 무게를 매번 측정해서 음식을 제공할 수 없습니다. 그래서 이때 할 수 있는 방법은 오차 범위의 기준을 잡고 부피를 측정하는 데 쓰이는 국자 등의 도구를 활용해서 레시피의 양을 지킬 수 있도록 하는 것입니다. 조리 과정도 복잡하게 표시하지 않고 이해하기 쉽도록 간편 레시피를 만들어서 주방 벽에 부착해 놓으면 좋습니다. 이러한 이유로 대형 외식 프랜차이즈의 주방에 가보면 간편 레시피가 부착되어 있는 경우를 종종 볼 수 있습니다.

■ 3.1 그램(g)당 단가로 계산한 식자재단가표

식자재별로 가격을 적어 놓은 일람표인 식자재단가표가 있어야 원가를 쉽게 계산할 수 있습니다. 원가계산에 기초가 되는 자료로써 단가표는 그램(g) 단위로 정리가 되어 있어야 합니다. 매뉴얼로 만든 표준 레시피를 무게 단위인 그램(g)으로 표기해 놓았기 때문에 재료도 같은 단위인 그램(g)으로 되어 있어야 계산이 가능한 것입니다. 그리고 재료의 단가는 1그램(g)을 기준으로 합니다.

하지만 대부분 매입한 재료의 규격이 모두 다르기 때문에 단가도 당연히 다를 수밖에 없습니다. 따라서 모든 재료들을 레시피 단위인 그램 단위로 중량을 환산하고, 1그램(g) 당 단가를 계산하는 과정이 필요합니다. 이때 1kg=1,000g 공식을 참고해서 이 기준으로 중량을 환산해 줍니다. 예를 들어 닭정육이 2kg 규격이면 그램 단위로 환산한 중량은 2,000g이 됩니다.

이 과정에서 정말 중요한 포인트가 있습니다. 반드시 수율을 적용해 줘야 한다는 것입니다. 수율은 원물을 손질한 후 남은 분량을 의미하는데 실제로 사용할 수 있는 분량을 뜻합니다. 수율이 100%라는 뜻은 버릴 것이 하나도 없다는 의미이고, 수율이 70%라는 말은 30%는 버려지고 나머지 70%만 사용할 수 있는 것을 말합니다. 따라서 수율이 100%이면 버려지는 것이 없어서 단가 변동이 없지만, 수율이 70%로 낮아지게 되면 단가는 올라갑니다. 버리는 부분이 생겼기 때문에 그만큼 음식 만드는 데 원가가 상승하는 것입니다. 수율에 따라서 단가가 달라진다는 사실은 꼭 기억하셔야 합니다.

원가 계산하는 공식

수율의 중요성

재료별 1그램(g)당 단가를 계산할 때는 단가(재료가격), 규격당 중량(그램 단위로 환산한 재료무게), 수율 정보가 필요합니다. 그리고 단가÷(규격당 중량 x 수율)의 공식에 대입하면 됩니다. 예를 들어 보면 공식에 대한 이해가 쉬워집니다. 닭정육 가격이 1kg에 12,000원이라고 볼 때 버리는 것 없이 모두 사용한다면 수율이 100%인 겁니다. 이때 계산법을 적용해서 12,000원÷(1,000g × 100%)으로 계산하면 닭정육의 1그램(g)당 단가가 12원이라는 걸 알 수 있습니다.

만일 닭의 기름기를 제거하는 바람에 수율이 80%로 낮아지면 1그램(g)당 단가가 15원으로 올라가는 것을 알 수 있습니다. 수율이 100%일 때 1그램(g)당 단가가 12원인 닭정육을 200g 사용하면 2,400원이 들고, 수율이 80%일 때 15원인 닭정육을 동일한 사용하면 3,000원의 원가가 발생합니다. 수율이 높으면 원가는 낮아지고, 수율이 낮아지면 원가는 올라갑니다. 동일한 가격의 식재료라도 수율에 따라 단가 차이가 1그램(g)당 3원이 나고, 200g 기준으로 하면 600원의 차이가 발생합니다.

단가 차이는 인분이 늘어날수록 더욱 커지게 됩니다. 많은 경우 원가를 계산할 때 수율을 반영하지 않는다는 사실을 현장에서 사장님을 만나면서 알게 되었습니다. 그래서 이번 기회에 수율의 중요성에 관해 강조해서 설명하게 되었습니다. 수율이 원가 차이를 만드는 주범이라는 점을 꼭 기억하면서 이번 기회에 식자재 단가 확인을 다시 한 번씩 해보셨으면 좋겠습니다.

식재료 리스트가 많아서 처음에는 힘들 수 있지만, 한 번만 제대로 정리해 놓으면 앞으로 계속 사용하면서 업데이트만 하면 되기 때문에 관리 측면에서 훨씬 효율적입니다. 게다가 여기저기 흩어져 있던 식재료의 정보를 한데 모으는 과정이라서 리스트를 취합해 놓으면 계산할 때마다 영수증을 찾아야 하는 번거로움이 사라집니다. 식자재단가표를 수정해야 하는 시점은 식재료 가격이 급등할 때, 메뉴 리뉴얼이 필요할 때입니다. 가격 변동이 있을 때 얼마큼의 원가가 오르는지 확인해 보고 싶다면 단가표를 통해서 확인해 볼 수 있습니다.

신선식품 같은 경우 단가가 매일 변하는데 이럴 경우 어떻게 단가표에 반영하면 되는지 궁금할 수 있습니다. 이때는 매번 가격이 변동된다고 해서 단가표를 수정할 필요는 없습니다. 가격 변동의 범위를 약 한 달 정도 지켜보고 이대로 계속될 경우 이익에 문제가 생긴다고 판단이 든다면 그때 수정하는 방법이 있습니다. 또는 주기별로 가격을 업데이트해 주어도 괜찮습니다. 단가를 그 시점만 보지 말고 분기나 연간으로 체크해서 평균 가격을 확인해서 넣어 주는 방식으로 단가를 반영해도 됩니다.

이번 장에서 다룬 내용은 메뉴 계산을 할 때 기본적으로 필요한 것이 무엇인지 알아보았습니다. 다음 장에서는 실전에 바로 활용할 수 있는 원가계산표에 관해서 소개하도록 하겠습니다. 다음으로 넘어가기 전에 그램(g) 단위로 정량화한 표준 레시피가 있는지, 프렙 레시피와 포스 레시피로 구분하였는지, 수율 개념을 반영해서 재료별로 1그램(g) 당 단가를 계산해 놓은 식자재단가표가 준비되었는지 한번 점검해 보시면 어떨까 합니다. 이러한 기초 자료가 준비되어 있지 않으면 원가 계산을 할 수 없습니다. 혹시 레시피와 단가표 정리가 필요하다면 시간을 두고 이것부터 먼저 챙겨 보세요. 기초가 탄탄하면 응용이 쉬워지는 법이니까요.

실전에 바로 써먹는 원가계산표

🖝 메뉴 원가계산 순서

이번 장에서는 실전에서 즉시 활용할 수 있는 원가계산표에 관해 소개하려고 합니다. 원가계산표는 식자재단가표, 프렙 레시피, 포스 레시피 이렇게 세 가지 부분으로 이루어져 있습니다. 앞에서 언급했는데 식자재단가표는 식자재별로 1그램(g) 당 단가를 계산해 놓은 일람표를 말합니다.

프렙 레시피는 전처리 과정이 필요하거나 시간이 오래 걸리는 메뉴를 미리 준비하는데 필요한 레시피이고 대용량 레시피를 말합니다.

그리고 포스 레시피는 1인분 레시피로 주문이 들어온 시점에서 메뉴를 완성하는 데 필요한 레시피 또는 판매 레시피라고 설명했습니다. 이렇게 세 가지 기초 자료를 사용해서 원가를 계산할 수 있습니다.

메뉴 원가는 4단계 과정을 순서대로 진행하면 계산할 수 있습니다. 1단계는 식자재단가표를 1차로 작성하고, 2단계는 프렙 레시피의 원가를 계산하고, 3단계는 식자재단가표를 2차로 완성하고, 4단계는 포스 레시피의 원가를 계산하는 과정으로 원가계산을 하면 됩니다. 반드시 단계별 과정을 거쳐서 순서대로 진행해야지 원가계산이 가능합니다.

메뉴 원가계산하는 순서

이렇게 4단계를 차례로 진행하는 이유는 간단합니다. 바로 1인 분 레시피인 포스 레시피의 메뉴 원가를 알고 싶기 때문입니다. 1 단계, 2단계, 3단계는 메뉴를 만드는 데 필요한 재료의 단가를 계산 하는 과정이고, 4단계는 재료를 활용해서 만드는 메뉴를 실제로 계 산하는 내용입니다. 다시 말해 4단계를 위해서 1단계, 2단계, 3단계 과정이 필요하다고 이해하면 됩니다.

모든 레시피는 그램(g) 단위로 정량화해서 정리해 놓았고, 식자재 단가표도 재료별로 1그램(g) 당 단가를 계산해 놓은 상태입니다. 레 시피와 식재료 단위를 동일하게 맞춰 놓은 상태이기 때문에 4단계 에서 메뉴 원가를 계산할 때는 재료 사용량과 식재료 단가를 곱하기 만 하면 됩니다. 이 부분을 이해하고, 원가계산하는 순서만 제대로 지키면 조리 공정이 아무리 복잡한 메뉴라도 간단하게 계산을 할 수 있게 됩니다. 그럼 단계별로 하나씩 소개하겠습니다.

■ 원가계산 1단계. 식자재단가표 1차 완성하기

　1단계는 프렙 레시피의 원가를 구하기 위해 필요한 기초 단계입니다. 1단계의 목표는 프렙 레시피를 만드는 데 필요한 식재료의 1그램(g)당 단가를 계산하는 것입니다. 프렙 레시피는 포스 레시피의 메뉴를 만드는 데 필요한 전처리 재료를 의미합니다.

　전처리 재료를 만들려면 기초적인 원재료들이 필요한데 원재료는 대부분 식자재 업체를 통해서 매입합니다. 따라서 1단계는 매입한 식자재에 대한 단가를 계산하는 과정이라고 보면 됩니다.

①	②	③	④	⑤	⑥	⑦	⑧	⑨
코드	분류	품목명	단가(원)	레시피 단위	규격당 중량(g)	수율(%)	레시피단위 1g당 단가(원)	거래처명
100	농산물	깐대파(특/kg/국내산)	2,860	g	1,000	95%	3.0	거래처
101	농산물	깐양파(특/200g내외/5kg/국산)	7,730	g	5,000	95%	1.6	거래처
102	농산물	느타리버섯(냉장 500g/pk 국산)	6,960	g	500	100%	13.9	거래처
103	농산물	무우(특/2kg내외/국내산)	1,900	g	2,000	95%	1.0	거래처
104	농산물	애호박(인규/350g내외/국내산)	2,500	g	350	95%	7.5	거래처
105	수산물	[여수]자숙홍합(냉동)/PK.(1.5kg_여수)	6,260	g	1,500	95%	4.4	거래처
106	수산물	국물용멸치(비선별)/BOX(1.5kg_국내산)	18,550	g	1,500	100%	12.4	거래처
107	수산물	낙지(줄)/6~8미/냉동/850g	7,620	g	850	95%	9.4	거래처
108	수산물	날지알(골드)-수입/800g/팩	9,300	g	800	100%	11.6	거래처
109	수산물	두절새우(1.8kg)/베트남/팩	32,500	g	1,800	90%	20.1	거래처
110	축산물	차돌박이(SE/2mm슬라이스/호주)/KG	10,300	g	1,000	100%	10.3	거래처
111	축산물	계란(특란 60g*30입 1.8kg/pac)	7,380	g	1,800	98%	4.2	거래처
112	축산물	닭가슴살2KG(S/L)(냉동/국산)/EA	7,900	g	2,000	90%	4.4	거래처
113	축산물	돈육(후지/냉동/국산)5KG	17,245	g	5,000	100%	3.4	거래처
114	공산품	흰만식초1.8L/ea	1,470	g	1,800	98%	0.8	거래처
115	공산품	백설탕(백설/3kg)/ea	2,850	g	3,000	98%	1.0	거래처
116	공산품	후추가루(혹/솔표)200g/ea	4,980	g	200	98%	25.4	거래처
117	공산품	미김가쿨소스팬더2.2kg	8,060	g	2,200	98%	3.7	거래처
118	공산품	이온물엿 5kg/ea	8,310	g	5,000	98%	1.7	거래처

원가계산 1단계, 식자재단가표 1차 완성하기

　〈식자재단가표〉는 다음과 같이 구성되어 있습니다.

① 코드는 편의상 만든 식자재 품목의 번호입니다. 식자재명을 매번 작성하기 어렵기 때문에 숫자를 이용해서 고유의 이름을 만들어 준 것입니다. 표에는 편의상 100번부터 시작하는 것으로

번호를 붙여 주었는데 1번부터 시작해도 전혀 상관없습니다. 번호는 마음대로 붙여주면 됩니다.

② 분류는 식자재가 어떤 종류인지 구분해 놓은 정보입니다. 농산물, 수산물, 축산물, 공산품 중에서 해당하는 것으로 작성하면 됩니다. 이 정보가 필요 없다고 생각하면 넘어가도 괜찮습니다.

③ 품목명은 식자재 명칭을 말하는데 작성할 때는 규격도 함께 작성하도록 합니다. 식자재가 어떤 사양인지 자세히 표기해 놓아야지 나중에 대체 품목을 조사할 때 참고할 수 있습니다. 매입할 당시 받은 영수증과 거래명세서를 보면 식자재명이 표기되어 있으니 그것을 그대로 적어 주면 됩니다.

④ 단가는 재료가격을 의미하고 단위는 원입니다. 매입하는 식재료의 가격을 확인해서 작성하면 됩니다.

⑤ 레시피 단위는 레시피에 사용하는 단위를 말합니다. 레시피를 그램으로 정량화해 놓았기 때문에 이 기준을 그대로 적용하면 됩니다. 간혹 재료에 따라서 그램이 아니라 개수로 사용될 때가 있는데, 이때는 그램(g) 대신에 EA를 작성해 줍니다. 영어로 EA는 각각을 의미하는 'each'를 줄인 말입니다. 예를 들어 덮밥에 들어가는 계란프라이는 낱개인 EA를 적용하고, 프렌치토스트에 사용하는 계란은 모두 깨트린 후 계란물을 만들어 사용하는데 이때는 그램(g) 단위를 적용해 줍니다.

⑥ 규격당 중량은 각기 다른 식자재 규격을 레시피 단위인 그램 기준으로 환산한 재료무게를 의미합니다. 이때 1kg = 1,000g이라는 기본공식을 참고하여 중량 계산을 해줍니다. 예를 들어 무가 2kg이면 2,000으로 기록하고, 애호박이 350g이면 350으로 표기

합니다. 식초가 1.8L이면 1,800으로, 설탕이 3kg이면 3,000으로 적으면 됩니다. 숫자를 잘못 환산할 경우 원가에 영향을 줄 수 있기 때문에 이 과정은 실수가 없도록 해야 합니다.

⑦ 수율은 원물을 손질하고 실제로 남은 분량을 말합니다. 예를 들어 대파 원물은 흙도 있고 뿌리도 있는 상태입니다. 이 상태를 원물 100%라고 봅니다. 실제로 사용하려면 흙을 털어 내고, 뿌리도 다듬고, 깨끗하게 씻어야지 사용할 수 있는 상태가 됩니다. 손질 후에 남은 대파의 양을 90%라고 하면 수율은 90%인 셈입니다. 10%는 흙과 뿌리 부분으로 버려진 분량입니다. 메뉴에 따라 재료의 손질법이 달라지기 때문에 재료의 쓰임새에 맞춰 수율을 각각 체크해야 합니다. 앞장에서도 언급했지만 그램 단가를 계산할 때 수율이 가장 중요하기 때문에 잊지 말고 반드시 확인해야 합니다. 수율 상태에 따라서 원가가 달라진다는 사실은 꼭 알고 있어야 할 부분입니다.

⑧ 식재료의 1그램(g) 당 단가를 말합니다. 이 숫자를 계산하기 위해서 지금까지의 항목이 필요했던 것입니다. 그램 단가를 계산하기 위해서는 단가(재료가격), 규격당 중량(그램 단위로 환산한 재료무게), 수율 정보가 모두 있어야 합니다. 계산공식은 단가÷(규격당 중량 × 수율)입니다.

⑨ 거래처명으로 재료를 어디에서 매입했는지 적어줍니다. 이 정보 역시 필요 없다고 생각하면 넘어가도 괜찮습니다.

이것으로 원가계산 1단계가 끝났습니다.

■ 원가계산 2단계. 프렙 레시피의 원가계산하기

2단계에서 할 일은 프렙 레시피의 총원가, 조리 후 완성량, 1그램 (g)당 단가를 계산하는 것입니다. 이 세 가지 정보가 있어야지 원가 계산 3단계로 넘어갈 수 있습니다.

첫째, 총원가는 재료별 사용 원가를 계산한 후 모두 합하면 됩니다. 앞에서 이야기한 것처럼 프렙 레시피에 쓰이는 재료는 업체를 통해 매입한 기초 원재료를 말합니다. 사용 원가 공식은 재료별 사용량과 재료별 1그램(g)당 단가를 곱해주면 됩니다. 그램 당 단가 정보는 식자재단가표 1차 자료에서 확인할 수 있습니다.

둘째, 조리 후 완성량은 메뉴를 만들고 실제로 완성한 최종 양을 말합니다. 표에서 보면 레시피 총량에 관한 것도 있는데 레시피 총량은 사용량을 이론상으로 합한 값입니다. 대부분 레시피 총량이 조리 후 완성량과 같지만 메뉴에 따라서 차이가 생길 수 있습니다. 예를 들면, 육수를 장시간 끓이면 수분이 증발하기 때문에 이론상 레시피 총량 대비 실제 완성량이 줄어듭니다. 보쌈고기도 원물 상태 고기가 줄어들기 때문에 조리 후 완성량이 달라집니다. 이러한 메뉴는 조리 후에 무게를 측정해서 완성량을 확인해 주고 확인한 숫자를 조리 후 완성량 칸에다가 직접 작성합니다.

셋째, 1그램(g)당 단가는 총원가를 조리 후 완성량으로 나누어 계산하면 됩니다.

메뉴명	깨소스 프렙 레시피				구분	전처리

				총원가	1,047
				레시피 총량(g)	190
				조리후 완성량(g)	190
				1g당 단가	5.5

코드	식자재명	사용량	단위	g당 단가	수율	사용원가
1523	통깨(진성 참깨 1KG*10EA)	25	g	5.8	98%	145
1783	양조간장501S,DC,국내산/샘표,15L	35	g	3.4	98%	119
1716	화이트식초 하인즈/병(473㎖_미국)	20	g	5.0	98%	100
171	다진마늘/국내산/500g	5	g	7.2	95%	36
988	두반장(이금기 오무기 2.04KG)	15	g	8.6	95%	129
1666	포도씨유(선한 상도 1L*12EA/BOX)	45	g	7.1	95%	317
1680	하얀설탕/CJ,15KG/PK	5	g	1.3	98%	7
1442	참고움참기름(깨분)/EA(1.8ℓ_미얀마)	10	g	9.0	95%	90
1115	미림(롯데)1.8L	30	g	3.5	98%	104

원가계산 2단계. 프렙 레시피의 원가계산하기

이것으로 원가계산 2단계가 끝났습니다.

■ 원가계산 3단계. 식자재단가표 2차 완성하기

3단계에서 할 일은 식자재단가표를 완성하는 것입니다. 2단계 과정에서 계산한 '프렙 레시피의 총원가'는 1차 때 작성했던 단가표에서 매입한 기초 원재료의 단가(재료가격) 칸에 작성합니다. 다음으로 '조리 후 완성량'은 규격 당 중량(그램 단위로 환산한 재료무게) 칸에 기록합니다. 수율은 100%로 작성해 주고 마지막으로 1그램(g)당 단가를 표기합니다. 이때 그램 당 단가는 총원가÷(조리 후 완성량 × 수율)의 계산공식을 대입해서 계산한 것입니다.

표에서 코드 번호가 조금 다르게 표기되어 있습니다. 코드에 보면 SB로 시작하는 번호가 있는데 대기하다 뜻이 있는 'stand by'의

약자로 스탠바이라고 말합니다. SB 이름이 붙은 식자재 품목은 전처리 준비가 끝나서 대기 중인 상태의 재료를 말합니다. 즉, 포스 레시피에 사용할 전처리 재료를 의미합니다. SB 이름을 굳이 붙여 주는 이유는 매입한 원재료와 코드가 섞일 수 있기 때문입니다. 코드가 섞이면 계산에서 오류가 발생합니다. 따라서 이를 방지하고자 SB 단어를 코드에 사용하는 것입니다.

코드	분류	품목명	1차 단가(원) / 2차 총원가(원)	레시피 단위	1차 규격당 중량(g) / 2차 조리후 완성량(g)	수율(%)	레시피단위 1g당 단가(원)	거래처명
SB1	전처리	짜소스 프렙	1,047	g	190	100%	5.5	자체 생산
SB2	전처리	데리야끼 마리네이드 프렙	12,139	g	1,616	100%	7.5	자체 생산
SB3	전처리	야채육수 프렙	1,353	g	1,400	100%	1.0	자체 생산
SB4	전처리	떡갈비 믹스가루 프렙	960	g	315	100%	3.0	자체 생산
SB5	전처리	떡갈비반죽 프렙	15,737	g	743	100%	21.2	자체 생산
SB6	전처리	고추장소스 프렙	3,368	g	2,045	100%	1.6	자체 생산
SB7	전처리	아구찜양념 프렙	2,872	g	393	100%	7.3	자체 생산
100	농산물	깐대파(특/kg/국내산)	2,860	g	1,000	95%	3.0	거래처
101	농산물	깐양파(특/200g내외/5kg/국산)	7,730	g	5,000	95%	1.6	거래처
102	농산물	느타리버섯(냉장 500g/pk 국산)	6,960	g	500	100%	13.9	거래처
103	농산물	무우(특/2kg내외/국내산)	1,900	g	2,000	95%	1.0	거래처
104	농산물	애호박(인규/350g내외/국내산)	2,500	g	350	95%	7.5	거래처
105	수산물	[여수]자숙홍합(냉동)/PK.(1.5kg_여수)	6,260	g	1,500	95%	4.4	거래처

원가계산 3단계. 식자재단가표 2차 완성하기

이것으로 원가계산 3단계가 끝났습니다.

■ 원가계산 4단계. 포스 레시피의 원가계산하기

4단계에서 할 일은 원가율을 최종적으로 계산하는 것입니다. 다시 말하지만, 지금까지 진행했던 1단계, 2단계, 3단계는 4단계를 하기 위한 준비 과정이었습니다. 4단계에 진입했다는 것은 식자재단가표가 모두 완성되었다는 걸 의미합니다. 식자재단가표에는 매입한 재료, 전처리한 재료에 대한 정보가 모두 담겨있습니다.

메뉴명	생선회샐러드				구분	판매

					총원가	3,363
					판매 예상가격	12,000
					부가세(VAT) 제외	10,909
					원가율(%)	30.8%

코드	식자재명	사용량	단위	g당 단가	수율	사용원가
122	파채(2~3mm 100G)	20	g	1.7	85%	34
698	광어	150	g	19.0	70%	2,857
272	쑥갓	5	g	2.2	90%	11
227	베이비채소,머린잎,혼합/250G/PK,지방D-2	10	g	10.1	95%	101
SB1	깨소스 프렙	50	g	5.5	100%	276
204	무순	10	g	0.6	85%	6
216	배추	20	g	3.9	90%	78

원가계산 4단계. 포스 레시피의 원가계산하기

4단계에서는 메뉴의 재료별 사용 원가를 계산한 후 총원가를 계산하면 됩니다. 사용 원가는 사용량과 1그램(g)당 단가를 곱하면 됩니다. 재료에 대한 그램 단가 정보는 식자재단가표를 참고합니다. 코드 번호를 참고하면 쉽게 알 수 있습니다. 식자재단가표를 총 2차례에 걸쳐서 작성하고 완성해 주었기 때문에 매입한 재료와 프렙 레시피로 만든 전처리 재료에 대한 그램 단가 정보가 모두 있습니다. 이렇게 해서 총원가계산을 해주고 다음으로 메뉴 가격을 작성하면 원가율을 최종 확인할 수 있습니다.

한 가지 중요한 부분은 부가세를 제외한 판매 가격으로 원가율을 계산해야 한다는 것입니다. 부가세가 포함된 금액으로 원가율을 계산하게 되면 원가율이 낮게 나옵니다. 부가세는 나중에 다시 세금으로 내야 하는 돈이기 때문에 메뉴 가격에서 반드시 제외하고 원가율을 체크하도록 합니다. 부가세를 포함해서 원가를 확인하고 가격을 책정하고 있는 경우가 정말 많아서 한 번 더 강조했습니다.

부가세 포함 28.0%

(3,363÷12,000) x 100
*총원가 ÷ 메뉴가격

부가세 제외 30.8%

(3,363÷10,909) x 100
*총원가 ÷ 메뉴가격

원가율 계산할 때 주의점

이것으로 원가계산 4단계가 끝났습니다.

지금까지 실전에서 즉시 활용할 수 있는 원가계산표에 관해 소개했습니다. 성공하는 외식기업에서 하는 방식을 바탕으로 메뉴 원가계산법의 정석을 알려 드린 것입니다. 외식기업에서도 같은 개념을 적용해서 원가계산을 하고 있는데 회사마다 계산표의 양식은 조금 다를 수 있습니다. 사실 지금 소개한 형태보다 조금 더 복잡한 버전으로 관리하고 있지만, 현업에서 쉽게 이해하고 활용할 수 있도록 양식을 다듬어서 소개했습니다.

가능한 쉽게 이해되도록 설명했지만 그럼에도 불구하고 처음 접하는 개념이고 용어도 낯설어서 내용이 많이 어려울 것으로 생각합니다. 하지만 부디 포기하지 마시고 여러 번 반복해서 메뉴 원가계산법에 관한 내용을 익혀 보셨으면 좋겠습니다. 계산하는 과정을 단계별로 세분화해서 설명하는 경우가 거의 없기 때문에 이번 기회를 이용해서 제대로 알고 실전에서 유용하게 활용해 보시면 좋겠습니다. 앞으로 사장님만의 비밀병기가 되어 줄 메뉴 원가계산법을 적극 활용하고 장사 마진도 2배 올리시면서 즐겁게 장사하셨으면 좋겠습니다.

원가는 줄이고
마진율은 높이는 방법

☞ 장사 마진 2배 올리는 원가 관리 노하우

장사 마진을 높이려면 어떻게 하면 좋을까요? 현재 상태에서 원가를 줄이면 줄인 만큼 마진은 바로 올라갈 겁니다. 하지만 비용을 무조건 줄여야 한다는 것은 아니고, 여기서 핵심은 품질을 유지하면서 줄일 수 있는 부분만 절감하는 것입니다. 품질을 낮추면서까지 원가절감을 하는 것은 아무 소용이 없습니다. 만일 국내산 재료만 사용하는 걸 핵심 운영 전략으로 꼽았는데 원가절감을 위해 수입산 재료로 변경하면 고객과의 약속을 깨고 브랜드의 가치를 훼손하게 됩니다. 브랜드의 콘셉트와 운영 철학은 반드시 유지해야 하기 때문에 원가절감을 할 때는 기준이 꼭 필요합니다.

그럼 이제부터 현업에서 쉽게 적용해 볼 수 있는 원가절감 노하우 두 가지를 소개해 보겠습니다.

첫째는 표준 레시피를 바탕으로 데이터를 활용하는 방법이 있고, 둘째는 현장에서 답을 찾아보는 것입니다. 다시 말해 데이터 확인과 눈에 보이는 부분으로 원가절감의 힌트를 얻을 수 있습니다. 두 가지 측면을 모두 고려해서 세부적인 원가절감의 목표를 세우고 실행까지 한다면 효과적인 결과를 얻을 수 있을 것입니다.

■ 원가절감 방법 첫 번째. 데이터를 활용하자

비용에서 가장 높은 비중을 차지하고 있는 것이 바로 재료비와 인건비라고 이전에 언급했습니다. 특히 1순위는 재료비가 차지하기 때문에 재료비 절감을 우선으로 진행합니다. 이때 메뉴 원가 데이터를 확인하면 재료비 절감을 위한 구체적인 해결 방안을 찾아볼 수 있습니다.

우선 사용하고 있는 재료 중에서 가격이 가장 비싼 순서부터 낮출 수 있는 부분이 있는지 확인합니다. 이때 매입한 재료의 단가가 높은 것이 비싼 재료로 보일 수 있습니다. 하지만 가격을 확인할 때는 매입단가를 보면 안 되고 1그램(g)당 단가로 체크해야 합니다. 전체 식재료 중에서 1그램(g)당 가장 비싼 재료가 어떤 것인지 확인하고, 그 재료부터 가격을 낮출 수 있는 대체 품목이 있는지 확인해 주면 됩니다. 여기서 주의할 것은 맛에 영향을 주면 안 된다는 점입니다. 데이터는 원가계산 할 때 작성해 놓은 식자재단가표를 참고하면 되는데 각기 다른 규격의 재료들을 동일한 그램 단위 기준으로 맞추어 놓았기 때문에 비싼 재료들에 대한 파악이 쉬울 겁니다.

다음은 가장 인기가 좋은 메뉴와 원가가 가장 높은 메뉴를 대상으로 체크합니다. 먼저 원가계산법을 활용해서 메뉴의 재료별 사용 원가를 계산합니다. 이렇게 하면 가장 원가를 많이 차지하는 재료가 어떤 것인지 정확히 알 수 있습니다. 그런 후에 원가 비중이 높은 식재료부터 하나씩 살펴보면서 원가절감의 아이디어를 찾아봅니다. 사용량을 줄이거나, 평소 버려지는 부분이 없도록 원재료 관리를 잘 해주거나, 저렴한 대체 식재로 변경해 주는 등의 방법이 있습니다. 하지만 이러한 아이디어를 적용할 때 기준에 부합하는지 고려해야 할 것입니다.

식재료 비용 상승에 미리 대비하는 일도 중요합니다. 꼭 필요한 식재료인데 가격이 폭등한다는 걸 알면 미리 해당 재료를 구입해서 확보하는 것도 좋습니다. 데이터를 바탕으로 한 달에 재료를 얼마나 사용하는지 파악할 수 있기 때문에 얼마큼 구입하면 되는지 알 수 있습니다. 프로모션 행사로 가격이 저렴해질 때 재료를 확보해 놓는 것도 방법입니다. 가격 인상에 대한 정보는 거래 업체를 통해서도 알 수 있는데 신뢰할 수 있는 정보라서 재료 상승에 대한 대안을 미리 마련하기에 좋습니다. 이외에 한국농수산식품유통공사에서 운영하는 식품산업통계정보(FIS) 홈페이지를 통해서 전국적인 평균 가격 데이터를 확인해 보는 방법도 있습니다. 해당 홈페이지의 경우 식품산업통계뿐만 아니라 국내외 외식업 시장 동향까지 유익한 정보가 많이 있어서 추천드립니다.

가격이 상승하는 식재료가 주재료인지 부재료인지에 따라 대비하는 방법도 다릅니다. 부재료 가격이 올랐다면 대체품목을 찾아서 바로 변경해 줍니다. 예를 들어, 보쌈 메뉴인데 새우젓 가격이 오른다면 쌈장을 상차림에 내는 식입니다. 그리고 주재료 가격이 인상된 것이라면 메뉴에 함께 사용할 수 있는 보조 재료를 찾아보거나 메뉴를 다른 형태로 일시적으로 변경해서 판매해 보는 방법이 있습니다. 아무리 봐도 대체할 재료가 없거나 원가절감할 수 있는 방법을 찾지 못한다면 그때는 과감한 결단을 내려서 음식 가격을 인상해야 합니다. 가격을 인상할 때 한 가지 팁을 드리면, 농산물 같은 식재료의 경우 계절에 따라 변동폭이 클 수 있기 때문에 연간으로 단가를 확인한 후 전체 평균을 계산해서 그 평균가를 원가에 반영하여 가격을 결정하는 방법을 추천합니다.

■ 원가절감 방법 두 번째. 현장에서 답을 찾자

현장에서 손님과 직원을 관찰하다 보면 원가절감의 힌트를 얻을 수 있습니다. 우선 손님이 드신 메뉴의 잔반을 체크하면 어떤 음식이 남는지 바로 확인할 수 있습니다. 원가절감을 하고 싶을 때 가장 먼저 체크해 보면 좋습니다. 외식기업도 고객의 취식량을 파악하고 잔반 폐기량까지 체크해서 시트를 작성하며 원가를 관리합니다. 뷔페의 경우 해당 메뉴의 잔반을 모두 모아서 중량을 측정하고 이를 기록하는 경우입니다. 잔반이 생긴다는 건 맛에 문제가 있든지, 원하지 않는 메뉴이든지, 양이 너무 많아서인데, 버리는 음식량이 많으면 음식물 쓰레기를 처리하는 비용도 늘어납니다. 그러니 맛을 개선하고 메뉴 가짓수와 음식량을 조절하는 방법으로 낭비되는 비용을 찾아서 원가를 줄여 보세요. 메뉴 가짓수는 적더라도 남기지 않는 음식으로 메뉴를 구성해서 운영하는 편이 여러모로 경제적일 수 있습니다. 간혹 푸짐하게 주는 걸 서비스라고 생각하는 경우도 있는데, 그렇다고 너무 많은 양을 제공해서 음식이 버려지는 일은 없도록 해야 합니다. 수시로 손님 상에 나간 메뉴를 체크해 보는 일을 해보시고 원가를 줄일 수 있는 포인트를 찾아보세요.

그리고 목적에 맞는 식재료를 선택하는 것도 중요합니다. 식재료에 사용하는 원물이 메뉴에 어떻게 사용되는지 관찰하고, 만일 원물의 겉모양 상태 그대로 사용한다면 최상급의 재료를 선택해 주며, 육수를 끓이는 데 사용되거나 한 번이라도 절단해서 사용하는 재료이면 굳이 비싼 최상급 재료가 아니더라도 못난이 농산품을 이용하도록 합니다. 또한 제철 재료를 적절하게 사용하는 것도 원가절감을 할 수 있는 방법 중에 하나입니다. 식자재 가격에 따라 유연하게 제철 식재료를 적절하게 활용해 보는 것도 좋습니다.

4장에서 다룬 내용의 핵심은 손익분석과 원가 관리를 통해서 장사 마진을 높이는 방법이었습니다. 그리고 장사에서 가장 큰 터닝 포인트를 만들어 줄 핵심 도구 2가지로 손익계산서와 메뉴 원가계산법을 소개했습니다. 손익계산서를 작성해서 내 가게의 전체 비용 구조를 정리하고, 프렙과 포스 개념을 적용하여 그램 단위로 정확하게 계량한 표준 레시피를 준비합니다. 그리고 수율 개념을 반영해서 그램 당 단가를 정리한 식자재단가표를 바탕으로 메뉴 원가를 계산하고, 이를 바탕으로 구체적인 원가절감 계획을 세운 후 실행한다는 내용이었습니다. 또한 손익분기점을 통해 손실과 이익이 나는 지점을 확인하고, 이익을 남기는 손익분기점 매출액도 체크해 보았습니다. 손익계산서를 바탕으로 현재 식당 운영을 잘하고 있는지 수시로 식재료 원가율, 인건 비율, 관리 비용의 추이를 살펴보면서 장사를 하면 마진율을 가시적으로 관리할 수 있습니다.

식당 운영하는 순서

그램 단위의 철저한 원가 관리로 나도 모르게 새어 나가는 돈을 찾고, 작지만 큰 결과를 만들어 준다는 생각으로 '티끌 모아 태산' 원칙을 실천해보시면 좋겠습니다. 이렇게까지 세밀하게 관리가 필요할까 의구심을 가지실 수 있지만, 그램 단위로 철저한 원가 관리를 하지 않으면 나도 모르게 새는 비용을 찾을 수 없습니다.

원가 관리는 마진을 올리는 데 직접적인 관계가 있다는 것을 알아야 합니다. 그동안 성공적인 외식기업이 어떤 방식으로 일을 하고, 손익을 관리하고, 메뉴 원가계산을 하는지 궁금했다면 이번 기회에 확실히 알 수 있었던 계기가 되었다고 생각합니다. 이제부터는 매출을 올리는 일뿐만 아니라 체계적인 원가 관리 방법으로 장사 마진까지 챙기면서 지금보다 더 내실 있는 식당을 운영해 보시면 좋겠습니다.

Chapter.5

F&B 전문가가 공개하는 식당 수익 100배 높이는 메뉴관리 노하우

메뉴 선정 시
핵심 체크 5가지

☞ **메뉴 선정에 도움 되는 세 가지 기준**

어떤 메뉴가 좋을까? 아마 식당을 오픈하거나, 신메뉴를 출시하려고 할 때 가장 고민되는 질문일 수 있습니다. 메뉴 개발을 어떻게 하면 좋을지도 고민될 테지만 우선 어떤 메뉴를 할지 결정만 해 놓더라도 절반은 준비가 된 것 같은 생각이 듭니다. 메뉴를 뭐 할지 알아야 메뉴도 개발할 수 있으니 메뉴 결정이 먼저 이루어져야 하겠지요. 사장님뿐만 아니라 외식기업도 메뉴 결정하는 데 고민을 많이 합니다.

외식기업에서는 특히 세 가지 기준을 바탕으로 메뉴 선정을 진행합니다. '차별성', '대중성', '수익성'에 관한 부분인데, 어떤 차이점이 있는 메뉴인지, 고객들이 친숙하게 느끼고 일반적으로 좋아할 만한 메뉴인지, 수익이 나는 메뉴인지에 관한 기준입니다. 그리고 다음 다섯 가지 질문을 가지고 조금 더 자세하게 고민하고 답을 찾아가면서 메뉴 선정하는 일을 완성합니다.

■ 첫 번째, 브랜드 콘셉트와 어울리는 메뉴인가?

이 메뉴가 브랜드와 어울리는지부터 먼저 판단합니다. 유행하는 메뉴가 있어서 판매하고 싶더라도 브랜드 콘셉트에 맞지 않는 메뉴이면 과감히 포기해야 합니다. 예를 들어 요즘 하이볼이 큰 유행을 끌고 있습니다. 하이볼은 위스키나 브랜디와 같은 알코올 도수가 높은 술에 소다수를 타고 얼음을 넣어 만드는 음료인데, 만약 브런치 메뉴를 판매하는 카페에서 하이볼을 판매한다면 어떨까요? 혼하게 생각하는 서양식 브런치는 대부분 늦은 아침이나 이른 점심시간대에 즐기는 가벼운 식사를 말하는데 샌드위치, 베이컨, 계란 등의 메뉴로 구성되어 있습니다. 그런데 갑자기 하이볼 음료가 메뉴판에 있다면 어울리지 않을 겁니다.

또 다른 예로, 냉면 전문점인데 찌개 전문점인 듯 부대찌개 메뉴를 판다고 해도 이상합니다. 처음에 한두 개 메뉴는 상관없겠다고 생각할 수 있지만, 메뉴가 늘면 점점 정체성이 사라지게 됩니다. 그러면 고객은 브랜드의 전문성을 의심하면서 더 이상 식당을 방문하지 않습니다. 콘셉트를 고려해서 메뉴를 선정하는 일이 당연하다고 생각할 수 있지만, 사실 현장에서 잘 지켜지지 않는 부분이기도 합니다. 외식기업도 간혹 이 부분을 간과하고 메뉴를 운영하는 경우가 발생하는데, 특히 장사가 잘 안될 때 이런 실수를 하게 됩니다. 브랜드 콘셉트는 메뉴를 선정할 때 가장 중요한 판단 기준이 된다는 걸 기억해야 합니다.

■ 두 번째, 메뉴별로 서로 중복되는 느낌이 있나?

기존에 있는 메뉴의 조리법, 맛, 재료, 식감과 겹치는지 체크합니다. 만일 비슷한 느낌의 메뉴라면 선정하지 않는 것이 좋습니다. 예를 들어, 스테이크와 곁들이는 사이드 메뉴를 추가한다고 가정할 경우 이미 메뉴에 구운 아스파라거스, 마늘향의 시금치 볶음, 버터와 소금으로 간을 한 부드러운 으깬 감자 요리가 있다면 이때는 튀김 메뉴 또는 꽈리고추같이 개운함을 주는 재료를 활용해 볼 수 있습니다. 비슷한 조리법과 맛은 가능한 중복되지 않도록 메뉴를 선정하는 것이 좋습니다. 예를 들어, 고명으로 주로 사용하는 새싹채소를 반복해서 다른 메뉴에도 사용하면 재료의 특별함이 사라질 수 있고 메뉴도 서로 비슷해 보이는 결과를 줄 수 있습니다. 메뉴는 가능한 다양성을 느낄 수 있도록 구성해 줘야 가짓수가 많아 보입니다.

　메뉴 수가 적더라도 서로 반대되는 식감이나 조리법을 메뉴에 적용해서 운영을 잘하고 있는 사례가 있습니다. 한 예로 혜화동에 위치한 〈혜화칼국수〉는 40여 년 업력의 칼국수 맛집으로 알려진 음식점입니다. 이곳의 주력 메뉴는 사골을 고아 낸 육수로 만든 칼국수입니다. 그런데 사골 칼국수만큼이나 유명한 것이 생선튀김 메뉴입니다. 부드러운 식감의 국수 면발과 튀김옷을 입혀 바싹하게 튀긴 대구살 요리가 서로 상반된 식감을 느낄 수 있도록 합니다. 사이드 메뉴로 튀김 메뉴 말고 바싹불고기, 녹두전 메뉴도 있긴 하지만 생선튀김 메뉴가 오래전부터 인기를 끌었습니다. 메뉴 수를 적게 운영하더라도 풍성한 맛을 즐길 수 있도록 하고 싶다면 메뉴 선정할 때 참고해 보면 어떨까 합니다.

■ 세 번째, 경쟁점 대비 어떤 차별성이 있나?

선택한 메뉴가 경쟁 매장에서도 팔고 있는 메뉴인지 체크가 필요합니다. 만일 이미 판매하고 있는 메뉴라면 경쟁점과 비교해서 다른 차이를 줄 수 있는 방법을 고민 후 메뉴를 출시해야 합니다. 메뉴 관점에서 다른 차이를 주고 싶을 때 식재료, 제공 방법, 맛 부분에서 힌트를 찾아보면 좋습니다. 예를 들어, 떡볶이 메뉴인 경우 경쟁사에서 가늘고 긴 밀떡을 사용한다면 굵고 한입 크기만 한 사이즈의 방앗간 쌀떡을 사용해 볼 수 있습니다. 고사리, 숙주, 대파를 넣고 얼큰하게 끓인 육개장이라면 진하게 우린 양지 육수를 따로 담고 삶은 고깃살은 매콤하게 양념해서 무친 후 필요한 만큼 직접 넣어 먹는 색다른 방식으로 육개장 메뉴를 제공해 볼 수 있습니다. 파인 다이닝 콘셉트로 한식 레스토랑을 오픈했던 프로젝트에 참여했을 때 이런 방식으로 수원식 육개장이라는 이름의 메뉴를 제공한 적이 있었는데, 정갈한 제공 방식 덕분에 식사 메뉴로 인기가 좋았습니다.

한식의 경우 경쟁이 치열한 카테고리라서 다른 경쟁점과 다른 차이를 만드는 일이 어려울 수 있습니다. 하지만 메뉴에 대해 끊임없이 연구하고 고민하다 보면 아이디어가 생길 것입니다. 맛에서 다른 차별성을 주어 성공한 경우가 있는데, 인천 차이나타운에서 유명한 백짜장이 이러한 사례입니다. 흔히 아는 비주얼을 짜장면이 아니라 춘장을 사용하지 않고 만든 담백한 맛의 짜장면 메뉴인데 꽤나 인기가 있습니다. 단, 맛의 차별화가 꼭 퓨전을 의미하는 건 아닙니다. 맛은 고객들이 기대하는 메뉴의 본질에 충실해야 하고, 퓨전은 맛을 연구하는 데 자신이 없다면 가급적 지양하는 편이 좋습니다. 경쟁점과 다른 차이를 찾는데 어렵다고 느끼면 오히려 시장조사를 여러 곳 다녀보고 경쟁사가 하지 않는 것이 무엇인지 틈새시장을 노려봐도 좋습니다.

■ 네 번째, 얼마나 자주 먹는 메뉴인가?

선택한 메뉴가 혹시 자주 먹는 음식이 아니라 특별한 때에만 먹는 음식인지, 새로운 메뉴여서 호기심에 한 번 정도만 시도해 보는 메뉴인지 살펴봐야 합니다. 대중성이 없는 메뉴라면 아이템 선정 시 고민해 볼 필요가 있습니다. 예를 들어, 향신료를 사용하는 메뉴의 경우 호불호가 생길 수 있고 특히 평소 경험이 없는 경우라면 쉽게 받아들이기 어려운 메뉴일 수 있습니다. 그러면 자주 방문하지 않을 것이고 그러다 보면 매출에 지장을 줄 수 있습니다.

얼마 전 호텔 뷔페에서 식사를 한 적이 있는데 중식 코너에 양식 향신료인 큐민 씨드를 이용해서 만든 돼지고기 폭립 메뉴가 있었습니다. 큐민 씨드는 양 꼬치를 찍어 먹는 가루의 향과 맛을 연상시키는 씨앗 형태의 향신료입니다. 톡 쏘고 향이 강한 향신료를 메뉴에 사용한 경우인데, 뷔페에서 흔하게 접할 수 있는 메뉴가 아니다 보니 한 번씩은 호기심에 맛을 보지만 유심히 관찰해 보니 그다지 인기 있는 메뉴는 아닌 듯 보였습니다. 여러 가지 뷔페 메뉴 중에 하나로 운영하는 경우라서 재미와 호기심을 주는 메뉴로는 괜찮지만, 주력 상품으로 판매를 목적으로 한다면 리스트에서 제외해야 하는 메뉴입니다. 따라서 어떤 메뉴를 선정할 때는 대중성이 있는지 또는 취향이 분명한 메뉴인지 한 번쯤 살펴볼 필요가 있습니다.

■ 다섯 번째, 메뉴 수익성이 있나?

메뉴를 선정할 때 수익성은 반드시 고려해야 할 사항입니다. 메뉴가 아무리 좋아도 이익이 남지 않는 메뉴라면 고민할 것도 없이 제외하든지 아니면 이익이 나도록 다시 설계해야 합니다. 앞장에서 소개한 원가계산법을 통해서 꼼꼼하게 메뉴의 원가를 체크해 보고 이익이 얼마나 나는지 먼저 따져 봐야 합니다. 수익성을 체크하지 않아도 일단 많이 팔면 된다고도 하지만, 전혀 그렇지 않습니다. 이익이 안 나는 메뉴를 열심히 팔아 봤자 힘만 들 뿐입니다. 솔직히 말해 원가를 알지 못하면 메뉴를 팔면 안 됩니다. 간혹 '메뉴가 좋으니까 이익이 적더라도 박리다매하면 되겠지'하는 마음이 들 수 있습니다. 하지만 이익을 적게 보는 대신 메뉴를 많이 팔아서 큰 이익을 남기는 방식은 가급적 지양해야 할 전략입니다. 단체 급식과 같은 경우는 박리다매 형태로 사업을 운영하면 가능하기도 하겠지만, 일반 식당 장사는 최대로 받을 수 있는 고객 수에 한계가 있기 때문에 쉽게 이익을 만들기 어려울 수 있다는 점을 잊지 말아야 합니다.

장사에서 매출을 책임지는 유일한 존재는 메뉴뿐입니다. 그리고 어떤 메뉴를 선정하느냐에 따라 가게의 마진도 달라질 수 있습니다. 매출과 마진을 책임지는 것이 메뉴이기 때문에 앞에서 소개한 여러 가지 사항들을 고려하고 전략적으로 판단해서 신중하게 메뉴를 선택해야 할 것입니다. 한 끗 차이로 특별함을 만드는 일은 어려울 수 있습니다. 하지만 브랜드 콘셉트와 어울리면서 경쟁력도 갖추고 수익성까지 있는 메뉴를 잘 선정만 한다면 분명 식당 운영을 안정적으로 할 수 있는 길이 열릴 것입니다.

메뉴 운영 시
핵심 체크 3가지

☞ **메뉴 운영에 방해되는 요인**

장사를 시작할 때 메뉴를 만드는 일이 어디 그렇게 쉬운가요? 당장 어떤 메뉴를 선정할지도 막막하고 개발하는 일도 만만치 않은데 말입니다. 하지만 이제는 어떤 기준으로 메뉴리스트를 짜고, 어떤 부분에 집중해서 레시피를 개발하고, 어떤 도구를 활용해서 수익성 검토를 하는지 알고 계실 줄로 믿습니다. 혹시 메뉴 기획, 메뉴 개발, 출시 준비까지 전반적인 과정을 거쳐서 체계적으로 메뉴를 준비하고 싶은데, 막막하다면 앞장에서 소개한 내용을 다시 한번 살펴보시면 좋겠습니다.

이렇게까지 많은 노력을 기울여서 메뉴를 준비하는 것은 어쩌면 당연한 일입니다. 매출을 발생시킬 수 있는 건 오직 메뉴뿐이니까요. 그런데 메뉴를 잘 준비하는 일 만큼이나 중요하게 챙겨야 할 부분이 또 있습니다. 바로 현장에서 메뉴 품질을 일정하게 유지하면서 메뉴를 운영하는 일인데요. 아무리 잘 만든 메뉴도 현장에서 제대로 구현하지 못한다면 소용이 없습니다. 이만큼 메뉴 운영이 중요하다는 것을 외식기업도 알기 때문에 상품기획자, 메뉴 개발자 외에 현장에서 품질 관리만 별도로 하는 담당자를 세우는 것입니다.

메뉴 운영을 잘하지 못하면 최후에는 메뉴를 빼야 하는 상황까지 발생할 수 있습니다. 힘들게 메뉴를 만들고 출시까지 했는데 메뉴를 더 이상 판매하지 못하는 경우는 만들지 않아야겠죠. 그럼 메뉴를 운영할 때 어떤 부분을 주요하게 챙기고 체크해야 하는 걸까요? 안정적으로 식재료를 수급할 수 있는지 체크하고, 식재료 품질을 관리해 주고, 주방 동선과 조리 공정을 효율적으로 정리하고, 표준화된 도구를 제작해서 레시피를 잘 지킬 수 있도록 지속적인 체크가 이루어져야 합니다.

■ 메뉴 운영시 체크 포인트 1. 식재료

메뉴 운영에서 먼저 주의 깊게 체크해야 할 부분은 바로 식재료입니다. 레시피 개발 단계에는 다양한 식재료를 가지고 연구개발을 진행합니다. 메뉴에 필요한 샘플 식자재를 알아본 후 테스트를 해보고 피드백을 나누면서 식자재를 최종결정하게 되는데요. 이렇게 완성된 레시피로 메뉴 운영을 하는 것입니다. 그런데 운영하다 보면 어려움에 봉착하는 순간이 생깁니다. 그 이유는 레시피 개발 단계에서 정작 가장 중요한 식재료의 수급 상태에 관한 체크를 빠트렸기 때문입니다. 원재료의 품질이 좋다는 이유로 식재료를 선택했는데, 불안정한 수급과 가격 변동이 커지면 사용하기 어려워집니다. 따라서 메뉴를 선택하고 개발할 때 재료 수급이 원활한지 우선 확인부터 해보는 것이 필요합니다.

실무에서 이와 비슷한 경험을 한 적이 있습니다. 한식 느낌으로 건강식 샐러드를 새로 출시하려고 해서 건강에 좋은 마와 수삼을 활용해서 배와 유자를 곁들여 만든 샐러드를 만들게 되었습니다. 아삭거리는 배와 주재료인 마, 수삼을 사용하고 약간 신맛이 있는 요거트와 상큼하고 달콤한 유자청 그리고 연겨자, 식초를 살짝 넣어 만든 소스로 버무려 만든 메뉴가 탄생했습니다. 맛의 어우러짐이 좋아서 판매하는 데 손색이 없겠다고 생각했지만, 비주얼이 조금 부족하다고 판단했습니다. 재료가 대부분 하얀색을 띠고 있어서 조금 더 먹음직스럽게 보이면 좋겠다고 생각해서 추가한 것이 바로 석류였습니다. 석류알의 경우 피를 맑게 해주는 효능이 있어서 건강 키워드에 어울리는 식재료이고, 새콤달콤한 맛이 있어서 화채나 샐러드에 넣어 먹을 수 있으며, 특히 어두운 붉은빛을 띠고 있어서 비주얼 면에서도 금상첨화의 재료라고 판단했습니다. 마 샐러드에 석류알 몇 개를 넣어 주니까 하얀색과 붉은색이 대비되어 훨씬 먹음직스러운 느낌을 주었습니다. 녹색 계열인 새싹채소도 고명으로 조금 올려주고서 메뉴를 드디어 완성하였습니다. 그리고 원가계산을 해보니까 목표한 원가에도 맞출 수 있다고 판단이 들어서 메뉴를 출시했습니다. 맛도 좋았는데 비주얼까지 괜찮았던지 금방 인기 메뉴로 자리 잡게 되었습니다.

그렇게 몇 주가 지나고 석류를 더 이상 구입할 수 없게 됐다는 이야기가 들려왔습니다. 알아보니까 수입한 물량이 소진되어서 당분간은 국내에서 재료를 구할 수 없다는 내용이었습니다. 어쩔 수 없이 석류 대신 붉은색이 있는 대추를 대체했는데, 그 이후 이상하게도 메뉴 인기가 예전만큼 아닌 것이 데이터로 확인되었습니다. 개인적으로도 마음에 들었던 마 샐러드는 결국 오래지 않아 메뉴판에서 빠지게 되었습니다. 아무리 메뉴를 잘 만들더라도 재료 수급에 문제가 생기면 운영을 중단할 수밖에 없습니다. 따라서 메뉴를 선정하고 운영하기 전에 반드시 식재료를 원활하게 사용할 수 있는지 미리 체크하는 것이 필요합니다.

■ 메뉴 운영 시 체크 포인트 2. 조리 효율성

앞서 식재료를 주요하게 체크해야 한다고 말했지만, 메뉴 운영 측면에서 핵심 포인트는 조리 시간, 조리 시설, 주방 동선이라고 볼 수 있습니다. 주문이 들어온 음식을 만들 때 직접적인 영향을 주는 요인이고, 최종 품질까지 관여하는 부분이라서 이 세 가지는 꼭 확인해 볼 사항들입니다.

예를 들어, 신메뉴가 필요하고 마침 튀김기도 있어서 튀김 메뉴를 열심히 개발했습니다. 그리고 메뉴를 출시했는데 막상 운영하려고 보니 튀김기가 부족한 상황이 발생한 것입니다. 손님이 별로 없어서 주문이 밀리지 않을 때는 분명 튀김 메뉴를 제공하는 데 문제가 없었는데, 바쁜 시간에는 신메뉴 이외에도 다른 메뉴에 튀김기가 필요하게 되어서 메뉴 제공 시간에 차질을 주게 된 것입니다. 결국 메뉴를 계속 판매하려면 새로운 튀김기를 구입하든지, 아니면 메뉴 운영을 중단할 수밖에 없습니다. 이런 상황이 생기지 않도록 운영상에 미리 시뮬레이션을 해보고 조금 더 신중하게 메뉴를 선택해야 합니다.

메뉴에 따라서 조리시간이 얼마나 필요한지, 어떤 설비가 필요한지, 다른 메뉴와 조리가 겹칠 때 서로 영향을 주지 않는지 꼼꼼한 체크가 필요합니다. 예를 들어 국수 메뉴는 조리시간이 길어지는 아이템입니다. 그래서 주문이 몰리는 피크 타임 때 자칫 화구가 부족한 상황이 생길 수 있습니다. 게다가 국수 종류도 다양하면 조리 시간에 차이가 생기면서 효율이 나지 않는다는 것을 느낍니다. 이렇게 되면 메뉴를 제시간에 나가지 못하는 상황이 발생합니다. 따라서 메뉴 운영을 할 때는 조리 시간이 얼마나 걸리는지 미리 체크해 보는 것이 필요합니다.

주방 동선도 메뉴 운영에서 있어서 고려해야 할 부분입니다. 주방에선 작업 동선을 최소한으로 만들어 줘야 일을 효율적으로 할 수 있습니다. 많이 움직이지 않도록 동선을 설계해야 일의 효율이 높아진다는 뜻입니다. 비싼 설비가 있다고 좋은 게 아니라 가성비 있는 설비로 동선이 잘 짜인 주방이어야 합니다. 메뉴 제공 시간과 일의 피로도까지 영향을 줄 수 있으니 주방 일을 최대한 쉽게 할 수 있도록 동선을 한번 설계해 보세요.

■ 메뉴 운영시 체크 포인트 3. 레시피 준수

마지막으로 체크해야 할 사항은 레시피를 잘 지키는지 확인하는 일입니다. 식당 장사에서 가장 중요한 건 맛을 유지하는 것입니다. 레시피에 따라 메뉴를 만들지 않으면 맛은 그때그때 달라집니다. 메뉴 운영을 잘할 수 없게 되고, 그러면 메뉴 평가도 나빠집니다. 이로 인해 부정적인 피드백이 쌓이면서 결국 매출 하락으로 이어질 수 있습니다. 이런 상황이 생기지 않도록 레시피를 잘 지킬 수 있는 환경을 마련해야 합니다.

하지만 바쁜 현장에서 일을 하다 보면 레시피가 잘 지켜지지 않는 상황이 생길 수 있습니다. 어떤 포인트에서 레시피가 지켜지지 않는지 보고 이를 개선해서 일을 효율적으로 할 수 있도록 만드는 노력이 필요합니다. 예를 들어, 정해진 중량으로 소스를 나가야 한다고 알고는 있지만 바쁘면 양을 체크하지 못하고 그냥 손님상에 제공하는 경우가 있습니다. 용기 사이즈까지 큰 걸 사용하면 바쁠 때는 그냥 큰 사이즈에 맞춰 제공하게 되는데, 이렇게 되면 레시피 기준량을 초과해 버립니다. 그래서 이때는 용기 사이즈를 오차 범위 내에서 레시피 양으로 나갈 수 있는 사이즈로 변경하든지, 도구를 이용해서 정량화된 상태로 나갈 수 있도록 만들어 줘야 합니다. 사람이 하는 대신 기계의 힘을 이용할 수 있는 일이 있다면 그것도 적용해 주는 방법도 좋습니다. 일을 되도록 쉽게 하도록 만드는 일은 결국 메뉴를 운영하는데 중요한 요인으로 작용한다는 것을 잊지 마세요.

지금까지 언급한 세 가지 체크 사항은 운영 측면에서 바라본 내용인데 사실 메뉴를 개발하는 과정에서 미리 확인이 이루어지는 것이 가장 좋습니다. 메뉴 조리를 원활하게 할 수 있는지를 체크하는 것을 중점으로 식재료 상태, 조리 효율성, 레시피 준수 이 세 가지 포인트에 맞춰서 사전에 문제가 발생할 만한 요소를 해결한 후 메뉴를 선정하는 편이 오히려 메뉴를 안정적으로 유지할 수 있는 지름길입니다. 맛 측면에서 음식의 여러 가지 요소가 잘 어우러져 있는지, 비용 측면에서 고객에게 가치를 제공하고 수익성도 달성할 수 있을지 여부도 물론 체크해야 할 부분입니다. 앞으로는 맛 측면, 비용 측면만 따져보지 말고, 운영 측면도 충분히 고려해서 가게 메뉴를 선정하고 운영해 보시면 좋겠습니다.

메뉴 정리를 위한
메뉴 엔지니어링 노하우

☞ **메뉴 진단이 필요했던 순간**

몇 년 전에 대형 외식기업에서 운영하던 레스토랑 리뉴얼 프로젝트에 참여했던 적이 있었습니다. 장사가 잘 안되던 기존의 매장을 맡아서 운영하던 것과 브랜드를 새롭게 오픈하는 일 중에 하나를 선택하라고 하면 아마 후자를 택했을 겁니다. 전자가 훨씬 더 성과를 내기 어려운 상황이기 때문에 그런 것인데요. 신규 브랜드를 만드는 일도 물론 쉬운 일은 아니지만, 이미 떠나간 고객을 다시 불러 모아야 하는 리뉴얼 프로젝트는 아마 몇 배는 더 힘든 일인 듯합니다. 잘 안되는 곳을 잘 되게 만드는 일이 어디 그렇게 쉬운 건가요. 그래도 맡게 된 이상 일을 진행해 보았습니다.

프로젝트에 참여해서 가장 먼저 한 일은 우선 고객으로서 경험해 보는 일이었습니다. 분위기와 서비스를 느껴 보고 테이블에 앉아서 식사도 했습니다. 그리고 다음 한 일은 주방에 가서 일주일간 메뉴 나가는 것부터 음식을 준비하는 전반적인 과정들을 관찰했습니다.

현장에서 경험해 보니 여러 문제점들이 발견되었고 그중 하나 메뉴도 포함되었습니다. 브랜드 콘셉트에 어울리지 않거나, 준비는 해 놓았는데 메뉴가 판매되지 않거나, 품질 체크가 안 되는 메뉴들이 다수 확인되었습니다. 하지만 주관적인 의견을 나누고 일을 진행하기에는 회사에서 진행하는 프로젝트이고 게다가 여러 사람들과 함께 하는 일이었기 때문에 객관적인 데이터가 필요했습니다.

이때 필요했던 도구가 바로 메뉴 분석 툴이었습니다. 메뉴 분석 툴을 활용해서 현재 메뉴를 진단하고 이를 바탕으로 유지할 메뉴, 제거할 메뉴, 신규로 추가할 메뉴들을 정리했습니다. 데이터에만 의존하지 않고 현장에서 확인한 인사이트와 주방 직원들과 나눈 대화도 모두 참고했습니다. 그렇게 해서 새롭게 리뉴얼 할 메뉴리스트가 만들어졌고 그걸 바탕으로 메뉴를 개발하고, 메뉴판도 다시 준비하면서 재정비에 들어갔습니다. 메뉴뿐만 아니라 숙련된 서비스 직원도 추가로 채용하고 인테리어 보수 공사도 진행했습니다. 타깃층을 공략할 마케팅도 새롭게 준비한 후 드디어 리뉴얼 오픈을 하게 되었습니다. 결과는 대성공이었습니다. 힘든 프로젝트였지만, 좋은 성과를 거두고 마무리한 경험으로 기억합니다.

리뉴얼 프로젝트를 성공하려면 복합적으로 재정비가 필요한데, 이때 서비스와 외관에 신경을 쓰는 만큼이나 메뉴 구성이 정말 중요합니다. 물론 메뉴는 그대로 두고 인테리어 공사만으로 분위기를 바꿔주는 방법도 있긴 합니다. 하지만 메뉴까지 변화를 줘야 한다고 판단할 경우 기존의 메뉴를 삭제하고 새로운 메뉴를 추가하는 일을 해야 합니다. 이를 메뉴 인앤아웃(menu in & out) 즉, 메뉴 재정비라고 말합니다.

메뉴를 재정비하는데 가장 좋은 방법은 바로 메뉴 분석을 진행하는 것입니다. 다양한 메뉴 분석 도구 중에 특히 메뉴 엔지니어링 기법을 이용하면 많은 도움이 됩니다. 1980년대 미국에서 개발된 메뉴 분석 방법인데 메뉴의 수익성과 고객 만족도 측면을 모두 반영할 수 있다 보니 외식업에서 일반적으로 많이 사용합니다. 앞서 소개한 리뉴얼 프로젝트처럼 실무를 할 때 유용하게 쓰이고 있습니다. 이외에 마케팅을 할 때도 메뉴 엔지니어링을 참고하여 전략적으로 메뉴를 알릴 수 있습니다. 그럼 메뉴 엔지니어링에 관해 조금 더 자세히 소개해 보겠습니다.

☞ 메뉴 엔지니어링의 수익성과 인기도

메뉴 엔지니어링이라는 개념이 생소할 수 있는데 우선 단어를 간단히 풀이하면 메뉴를 체계적으로 분석하고 관리하는 활동이라고 보면 됩니다. 메뉴 분석을 통해서 메뉴의 등급을 구분하고 메뉴별로 역할을 확인하면 어떤 메뉴를 많이 팔아야 이익이 커질지 눈에 보이게 됩니다. 특히 메뉴를 삭제할 때 데이터를 기반으로 하기 때문에 객관적이고 빠른 결정을 이끌어 낼 수 있습니다.

메뉴 엔지니어링은 수익성과 인기도 두 가지 측면으로 해서 세로축에 수익성이 높고 낮음 그리고 가로축에 인기도가 높고 낮음을 기준으로 사분면 표에 메뉴를 넣어서 평가하는 도구입니다. 메뉴 엔지니어링 분석 방법에 대한 설명에 앞서서 메뉴 엔지니어링에서 사용하는 용어에 대한 정리가 필요합니다. 앞으로 소개할 메뉴 분석 기법은 미국에서 유래되었습니다. 그래서 사분면에 해당하는 단어도 영어로 표기되어 있습니다. 하지만 편의상 이해를 돕기 위해서 한글로 의미를 해석해 놓았습니다. 그 이유는 실무에서 일을 해보니 용어가 중요한 것이 아니라 어떤 의미를 뜻하는지 이해하는 지가 중요하기 때문입니다. 사분면에 해당하는 메뉴는 다음 네 가지로 구분합니다. 별을 뜻하는 'Star'는 효자 메뉴, 밭을 가는 말을 나타내는 'Plowhorse'는 대중적인 메뉴, 퍼즐 뜻인 'Puzzle'는 고민되는 메뉴, 개를 의미하는 'Dog'는 운영하기 힘든 메뉴입니다.

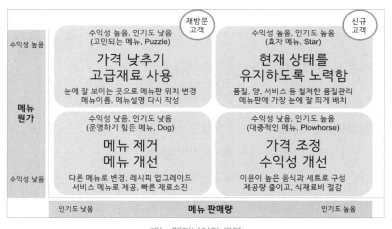

메뉴 엔지니어링 구분

■ **첫 번째, 효자 메뉴** (Star)

효자 메뉴는 인기가 많아 가게 매출을 올려 주는 메뉴라고 이해하면 됩니다. 수익성과 인기도가 모두 높은 것이 특징입니다. 다시 말해 이윤이 높고 잘 팔리는 상태를 뜻하는데, 이때 할 일은 철저한 품질관리를 통해서 지금의 상태를 잘 유지하는 것입니다. 메뉴판에도 가장 눈에 잘 띄게 배치해 놓아야 판매를 촉진할 수 있습니다.

현재 상태를 유지하기 위해 지속적으로 노력이 필요하지만, 간혹 안타까운 상황을 마주하기도 합니다. 예를 들어, 줄 서는 식당을 추천받아서 방문했는데 실망을 하고 돌아오는 경우가 있습니다. 그곳에 가면 꼭 먹어봐야 한다는 메뉴가 있어서 주문한 것인데 소문과 다르게 품질이 좋지 않은 상태로 음식이 제공되고 있는 걸 보게 됩니다. 너무 장사가 잘되다 보니까 고객 접대, 매장 운영 등 다른 부분에 더 신경을 쓰게 되면서 정작 메뉴를 확인해 볼 틈이 없어진 것입니다. 하지만 이렇게 되면 좋지 않은 고객 경험이 반복해서 쌓일 수 있고 그러다 보면 매출에도 지장을 줄 수 있으니 아무리 힘들더라도 메뉴 체크는 잘 해주어야 합니다. '권유 판매 없이도 잘나가는 메뉴이니까'라는 생각은 절대로 피해야 하겠습니다.

■ 두 번째, 대중적인 메뉴 (Plowhorse)

여기에 해당하는 메뉴는 수익성은 낮은데 인기도는 높은 특징이 있습니다. 이윤이 적은데 잘 팔리는 상태를 말합니다. 많이 팔면 매출은 높아질 수 있지만 마진은 적은 경우입니다. 고객은 좋지만 사장님은 힘만 들 수 있습니다. 개선 방법으로는 가격을 인상해서 수익성을 올리는 것입니다. 이윤이 높은 음식과 함께 세트로 묶어서 판매하는 방법도 있습니다. 가격 인상이 어렵다면 양을 줄여주는 방법도 있긴 합니다. 하지만 자칫 고객 만족도를 낮추는 결과로 이어질 수 있어서 이 부분은 주의해야 합니다.

이와 관련한 사례 하나가 있습니다. 작년에 대형 프랜차이즈 매장에서 있었던 일인데 날씨 영향으로 양상추 수급이 불안정해서 양상추가 평소보다 적게, 또는 제공이 어려울 수 있다는 공지를 한 적이 있습니다. 햄버거에 들어가는 재료인데 맛에 많은 영향을 주는 재료이기도 해서 해당 브랜드를 이용하는 고객에게는 불만스러운 요인으로 작용할 수 있었습니다. 비싼 가격으로 재료를 수급해서 사용하기보다 양을 조절하는 쪽으로 결정한 것인데 차라리 선택과 집중을 하는 편이 좋을 수 있었습니다. 메뉴 수를 조금 적게 하고 대신 양상추는 그대로 사용하는 방법을 고려했다면 좋았겠다고 생각합니다. 메뉴의 수익성을 개선하고 싶다면 고객이 느끼는 가치는 최소한 유지한 상태에서 진행해야 한다는 것을 기억해야 합니다. 이 부분을 고려하지 않은 체 수익성 개선을 하게 되면 인기도는 낮아질 수 있습니다.

■ 세 번째, 고민되는 메뉴 (Puzzle)

수익성은 높은데 인기도는 낮은 특징이 있는 메뉴입니다. 이윤은 높은데 잘 팔리지 않는 상태이기 때문에 계속 유지할지 말지 고민이 되는 메뉴입니다. 메뉴 하나 팔면 마진이 좋아서 팔고는 싶지만, 기대만큼 판매는 잘되지 않아서 준비한 재료를 버려야 하는 경우가 발생할 수 있습니다. 재료를 버리면 원가만 올라가는 꼴이 되기 때문에 신속한 결정이 필요합니다. 이익을 조금 포기할지 아예 메뉴를 중단할지 말입니다. 인기가 낮은 이유는 여러 가지가 있을 수 있지만, 가격 탓인 경우도 큽니다. 따라서 이런 경우에는 가격을 조금 낮춰서 손님이 더 주문하도록 만들고, 고급 재료를 사용해서 메뉴 만족도를 높여 주는 것이 필요합니다. 메뉴명과 메뉴 설명도 조금 더 매력적으로 보이도록 해서 고객의 선택을 이끌어 낼 수 있도록 하고, 메뉴판에도 잘 띄게 배치해 줍니다. 보통 사람들은 메뉴를 오른쪽 상단에서 시작해서 시계 방향이나 지그재그 방식으로 메뉴판을 읽는 경향이 있다는 연구 결과가 있습니다. 관심을 많이 끌 수 있는 위치에 메뉴를 배치해서 적극적인 판매를 시도해봐도 좋겠습니다.

■ 네 번째, 운영하기 힘든 메뉴 (Dog)

마지막으로 가장 문제가 되는 메뉴인데 수익성과 인기도 모두 낮은 경우입니다. 이윤도 적고 팔리지도 않는 상태인데 이런 메뉴는 판매를 중단하거나 바로 품질 개선을 해줘야 합니다. 하지만 메뉴 만드는 일이 쉬운 것이 아니기 때문에 연구개발을 통해서 메뉴를 먼저 개선할 수 있는지 방법을 찾아봅니다. 인기가 없다는 이야기는 메뉴 맛이 부족하고 가치가 없어 보인다는 뜻입니다. 그리고 수익성이 낮다는 것은 재료비가 많이 든다는 뜻이고 가치를 제대로 주고 있지 못한다는 말이기도 합니다. 이 부분을 개선해 주면 됩니다. 메뉴를 빼는 것으로 결정한다면 해당 메뉴를 서비스로 제공해서 재료를 빠르게 소진하는 것도 방법입니다. 어떤 결정을 내리든 빠른 의사결정이 필요한 메뉴라는 점은 인지해야 하겠습니다.

☞ 메뉴 엔지니어링 사용법

메뉴 엔지니어링은 수익성과 인기도 측면에서 메뉴를 분석합니다. 그리고 기본적으로 메뉴 원가와 판매량 데이터가 필요합니다. 메뉴별 원가는 직접 계산해야 알 수 있는데 앞에서 메뉴 원가계산법을 소개했으니 참고하여 원가를 확인해보세요. 수익성은 공헌이익과 관계되어 있습니다. 공헌이익은 메뉴 가격에서 원가를 빼고 남은 이익이라고 이해하면 됩니다. 수익성을 판단하려면 기준이 되는 공헌이익 기준점을 계산해야 합니다.

　총 공헌이익은 메뉴 공헌이익을 판매량과 곱하면 됩니다. 그리고 공헌이익 기준점은 총 공헌이익을 전체 메뉴 판매량으로 나누면 됩니다. 이렇게 계산한 공헌이익 기준점을 기준으로 메뉴 항목별로 공헌이익이 높으면 H('High'의 앞 글자), 낮으면 L('Low'의 앞 글자)로 표기하면 됩니다.

| H | 공헌이익 기준점 < 메뉴 공헌이익
메뉴믹스 기준점 < 메뉴 판매율 |
| L | 공헌이익 기준점 > 메뉴 공헌이익
메뉴믹스 기준점 > 메뉴 판매율 |

메뉴등급 분류

　다음으로 인기도는 메뉴 판매율과 관계되어 있습니다. 메뉴 분석 기법에서 메뉴 판매율을 다른 말로 메뉴믹스라고 말하는데, 전체 메뉴 판매량에서 각 메뉴 항목이 차지하는 비를 말합니다. 메뉴 판매가 많았다면 인기도 많다는 뜻입니다. 인기도를 측정하려면 메뉴믹스 기준점, 즉 메뉴 판매율의 평균을 계산해야 합니다. 여기서 메뉴믹스란 전체 품목 수에 대한 해당 메뉴 품목의 판매 횟수 비율을 의미합니다. 메뉴 판매율은 메뉴 판매량을 전체 메뉴 판매량으로 나누면 됩니다. 그리고 메뉴믹스 기준점은 메뉴 판매율을 모두 합한 100%를 메뉴 항목 수로 나누면 됩니다.

공헌이익 기준점	총공헌이익 ÷ 판매량 합계
메뉴믹스 기준점	100% ÷ 메뉴 항목 수

메뉴 엔지니어링 기준점 계산방식

그런데 여기서 한 가지 정리할 부분이 있습니다. 일반적으로 인기도의 기준점을 측정할 때 메뉴 선호도에 따른 예상 판매율을 임의로 70% 수준으로 정하고 비율을 반영해서 메뉴를 판단하는데, 편의상 계산하기 쉬운 100%를 적용하려고 합니다. 메뉴 분석 기법을 만든 미국 저자가 평균의 70%를 사용하면 결과가 더 현실적이라고 본 것인데, 소개하는 방식을 실무에 적용해서 일을 진행하더라도 큰 문제가 없었고, 조금 더 간편하게 분석을 하는 데 목적이 있으므로 이 방법을 소개합니다. 이렇게 계산한 메뉴믹스 기준점을 기준으로 각 메뉴 판매율과 비교해서 높으면 H, 낮으면 L을 표기합니다.

가게 이름								시기	2024.03.01~03.31					
A	B	C	D	E	F	G	H	I	J	K	L	M	N	O
코드	메뉴명	판매량	판매율%	메뉴가격	VAT제외	원가	공헌이익	원가율%	총원가	매출	총공헌이익	수익성	인기도	등급
M1	생선회샐러드	40	18.4%	15,000	13,636	3,603	11,397	26.4%	144,108	600,000	455,892	L	H	LH
M2	매구찜	20	9.2%	45,000	40,909	11,872	33,128	29.0%	237,441	900,000	662,559	H	L	HL
M3	떡갈비	37	17.1%	17,000	15,455	4,293	12,707	27.8%	158,631	629,000	470,169	H	H	HH
M4	떡갈비 포장	20	9.2%	17,000	15,455	4,594	12,408	29.7%	91,883	340,000	248,117	H	L	HL
M5	판산우시	70	32.3%	8,000	7,273	1,097	6,903	15.1%	76,795	560,000	483,205	L	H	LH
M6	해산물 냄재	30	13.8%	12,000	10,909	2,113	9,887	19.4%	63,381	360,000	296,619	L	L	LL
합계		217	100%						772,439	3,389,000	2,616,561			

공헌이익기준점	12,058	원가율(VAT제외)	25.1%
메뉴믹스기준점	16.7%	메뉴항목수	6

메뉴 엔지니어링 분석

수익성은 공헌이익 기준점으로, 인기도는 메뉴믹스 기준점으로 메뉴를 판단하고 각각의 표기된 단어를 조합해서 네 가지로 메뉴 등

급을 분류하면 됩니다. 이렇게 분류한 등급이 의미하는 메뉴별 특징에 따라서 전략을 세우고 메뉴를 운영하면 되는 것입니다.

HH	효자메뉴(Star)	수익성 높음(H), 인기도 높음(H)
HL	고민되는 메뉴(Puzzle)	수익성 높음(H), 인기도 낮음(L)
LH	대중적인 메뉴(Plowhorse)	수익성 낮음(L), 인기도 높음(H)
LL	운영하기 힘든 메뉴(Dog)	수익성 낮음(L), 인기도 낮음(L)

등급별 의미

지금까지 소개한 메뉴 분석 툴은 메뉴를 평가하는 데 사용될 뿐만 아니라 강력한 메뉴 홍보 도구로 활용할 수 있습니다. 수익성도 좋고 인기도 좋은 효자 메뉴, 즉 브랜드를 대표하는 시그니처 메뉴를 전면에 내세워서 신규 고객을 유치하는 데 사용합니다. 그리고 재방문 고객에게는 수익성이 높은 메뉴이거나 신메뉴를 제시하면서 매장에 방문해야 하는 이유를 끊임없이 제공해 줄 수 있습니다. 혹시 현재 판매 중인 메뉴 중에 어떤 메뉴를 홍보하면 좋을지 고민이라면 메뉴 분석 기법을 통해서 확인해 보시면 좋겠습니다. 메뉴 엔지니어링 개념만 잘 활용한다면 전략적으로 메뉴를 홍보할 수 있게 되어 매출을 올리고 마진을 높이는 데 큰 효과를 거둘 수 있을 것입니다.

메뉴 정리하기 싫다면
3가지만 실천하라

☞ 빠트리지 않고 꼭 챙겨야 하는 메뉴 교육

혹시 현재 식당 창업을 준비하고 계시다면 부동산 계약, 인테리어 공사, 인력 채용, 메뉴 준비로 정신이 없으시겠지만, 이 중에서 조금 더 신경 써야 할 부분이 있습니다. 바로 주방 공사인데요. 장사를 시작하고 나면 일하는 시간 대부분을 주방에서 보내기도 하고 주방 동선을 어떻게 설계하느냐에 따라서 메뉴 품질이 달라질 수 있으며 업무 효율에도 큰 영향을 주기 때문입니다. 게다가 한번 공사해 놓으면 나중에 고치기도 어려워서 주방 공사는 철저한 계획과 꼼꼼한 현장 체크를 하면서 진행해야 합니다. 외식기업도 매장 오픈 때 주방 공사만큼은 중요하게 생각하고 전문가에게 주방 동선 설계를 맡겨서 진행하고 있습니다. 주로 메뉴를 책임질 총주방장이 업무를 맡아 합니다.

주방 공사 말고 한 가지 더 빠트리지 않고 챙겨야 하는 것이 있습니다. 바로 홀 직원에게 메뉴를 교육하는 일입니다. 당연한 일이라고 생각할 수 있지만, 실제 오픈을 준비하는 상황에서는 교육에 시간을 할애하기가 참 어렵습니다. 하지만 소홀히 하지 말고 비중을 두고서 잘 챙겨야 합니다. 신메뉴 교육을 해야 하는 이유는 메뉴 판매뿐만 아니라 매출에 직접적인 영향을 주기 때문입니다. 메뉴에 대해서 잘 알지 못하면 제대로 손님에게 설명할 수 없고 그러면 권유 판매도 할 수 없습니다. 고객 접점에서 메뉴를 판매하는 일을 누가 하는지 생각해 본다면 교육이 필요하다는 것을 깨달으실 겁니다.

신메뉴 교육을 진행할 때는 다음 네 가지 부분을 고려해서 소개하면 좋습니다.

첫째, 어떤 의도에서 메뉴를 만들었는지에 대한 기획의도를 분명하게 알려야 합니다.

둘째, 메뉴에 어떤 특징이 있는지 설명해야 합니다. 메뉴 이름은 왜 이렇게 지었고, 스토리텔링은 무엇이고, 어떤 부분이 특별한지 핵심 가치에 관해서 이야기해 주면 됩니다.

셋째, 메뉴 시식이 반드시 이루어져야 합니다. 직접 맛을 봐야 메뉴를 제대로 알 수 있고 그래야 손님에게 추천도 할 수 있습니다.

넷째, 메뉴와 관련한 주의사항을 공유해야 합니다. 혹시 손님이 먹고 이상 반응을 보일 수 있는 특정 재료가 사용되었다면 사전에 정보를 공지해야 하고, 재료에 특이사항이 있다면 역시 알려 줘야 합니다.

지금 소개한 부분만 잘 챙겨서 메뉴를 교육하면 판매에는 일단 문제가 크게 없습니다.

그런데 메뉴 판매뿐만 아니라 음식을 만드는 주방 직원도 교육이 필요합니다. 기획 의도와 메뉴 특징을 알리고 시식도 진행하며 메뉴에 대해 이해를 할 수 있도록 하는 부분은 같습니다. 그리고 여기에서 한 가지 더 주의 깊게 교육이 필요한 포인트가 있습니다. 바로 메뉴에 관한 기본기 교육입니다. 지금 소개할 세 가지 부분만 잘 챙기면 오픈 때 메뉴를 안정적으로 운영할 수 있고 나중에 품질에 문제가 생겨서 메뉴 판매를 중단하는 일도 거의 생기지 않습니다. 기본기에 관한 내용은 메뉴를 잘 만드는 일 만큼이나 중요한 부분이니 평소에도 수시로 체크하시면 좋겠습니다.

■ 첫 번째, 온도 지키기

뜨거운 음식은 뜨겁게, 차가운 음식은 차갑게 메뉴를 제공할 수 있도록 늘 체크해야 합니다. 온도만 제대로 지키더라도 맛은 훨씬 좋아집니다. 기본적인 부분인데 실제로 현장에서 바쁘다 보면 잘 지켜지지 않습니다. 온도에 따라서 맛에 큰 차이가 난다는 건 만든 음식을 바로 먹었을 때는 느끼지 못합니다. 식은 음식을 먹을 때야 비로소 알 수 있습니다. 음식이 상하지 않도록 냉장고에 보관한 후에 꺼내서 맛을 보면 처음 먹었을 때와 맛 차이가 분명히 있다는 걸 아마 느껴 보셨을 겁니다.

맛에 큰 영향을 줄 만큼 온도가 이만큼 중요한지 새삼 느꼈던 사례가 있습니다. 대형 외식기업에서 진행하는 유료 도시락 신규 사업 프로젝트에 참여했던 적이 있었는데, 당시 저는 도시락 메뉴를 출시하는 일을 맡았습니다. 메뉴 구성을 위해서 시장조사를 진행했고, 그러면서 편의점 저가형 도시락부터 호텔에서 판매하는 고급형 도시락까지 정말 다양한 형태의 도시락을 시식할 수 있었습니다.

이때 약 50여 종의 도시락을 시식하면서 확인한 사실 한 가지가 있었습니다. 바로 온도가 맛에 큰 영향을 준다는 점이었습니다. 아무리 비싼 도시락이라도 시간이 지나 음식이 식으면 저가형 도시락과 별반 차이가 없다는 것이었습니다. 그래서 도시락 메뉴를 기획할 때 비싼 재료를 고집하거나 화려한 메뉴 구성보다는 편리성과 가성비에 초점을 두는 것으로 방향을 잡고 메뉴를 구성하여 성공적으로 일을 마무리한 적이 있습니다. 아마 이 프로젝트를 진행하지 않았다면 온도가 메뉴에 그렇게 큰 영향을 준다는 사실을 깨닫지 못했을 것입니다.

식사하러 가서 메뉴가 준비되었는데도 불구하고 바빠서 그대로 주방 또는 서비스용 준비 스테이션에 방치되는 경우가 종종 있는데 식어가는 음식을 보고 있으면 안타까운 마음이 큽니다. 온도만 제대로 지켜도 메뉴 품질은 월등하게 올라갑니다. 당연한 말이지만 정작 이 사실을 바쁜 현장에서 챙기지 못하는 경우가 많습니다.

■ 두 번째, 맛 체크하기

레시피 개발이 끝났다고 안심할 수는 없습니다. 진짜 중요한 것은 실전입니다. 맛 구현이 제대로 되도록 현장에서 맛 체크를 지속적으로 해주어야 합니다. 평소 세심하게 품질 체크를 하고 관리를 해줘야 메뉴를 삭제하지 않고 잘 유지할 수 있습니다. 인기 있는 메뉴일수록 맛 체크가 필수입니다.

맛에 영향을 주는 요인은 다양합니다. 레시피 기준대로 메뉴를 만들지 않으면 맛이 변하는데 이뿐만 아니라 음식을 만드는 사람의 컨디션과 재료 상태에 따라서도 맛이 달라질 수 있습니다. 맛 체크는 원칙적으로 매일 음식이 나가기 전에 해야 문제가 생기지 않습니다. 하지만 현장에서 일하다 보면 그리 쉬운 일이 아닐 수 있습니다. 이와 관련해서 해프닝 하나가 있어서 소개합니다.

예전에 태국 레스토랑을 운영했을 때 주방 책임자로 현지에서 세프님을 모셔오게 되었습니다. 손맛이 좋기로 알려진 현지 분이었는데 만드는 메뉴마다 한국인 입맛에 잘 맞아서 인기가 있었습니다. 저는 당시 브랜드를 담당하는 상품기획 업무를 맡고 있었고 주로 수익성 관리와 메뉴가 잘 운영되도록 관리하는 일을 했습니다. 주요 업무 중에 하나가 정기적으로 맛을 체크하고 전반적인 관리 상태에 관해 피드백을 공유하는 것이었습니다. 한번은 메뉴 시식을 하다가 이상한 부분을 발견하게 되었습니다. 매뉴얼로 정해 놓은 음식 간에 비해 너무 짜서 어찌 된 일인가 하고 주방에서 세프님과 이야기를 나누었는데, 알고 보니까 세프님이 전날 과음을 했던 탓이었습니다. 평소에 항상 음식이 준비되면 제공하기 전에 맛을 체크하고 나가시던 세프님이었는데 역시 컨디션의 문제가 있었던 결과였습니다. 말 그대로 해프닝으로 끝났던 경우입니다.

음식 만드는 것은 사람이 하는 일이기 때문에 당연하다고 생각했습니다. 중요한 건 이러한 부분을 인지하고 평소에 주의 깊게 맛 체크를 해줘야 한다는 점입니다. 단골이 와서 먹으면 '평소 좋았는데 오늘은 음식 맛이 왜 이러지?'라고 가볍게 생각하고 넘어갈 문제이지만, 신규 고객이 만일 그 메뉴를 먹었다면 '이곳은 나하고 안 맞는 곳 같아'라며 더 이상 방문하지 않는 요인이 될 수 있습니다. 오해를 받아서 마음이 좋지 않지만, 장사를 해야 하니 방법은 하나뿐입니다. 지속적으로 맛을 체크해 줄 수밖에요.

■ 세 번째, 담음새 확인하기

메뉴의 완성도를 높이는 마지막 단계는 바로 플레이팅입니다. 플레이팅(Plating)은 음식을 맛있게 보이도록 그릇에 담는 걸 뜻하는데, 실무에서 주로 사용하는 담음새를 지칭하는 용어입니다. 손님은 대부분 맛을 보기에 앞서 먼저 그릇에 담긴 음식으로 1차 평가합니다. 따라서 플레이팅에 각별한 신경을 써야 합니다. 아무리 맛이 좋더라도 정갈하게 담아내지 못한 메뉴는 좋은 인상을 주기 어렵습니다. 단, 메뉴별 스타일이 제각각이기 때문에 정갈한 스타일을 정의 내리기는 힘듭니다. 대신 그릇이 깨끗한 상태여야 하고 혹시 이물질이 묻어 있지는 않은 지 체크가 필요한 정도로 확인하면 됩니다.

가정에서 먹는 음식과는 다른 가치를 줄 수 있도록 플레이팅에 대한 연구가 필요합니다. 같은 음식이라도 어떻게 그릇에 담는지에 따라 전혀 다른 비주얼이 되고 메뉴도 다르게 보입니다. 그리고 메뉴를 돋보이게 하기 위해 고명도 잘 체크해 줘야 합니다. 고명은 다른 말로 가니시(garnish)라고 주로 부릅니다. 얼마 전에 쌀국숫집에 방문해서 식사를 하는데 정말 맛도 훌륭하고 비주얼도 너무 좋았지만, 고명으로 사용한 고수가 절반 이상은 상한 상태이고 신선하지 않아서 아쉬움이 컸던 적이 있습니다. 플레이팅을 신경 쓴다고 해서 고명을 사용했는데 오히려 역효과가 나면 속상하니 꼭 재료의 신선도를 체크해 주시면 좋겠습니다. 완성된 메뉴가 제공되기 직전에 제대로 플레이팅 되었는지, 흐트러짐은 없는지, 깔끔한 상태인지 체크를 해보세요.

전 세계 최고의 스타 셰프들은 고객에게 특별한 미식 경험을 제공하기 위해 좋은 식재료를 쓰고, 준비 과정에서 화려한 솜씨를 발휘해서 훌륭한 요리를 만들고 난 후 손님에게 완성된 음식을 제공하기 전 체크하는 세 가지가 있습니다. 바로 지금 언급한 온도, 맛, 담음새입니다. 이 세 가지를 체크함으로써 마지막 순간까지 메뉴의 완성도를 높이는 데 최선을 다합니다. 이 세 가지로 메뉴의 평가가 달라진다는 걸 셰프들이 아는 것입니다. 그러니 사장님들도 앞으로 메뉴를 만들면서 마지막에 기울이는 세심한 한 끗 차이로 전혀 다른 결과를 만들어 낼 수 있다는 걸 잊지 않으셨으면 좋겠습니다. 어렵게 만든 메뉴가 잘 관리되지 못해서 중단되는 일은 만들지 말아야 하니까 말이에요.

손님이 원하는 음식을
다해주는 사장님?

☞ 손님이 원할 때마다 메뉴를 추가할 경우

사장님! 제가 찾는 메뉴가 없네요? 메뉴가 이게 다예요? 손님에게 이런 질문을 받으면 사장님은 정말 스트레스를 받습니다. 메뉴판에 없다고 말하기 싫어서, 다른 곳에 손님을 뺏길까 봐 손님이 원하는 음식을 해주고 싶은 사장님 마음도 너무 이해가 됩니다. 그런데 손님이 원하니까 또는 구색 맞추려고 하나둘씩 메뉴판에 넣다 보면 메뉴는 점점 많아지게 됩니다. 그러면 오히려 운영이 어려워질 수 있습니다.

예를 들어, 원래 주방은 메뉴 10가지만 할 수 있도록 설계되었는데 갑자기 메뉴가 많아지면 조리 동선도 뒤죽박죽 뒤엉키게 되고 조리시간도 맞추기 어려워지고 게다가 늘어나는 식재료들로 보관 공간도 부족해집니다. 메뉴를 만들려고 재료를 준비해 놓았는데 안 팔리면 재료를 버려야 하고 그렇게 되면 원가는 상승하게 돼서 결국 매출 대비 비용이 더 들어가 마진이 낮아집니다. 그럼 손님이 원하는 음식을 메뉴판에 다 넣었는데 오히려 억울한 피드백을 받을 수도 있습니다. '여기는 전문성이 없는 거 같아요. 도대체 어떤 콘셉트로 운영하는 식당인지 모르겠어요'라는 이야기를 듣게 되면 다시 고민이 반복됩니다. 이런 악순환이 반복되면 결국에 제대로 운영하기 힘들어집니다.

손님이 원하는 메뉴 몇 개 넣는다고 정말 이렇게 된다고? 생각하실 수 있지만 그럴 가능성은 충분합니다. 그럼 이런 결과를 초래하지 않으려면 어떻게 해야 할까요? 메뉴를 추가할 때 기준을 세우고 기준에 따라서 메뉴를 넣을지 말지 결정하면 큰 고민은 어느 정도 해결될 수 있습니다. 그 기준을 브랜드 정체성으로 가져가 보면 좋습니다. 쉬운 예로, 우리 식당이 한식 콘셉트의 밥집인데 스시, 파스타, 짬뽕을 메뉴에 넣으면 안 되는 것처럼 말입니다. 정해 놓은 카테고리에서 벗어나게 되면 전문성이 결여되어 보입니다. 그러니 손님이 원하는 메뉴를 넣을지 말지 정말 고민이라면 우선 내 식당의 콘셉트와 카테고리에 해당하는 메뉴인지 판단부터 해봐야 합니다. 그럼 참고해 볼 만한 몇 가지 운영의 묘미에 대해 살펴보겠습니다.

👉 메뉴 운영시간 조정

손님이 원하는 메뉴가 내 브랜드에 어울리는 것 같은데 한 가지 걸림돌이 있을 수 있습니다. 새로운 메뉴를 추가하면 조리 시간이 길어져서 다른 메뉴에 지장을 줄 수 있다는 것인데요. 한 가지 방법이 있습니다. 제일 바쁜 피크 시간에는 피해서 메뉴를 운영하는 것입니다. 여기에 해당하는 사례가 있는데 회사 앞에 인기 있는 국숫집의 경우입니다. 이곳의 주력 메뉴는 잔치국수와 비빔국수입니다.

국수 외에 수제비 메뉴도 있습니다. 점심시간에 서두르지 않으면 줄을 서야 하는 나름 동네 맛집으로 알려진 곳인데 다른 메뉴는 주문하면 오래 걸리지 않고 나오는데 수제비 메뉴만은 오후 1시 이후부터 주문이 가능하다고 쓰여 있습니다.

이 메뉴를 먹고 싶으면 조금 늦게 오거나, 멸치 육수로 맛을 낸 잔치국수, 비빔국수를 주문하거나, 다른 식당으로 가면 됩니다. 잔치국수와 비빔국수는 같은 소면으로 만드는 음식인데 반해, 수제비는 익히는 데 시간이 더 걸린다는 점에 착안해서인지 손님이 몰리는 가장 바쁜 시간대에는 수제비 메뉴를 운영하지 않습니다. 아마 주방 컨디션과 조리 인력이 여의치 않아서 더 이런 결단을 내리신 듯 보였습니다. 손님은 이러한 사장님의 영업 방식을 당연하게 받아들입니다. 사장님이 욕심을 내서 손님이 찾는다고 수제비 주문을 받아 버렸다면 아마 다른 주력 메뉴를 만드는 데 문제가 생겼을 겁니다. 만일 이와 비슷한 상황이라 고민을 하고 계시다면 운영시간을 가변적으로 조정해서 손님이 원하는 메뉴를 운영해 보시면 어떨까 합니다.

☞ 한정 판매로 메뉴 운영

제한된 주방 공간에서 메뉴를 계속해서 늘릴 수는 없습니다. 이럴 때는 무작정 기존 메뉴에 새로운 걸 추가하면 안 되고 메뉴를 정리하는 작업을 해줘야 합니다. 앞에서 소개한 메뉴 엔지니어링이라는 분석 툴을 활용해서 수익성과 인기도를 바탕으로 메뉴를 정리하면 됩니다. 그런데 정리하는 과정에서 손님이 원하는 메뉴가 있어서 추가할지 여전히 고민이라면 메뉴 판매를 중단하지 말고 대신 기간 한정으로 판매해 보세요.

　예를 들어 캐주얼 한식 콘셉트로 운영하는 주점에서 찌개, 볶음, 전 등, 여러 요리를 팔고 있는데, 막걸리에 어울리는 보쌈 메뉴를 손님이 원한다고 하면 어떻게 해야 할까요? 안 그래도 메뉴가 많은 데 다시 새로운 메뉴를 추가해야 할지 고민이라면 보쌈 메뉴를 일 한정 30그릇만 내걸고 팔면 됩니다. 한정 수량은 가게 상황에 맞춰 정하면 됩니다. 보쌈은 고기를 바로 삶아서 먹을 때가 가장 맛이 좋습니다. 시간이 지나서 식으면 다시 따뜻하게 데워서 나가야 하는데 그러면 식기 전 상태하고 맛이 달라질 수 있습니다. 보쌈 전문점이라면 준비한 재료가 빠르게 소진돼서 전혀 문제되지 않겠지만, 주력 메뉴가 아니라면 준비한 메뉴를 다 팔지 못할 수도 있습니다. 그럼 냉장고에 보관하고 다음날 다시 사용해야 하는데 이러면 품질은 보장할 수 없습니다. 이럴 때 고정 메뉴로 넣어 놓고 혹시 손님이 찾지 않을까 전전긍긍하지 말고 차라리 제한을 두고 메뉴를 운영해 보세요. 구매 심리를 자극하는 희소성 법칙에 따른 방법이기도 하지만 품질을 관리하는 데 아주 효과적인 방법이 될 수 있습니다.

☞ 메뉴 파일럿 진행

　파일럿(Pilot)은 조종사라는 사전적 의미이자 외식기업에서 주로 사용하는 용어입니다. 방송업에서는 시험용 방송 프로그램을 의미하기도 하는데요. 아이디어가 통하는지 작은 규모로 테스트해 보고 가능성을 확인하는 단계라고 이해하시면 좋을 듯합니다. 외식기업에서는 본격적인 메뉴를 개편하기 전에 고객 반응도 살펴보고 운영할 때 품질에 이슈는 없는지 점검해 보는 과정을 대부분 거칩니다.

이 기간에 주로 하는 일은 새로운 메뉴가 제대로 안착될 수 있도록 현장에 맞는 매뉴얼을 수정하고 보완하는 것입니다. 손님이 원하는 음식을 처음부터 정규 메뉴에 넣기보다 이처럼 파일럿 테스트를 진행해 보는 방법을 활용해 보세요.

파일럿 기간에는 고객 반응을 살피는 일도 중요한데 무엇보다 메뉴가 완성도를 갖추어서 제대로 나갈 수 있는지 운영 측면에서 확인해 봐야 합니다. 탐색 기간을 가져본다고 생각해도 좋을 듯합니다. 이 기간에 혹시 조리를 원활하게 할 수 없다든지 고객 반응이 별로든지 어떤 이유에서 든 문제가 발견된다면 개선하고, 만일 해결 방안을 찾지 못하면 아무리 손님이 원한다 해도 메뉴를 판매하면 안 됩니다.

지금까지 5장에서 다룬 핵심은 메뉴의 품질을 잘 관리할 수 있는 방법에 관한 내용이었습니다. 식당을 운영하는 사장님이라면 한번쯤 들어 보셨을 텐데 외식업의 기본 원칙인 품질, 서비스, 청결이라는 단어입니다. 외식업을 하는 매장에서 항상 체크해야 하는 관리 기준을 세 가지로 둔 것인데, '품질(Quality)', '서비스(Service)', '청결(Cleanness)'의 영어 단어 앞 글자만 따서 Q.S.C.라고도 부릅니다. 장사를 시작하면 이 세 가지를 가장 중요하게 여기고 잘 관리되고 있는지 항상 체크해야 합니다.

서비스는 손님을 대하는 직원과 사장님의 응대 역량을 말하고 복장, 말투, 표정, 행동 요소로 서비스 수준을 평가합니다. 서비스 형태와 개인의 경력에 따라서 많이 차이가 나기 때문에 표본이 되는 기준을 찾기 어려울 수 있습니다. 사람 관리이기 때문에 더 어렵기도 합니다. 청결은 위생과 안전에 관한 부분으로 시설과 인프라 상태에 대한 체크를 하면 됩니다. 서비스가 주관적인 부분에 속했다면 청결은 객관적인 영역으로 볼 수 있습니다. 체크 포인트를 작성해서 관리가 잘 되었는지 확인해 보는 방법으로 서비스와 청결을 챙겨 보세요.

마지막으로 품질은 메뉴에 관한 부분을 말합니다. 이번 장에서 중점적으로 다룬 내용이기도 한데요. 고객은 언제 방문해도 같은 품질을 기대하기 때문에 지속적인 메뉴 관리는 필수입니다. 관리를 잘하려면 메뉴를 잘 선정해야 하는데 그러기 위해서 메뉴가 브랜드 콘셉트와 잘 어울리는지, 메뉴별로 중복은 없는지, 경쟁사 대비해서 어떤 경쟁력을 갖추었는지, 친숙한 느낌이 있는 메뉴인지, 수익에 도움이 되는 메뉴인지 위주로 꼼꼼하게 살펴봐야 한다고 언급했습니다. 또한 메뉴를 운영할 때는 식재료 수급이 잘돼야 하고, 조리 효율성이 좋아야 하고, 표준이 되는 레시피를 잘 지켜야 합니다. 메뉴가 고객에게 최종적으로 제공되기 전에 온도, 맛, 담음새도 마지막으로 점검해 줘야 하고 혹시 손님이 원하는 메뉴가 있다면 메뉴 운영시간을 조종하든지, 한정적으로 메뉴를 판매하든지, 테스트 기간을 거쳐서 보완할 점이 있는지도 체크가 필요하다고 했습니다.

식당 운영을 할 때 세 가지 핵심 관리 포인트인 품질, 서비스, 청결 부분을 모두 다 챙기기 어려울 수 있습니다. 하지만 장사의 기본기를 갖추는데 반드시 필수적인 관리 포인트이기 때문에 소홀히 하면 안 됩니다. 혹시 실행이 어렵다면 Q.S.C 영역별로 체크 포인트를 만들어서 관리를 해보는 방법을 추천합니다. 이 세 가지를 잘 관리하셔서 오래 지속 가능한 장사를 하셨으면 좋겠습니다.

Chapter.6

식당 장사의
판이
바뀌는 시대

이끌거나, 따르거나, 떠나거나!

☞ 장사 고민 해결하기

    외식업을 시작하는 패턴은 브랜드 관점에서 보면 두 가지입니다. 독립 브랜드이거나 프랜차이즈로 장사를 시작하는 것입니다. 독립 브랜드는 도전적이지만 브랜드를 직접 만들고 가꾸어 가는 재미가 있고, 프랜차이즈는 안정적으로 창업을 할 수 있다는 장점이 있습니다. 그런데 두 가지 방법에는 공통점이 있습니다. 바로 장사를 잘하고 싶다는 마음인데요. 이런 마음은 자연스럽게 고민으로 이어집니다.

    창업을 결심했다면 어떻게 장사 준비를 하면 좋을지, 그리고 현재 장사 중이라면 어떻게 하면 장사를 잘할지에 대한 고민이 있을 수 있습니다. 그러면 이렇게 마주하는 고민들은 어떻게 해결하면 좋을까요? 외식업 분야의 전문가를 찾아가서 맞춤형 컨설팅을 받거나 장사 교육을 받아서 고민을 해결해 보는 방법이 있습니다. 하지만 장사 때문에 상황이 여의치 않으면 전문가 도움을 받지 못하기도 합니다.

그래서 이번 장에서는 사장님 스스로 고민을 해결해야 할 때 참고하면 좋을 몇 가지 실전 팁을 드리고자 합니다. 간단하고 당연한 내용일 수도 있지만, 시행착오를 줄이고 문제를 해결하는 데 효과가 있습니다. 그동안 외식기업에서 프로젝트들을 맡을 때마다 이 방법들을 적용해서 성과를 만들곤 했는데, 사장님들도 현업에서 활용해 보시면 분명 도움이 될 수 있을 거라고 생각합니다.

☞ 올바른 순서로 창업 준비하기

창업을 결심할 때 걱정에 앞서서 잘 알아보지도 않고 부동산 계약부터 하는 경우가 있습니다. 또는 프랜차이즈에서 소개하는 말만 믿고 쉽게 창업을 결정하기도 합니다. 장사를 시작할 때는 서두르지 말고 신중하게 일을 결정하고 진행해야 하지만 따져보지 않고 급하게 결정하는 경우입니다. 그러면 왜 서두르면 안 되는지 그리고 창업은 어떻게 준비하면 되는지 찬찬히 살펴보겠습니다.

우선 창업을 어떻게 하느냐에 따라 오픈 후에 운영 방향이 달라집니다. 일단 준비를 제대로 못하고 장사를 시작하면 비용적인 부분에서 많은 부담이 발생합니다. 창업 단계에서 발생하는 비용이 대부분 고정비라서 한번 금액이 결정되면 쉽게 줄일 수 없는 특징이 있습니다. 고정비를 높게 시작하면 손익분기점 매출액을 그만큼 높게 잡고 장사를 시작할 수밖에 없습니다. 그러다 보면 높은 부담감으로 장사를 해야 하고, 매출과 이익에 대한 고민이 늘어날 수 있습니다. 창업을 잘 준비하면 장사 후에 마주할 고민을 어느 정도 해소할 수 있습니다. 이러한 점 때문에 외식업 생애 주기인 창업, 운영,

폐업 중에서 가장 중요한 부분이 창업이라는 사실을 잊지 않으셨으면 좋겠습니다.

<table>
<tr><th>창업 계획</th><th>오픈 준비</th><th>식당 운영</th></tr>
</table>

창업 계획	오픈 준비	식당 운영
창업 이유, 형태 결정	부동산 계약	QSC 유지 (품질, 서비스, 청결)
상권 조사	공사	마케팅
영업방식 결정 (아이템 선정, 브랜드 정체성 메뉴콘셉트, 인테리어, 서비스방식)	메뉴개발 최종 점검	손익관리 (손익분석, 원가관리)
손익분기점 체크	인력채용	
메뉴개발	가오픈	
	오픈 마케팅	

순차적으로 진행

창업 준비 프로세스

■ 첫 번째, 창업 계획 단계

그럼 창업은 어떻게 준비하면 좋을까요? 우선 가장 신경 써야 할 부분은 장사를 준비하는 순서입니다. 그리고 비용이 발생하는 시점을 기준으로 단계를 구분해서 일을 진행하는 것이 중요한 포인트입니다. 일단 계획부터 하고 준비한 계획을 실행하는 순서로 장사를 준비하면 리스크를 최소한으로 줄일 수 있습니다.

계획하는 단계에서 먼저 할 일은 창업을 하는 구체적인 이유를 정의하고, 어떤 방식으로 창업을 할 것인지 결정하는 것입니다.

다음으로 상권조사를 하고, 아이템을 선정한 후 브랜드를 어떻게 만들지 전략을 세웁니다. 잘할 수 있는 분야를 먼저 정하고 거기에 맞춰서 상권을 선택하는 것도 방법일 수 있습니다.

아이템까지 결정을 했다면 이제는 영업방식에 대한 고민이 필요한 순간입니다. 브랜드 정체성, 메뉴 콘셉트, 인테리어와 서비스 방식에 대해 구체적인 계획이 있어야 실행에 옮길 수 있습니다.

수익성 검토는 필수입니다. 목표 이익을 얻기 위해 임차료는 어느 정도 범위여야 하고, 공사 예산은 얼마큼 잡고, 인력은 몇 명까지 채용해도 되는지 체크하고 기준을 세워 놓아야 합니다.

마지막으로 가장 중요한 부분이 메뉴 개발입니다. 대부분 오픈을 준비하는 실행 단계에서 메뉴를 개발하는 경우가 많지만, 이때는 충분한 시간을 확보하기 어렵습니다. 공사 진행 상황을 체크해야 하고 현장에서 발생하는 상황에 대응해야 하기 때문에 메뉴 개발에 신경 쓸 여력이 없습니다.

혹시 주방이 없는데 메뉴 개발을 어디서 하면 좋을지 고민이 된다면 공유 주방을 활용하는 방법이 있습니다. 메뉴 개발을 진행하는 시점을 강조해서 말하는 이유는 식당 운영에서 가장 핵심이 되는 필수 요소이기 때문입니다. 메뉴를 제대로 준비하지 못하고 장사를 시작하면 언젠가 어려움에 맞닥뜨리는 상황이 생길 수밖에 없고 결국 매출에도 영향을 주게 됩니다. 당장 오픈하는 일에만 집중하기보다는 어디에 우선순위를 둘지 염두에 두고 장사를 준비하셨으면 좋겠습니다. 외식기업도 메뉴의 중요성을 잘 알고 있기 때문에 오픈을 할 때 메뉴 개발만 집중할 수 있는 담당자를 정하고 일에만 집중할 수 있도록 합니다. 하지만 사장님은 혼자 다 준비해야 할 수 있기 때문에 시간 안배를 하는 것이 필요한 것입니다.

■ 두 번째, 오픈 준비 단계

계획 단계에서 해야 할 일을 모두 마쳤다면 이제는 오픈 준비를 본격적으로 하는 시점입니다. 아시다시피 이때부터는 비용이 발생하게 됩니다. 부동산을 계약하는 동시에 임차료가 발생하기 때문에 준비한 계획을 최소한의 시간으로 진행하는 것이 관건입니다. 간혹 부동산을 계약할 때 렌트프리(rent free : 일정 기간 월세를 내지 않는 것)를 받기도 하는데, 운이 좋은 사례입니다. 정해 놓은 예산에 맞춰 공사를 진행하고, 주방 공사가 완료되는 시점에 계획 단계에서 미리 개발을 마친 메뉴를 전체적으로 한 번 더 체크합니다. 메뉴를 체크할 때 실제로 근무할 주방에서 달라진 불 세기와 환경에 맞춰서 맛을 점검하도록 하는 것이 포인트입니다. 메뉴 개발을 마친 상태로 진행하는 것이기 때문에 심적으로 부담은 없으니 다행이지만, 메뉴의 완성도를 높이는 중요한 과정이기 때문에 특별히 신경을 써야 합니다.

메뉴 개발을 모두 마치면 인력을 채용하고 홀과 주방을 구분해서 매뉴얼에 맞춰 교육을 진행합니다. 그리고 정식 오픈 전에 가오픈 기간을 두고 전체적으로 운영을 테스트해 봅니다. 정식 오픈 전에 영업을 해보는 예행연습 기간으로써 직원들 간에 손발을 맞추고 메뉴도 안정적으로 제공될 수 있는지, 포스는 잘 연결되어 있는지, 근무 동선에는 문제가 없는지, 꼼꼼하게 체크를 하는 시간으로 활용합니다. 오픈 마케팅은 가오픈 기간이 끝나고 정식 오픈 후 원활하게 매장을 운영할 수 있는 시점부터 시작하면 됩니다.

■ 세 번째, 식당 운영 단계

장사를 시작하면 이제부터 할 일은 품질, 서비스, 청결 부분의 관리를 지속적으로 하고, 마케팅 활동을 꾸준히 진행하고, 손익분석과 원가 관리를 통해서 매장의 손익상태를 체크하면서 장사를 합니다.

지금까지 소개한 내용을 잘 참고해서 장사를 준비하면 리스크를 최대한 줄일 수 있을 것입니다. 단, 한 가지 꼭 명심할 점은 계획단계와 실행단계의 순서는 바꾸면 안 된다는 것입니다. 순서에 맞춰 오픈만 제대로 해도 식당 운영 중에서 마주할 고민을 많이 해결할 수 있다는 걸 꼭 기억하시면 좋겠습니다.

☞ 세 가지 도구 활용해서 식당 운영하기

식당 운영을 할 때 꼭 필요한 게 무엇이냐고 묻는다면 단연코 '손익계산서', '원가계산법', '메뉴 엔지니어링'이라고 말할 수 있습니다. 이 세 가지를 잘 활용하면 이익을 개선하는 데 실질적인 도움을 받을 수 있습니다.

첫째, 손익계산서는 장사 마진을 관리하는 데 도움이 됩니다. 수시로 현재 시점의 영업이익을 체크할 수 있기 때문에 비용을 관리하면서 장사를 할 수 있다는 장점이 있습니다. 목표하는 마진율을 달성하기 어려워 보이면 식재료 발주를 중단해서 재고 관리를 하고, 기타 변동비가 더 이상 발생하지 않도록 해서 이익을 맞추는 노력이 필요합니다. 이런 방식으로 손익을 관리한다면 마진율을 안정적으로 유지하는 데 도움이 될 것입니다.

둘째, 메뉴 원가계산법은 원가를 절감하고 가격을 책정하는 데 많은 도움을 줍니다. 우선 원가절감을 하려면 무엇이 문제인지부터 파악해야 합니다. 이때 원가계산을 하게 되면 어떤 재료의 원가가 높은지 알 수 있기 때문에 원가절감을 효율적으로 할 수 있습니다. 그리고 수익성을 고려해서 가격을 책정할 수 있기 때문에 실질적으로 이익을 설계하는 데 큰 도움이 됩니다. 원가계산법만 제대로 알고 있더라도 장사 고민이 많이 해결될 수 있으니 혹시 아직 메뉴 계산을 잘할 줄 모르신다면 제대로 익혀 보셨으면 좋겠습니다.

셋째, 메뉴 엔지니어링은 매출과 마진에 직접적인 연관이 있습니다. 수익성과 인기도를 모두 고려해서 메뉴를 분석할 수 있기 때문에 어떤 메뉴를 홍보하면 좋을지 알 수 있고, 메뉴를 정리할 때도 기준이 됩니다. 감이 아니라 데이터를 기반으로 일을 할 수 있다는 점이 큰 장점입니다.

해가 갈수록 식당 장사를 하기가 점점 더 어려워지고 있습니다. 경쟁은 갈수록 치열해지고 시장 포화 속에서도 매일같이 새로운 브랜드가 쏟아지고 사라지길 반복하고 있습니다. 물론 쉽게 사라지는 브랜드도 있지만 그 가운데에는 이미 있는 브랜드를 새롭고 다르게 해석해서 멋진 브랜드를 만들어 이 시장을 이끌어 가는 곳도 있습니다. 독립 브랜드를 만들기보다는 프랜차이즈로 치열한 외식시장에 뛰어드는 경우도 있습니다.

여기서 중요한 포인트가 하나 있습니다. 바로 지속가능성입니다. 외식시장의 판이 바뀐다고 하지만 고객의 마음을 사로잡는 진정성과 가게 경쟁력은 변함없이 중요한 부분입니다. 호기심에 이끌려 한번은 경험할 수 있지만 결국에 고객은 진심이 통하는 곳으로 다시 모입니다. 그 진심은 맛이 될 수도 있고 사장님의 고객에 대한 마음일 수도 있습니다. 반짝하고 사라지는 것이 아니라 오래 유지할 수 있는 힘이 필요한 때입니다.

매장 오픈은 자본과 의지가 있으면 할 수 있지만, 식당 운영은 꾸준함과 인내심이 필요합니다. 힘을 키우려면 이 두 가지에 익숙해져야 합니다. 반복되는 일상에서 예상치 못한 일이 생기면 대처해야 하고, 매출과 이익을 달성하기 위해 장사 전략도 세워야 하고, 고객과 소통하기 위해 끊임없이 마케팅도 해야 합니다. 앞에서 소개한 내용처럼 고민이 생길 때 가이드가 되어 줄 장사 비책도 필수입니다.

장사는 매일매일 반복되는 자신과 싸워야 하는 무한 게임인 셈입니다. 판이 바뀌는 시장의 변화에 발 빠르게 대응하는 일도 중요하지만, 속도보다는 방향성에 집중해서 나만의 속도를 찾고, 오히려 본질에 충실해야 합니다. 가게 경쟁력을 갖추기 위해 더욱 몰입하고, 고객에게 정성을 다하는 일에 더욱 집중해야 할 때입니다. 브랜드 정체성을 다시 한번 체크하고, 메뉴 콘셉트도 점검하고, Q.S.C(품질, 서비스, 청결)도 돌아보고, 마케팅에 힘을 쓰며 매출과 이익도 꼼꼼하게 챙겨 보세요. 그리고 이 모든 것이 고객을 향해 있어야 합니다. 꾸준함과 인내심을 바탕으로 힘을 키우면 진짜 내공이 쌓이고 더 이상 트렌드를 따라가지 않아도 트렌드를 만들어 낼 수도 있을 것입니다. 그러면 장사를 그만두려고 고민하는 일도 많이 사라질 것입니다.

☞ 만일 해외에서 외식 사업을 도전한다면

한국에서 매장을 오픈하는 일도 어려운데 해외에서 사업을 시작한다는 건 정말 힘든 일입니다. 그럼에도 불구하고 해외시장에서 사업을 성장시키고 싶다는 목표가 있다면 진지하게 사업 진출에 대해 고민해 볼 수 있습니다. 하지만 당장 사업을 어떻게 시작해야 할지 걱정부터 앞서고 막막할 수 있습니다. 처음은 누구에게도 어려운 일입니다. 하지만 처음이 어렵지 하나둘 경험이 축적되면 결국 유의미한 성과를 얻습니다. 기업도 처음에는 크게 시작하지 않고 매장 하나부터 오픈해서 고객 반응을 보고 부족한 부분을 빠르게 개선하면서 사업 최적화를 이룹니다.

해외에 나가면 타깃 고객이 달라지기 때문에 영업 전략도 국내와 차이를 두고 현지 사정에 맞춰야 합니다. 달라진 타깃 고객의 취향을 파악하는 것이 핵심입니다. 하지만 결국 사람의 본성은 같아서 큰 맥락은 변함없다고 봐도 됩니다. 대신 해외 사업 진출 시 차근차근 단계를 밟아 오픈 준비를 해야 하는데 특히 기획 단계에서 사업 론칭 후 발생할 수 있는 리스크를 최소화할 수 있도록 충분한 시장 조사부터 사업 타당성 검토까지 마쳐야 합니다. 이를 바탕으로 사업 진출을 최종결정하도록 합니다.

요즘에는 해외시장 진출의 도움이 되는 정보나 컨설팅도 과거보다 늘고 있는 추세입니다. 한국농수산식품유통공사가 운영하는 〈The외식〉 사이트의 경우 해마다 외식기업 해외 진출 사례에 대한 자료가 업로드 되어 있습니다. 그리고 외식기업의 해외 진출을 돕는 해외 진출 매뉴얼《MAPPS(Manual of A Global F&B Business Project Plan & Strategy)》도 있으니 내용을 참고해 보시면 좋을 듯합니다.

해외시장 진출을 구체화할 때는 크게 세 가지 단계로 일을 진행합니다.

■ 첫 번째, 사업 기획 단계

이때는 현지 시장조사를 진행하고 사업 타당성 검토를 진행하는 단계입니다. 시장 공략을 위해서 먼저 현지인들의 외식 소비 형태를 파악합니다. 선정한 아이템이 현지 사람들이 좋아할 만한 메뉴인지도 살펴봅니다. 전반적인 외식 트렌드와 시장 규모를 파악하고, 현지 시장에서 발전 가능성이 있는지도 알아봅니다. 현지 인력 채용 기준도 살펴보고, 법인설립 시 필요한 사항도 체크하고, 마케팅 전략을 위한 사전 조사도 필요합니다. 이를 통해서 사업 현지화 전략을 수립합니다. 그리고 손익구조를 설계해서 사업 기획서를 준비합니다. 사업 운영 중에 발생할 리스크를 찾아내는 것이 핵심 포인트입니다. 이 과정에서 현지 시장 진출을 진짜 할 것인지 최종적으로 판단합니다.

■ 두 번째, 사업 준비 단계

이때부터는 본격적으로 사업 준비를 하는 단계입니다. 입지 선정, 계약, 인허가에 대한 부분을 준비합니다. 해외법인을 설립해야 하면 법무법인을 선정하고 관련 서류를 준비합니다. 그리고 지역별 음식점, 임차료, 음식 카테고리를 기준으로 상권 분석을 합니다. 다음으로 인테리어 공사 업체를 선정하고 도면 설계와 공사 견적을 체크합니다. 주방 설비 공사는 필요한 설비 리스트를 먼저 확정하고 현장을 실측한 후 도면 작업을 진행합니다. 이후에는 브랜드 로고, 패키지 등 애플리케이션 디자인을 개발합니다.

메뉴 개발은 이 단계에서 진행하도록 합니다. 현지에서 식자재 업체도 조사하고 레시피 현지화 작업을 진행하는데 시간이 많이 걸릴 수 있어서 미리 개발을 해 놓는 것입니다. 여기서 현지화 작업이란 한국 식자재를 현지 식재료로 변경하고, 현지인의 입맛에 맞춰 맛을 조율하는 일을 말합니다. 맛 현지화의 경우 과거 대비 달라진 점은 과거에는 메뉴 맛을 현지인에게 맞추도록 하였는데, 현재는 한식 고유의 맛을 유지하는 방향으로 변경되었다는 점입니다. 오히려 맛을 제대로 구현하도록 하는 것에 초점을 두고 식재료를 찾으면 됩니다. 대부분 현지 식재료를 사용해야 하기 때문에 경쟁력 있는 단가로 안정적으로 공급받을 수 있는 업체를 조사하고, 맛 구현에 영향을 주는 필수 식자재는 한국에서 가져가는 방향도 고려해 봅니다. 메뉴 현지화 작업이 생각보다 시간이 소요될 수 있다는 점을 염두에 두고 사업 준비를 해야 하겠습니다. 이렇게 메뉴 개발을 마치면 매뉴얼을 작성하고, 원가를 계산하고, 가격을 책정합니다. 그리고 마케팅 계획도 미리 수립해 놓습니다.

■ 세 번째, 사업 전개 단계

이 단계에서는 오픈을 위한 실질적인 일들을 진행합니다. 상권을 분석한 내용을 바탕으로 부동산 업체를 통해서 입주 가능 장소를 물색한 후 입지를 최종 선정합니다. 인테리어와 주방 설비 공사를 진행하고, 포스, 인터넷과 같은 인프라 서비스를 설치합니다. 현지 인력을 채용하고 교육도 진행합니다. 소모품과 비품을 구입하고 운영에 필요한 각종 인프라 설치를 완료한 후 드디어 가오픈을 합니다. 가오픈 기간 때는 방문 고객의 피드백을 체크하고 메뉴도 최종 점검하는 등 영업이 안정화될 수 있도록 재정비를 합니다. 이렇게 모두 준비가 완료되면 정식 오픈을 하게 됩니다. 그리고 현지인을 대상으로 본격적으로 마케팅 활동을 진행합니다. 현지의 리소스를 활용해야 한다는 점을 제외하고는 국내에서 매장을 오픈할 때 과정과 거의 같다고 보시면 됩니다.

지금까지 언급한 일은 혼자서 해낼 수 없고 함께 사업을 준비할 인력이 필요합니다. 국내에서 손발을 맞춰 본 파트너, 현지 시장을 알고 있는 전문가, 소통하는 데 도움을 줄 수 있는 현지인이 필요할 수 있습니다. 사업 규모에 따라 단계별로 담당자들을 세우기도 합니다. 해외에 음식점을 오픈하고 사업을 한다는 것은 어려운 일입니다. 하지만 글로벌 시장으로 진출한다는 것은 많은 도약을 내다볼 수 있다는 장점이 있습니다.

내 가게를
망치는 생각들

☞ 장사할 때 범하는 실수

가게에 왜 손님이 없을까? 장사는 잘되는 것 같은데 왜 통장에 돈이 없을까? 여기에 대한 질문을 바꿔 보면 어떻게 하면 가게에 손님을 오게 만들 수 있을까? 통장에 돈이 모이게 하려면 어떻게 하면 좋을까? 정도로 대신할 수 있습니다. 질문을 '왜'가 아니라 '어떻게'로 바꿔서 보면 방법을 조금 구체적으로 생각해 볼 수 있게 됩니다.

손님이 오지 않는 이유는 대부분 두 가지 경우입니다. 내 가게가 매력적이지 못하거나, 고객이 내 가게를 알지 못하기 때문입니다. 매력적이지 못하다는 말은 다른 가게에 비해 차이가 별로 없다는 이야기입니다. 수많은 음식점 가운데 꼭 내 가게여야만 하는 이유가 분명히 있어야 합니다. 그래서 다른 곳과 어떤 차이가 있는지, 내 가게에서 보여주고 싶은 것이 무엇인지 고민하고 브랜드를 만든 후 메뉴, 서비스, 운영 전략으로 일관성 있게 전달되도록 하여 가게만의 경쟁력과 차별성을 만들어야 합니다. 고객의 마음을 사로잡기 위한 무기가 있어야 합니다.

하지만 여기까지 하고 알리지 않으면 고객은 알지 못합니다. 가게를 오픈했다고, 신메뉴를 만들었다고 고객들이 저절로 찾아오지는 않는다는 말입니다. 고객이 찾아오게끔 만들어야 합니다. 마케팅이 필요한 이유이기도 합니다. 요즘 사람들이 식당을 찾아보는 방법의 채널을 활용해서 이벤트도 하고 광고도 해야 하는데 간혹 옛날 방식만을 고수하는 경우가 있습니다. 길 가다 궁금해서 식당에 들어오는 고객, 지인 추천으로 오는 고객이 오기만을 기다리는 소극적인 태도로 장사를 하는 경우입니다. 운이 좋아서 이런 방식으로 알려지는 식당들도 있지만, 속도가 더디고 다른 경쟁 매장에 손님을 뺏길 수도 있다는 생각을 하셔야 합니다. 어떻게 가게를 알릴지 모른다면 마케팅 전문가의 도움을 받든지 직접 배워서 방법을 찾아가며 가게와 메뉴를 알리는 일에 집중해 보세요. 잘 만들어 놓고 정작 알리지 못해서 고객이 오지 않는 상황이라면 얼마나 속상하겠어요. 그러니 고객과 소통하고 마케팅을 하는데 소홀히 하지 않으셨으면 좋겠습니다.

☞ 메뉴 먼저, 마케팅은 다음!

단, 마케팅을 할 때 한 가지 주의할 점이 있습니다. 반드시 가게 경쟁력을 충분히 확보한 후에 마케팅을 진행해야 한다는 점입니다. 메뉴도 제대로 준비되지 않고 서비스도 불안정한 상태에서 가게를 알리는 일은 꼭 피해야 합니다. 손님은 한번 와서 만족하지 못하고 가면 다시 돌아오지 않습니다. 굳이 이곳이 아니어도 다른 선택지가 많습니다. 떠난 손님을 다시 불러 모으는 일은 식당을 새로 오픈해서 신규 고객을 유치하는 일보다 더 어렵습니다. 다음에 다시 오 겠다는 경우는 음식이든 서비스이든 감동을 받고 만족했을 때뿐입니다. 그리고 고객이 자진해서 피드백을 해주는 경우도 그렇게 많이 없습니다. 차라리 솔직하게 말해주는 손님이 고마울 따름입니다. 사실 솔직한 피드백은 전문가의 컨설팅을 받을 경우에나 가능합니다. 주변 지인도 쉽게 이야기해 주지 않습니다.

처음 장사를 시작할 때 이 부분을 유념해서 마케팅을 해야 합니다. 식당을 새로 오픈하면 급한 마음에 먼저 마케팅을 시작하는 경우가 있습니다. 하지만 오픈하고 나면 아직 직원들 간에 호흡이 맞지 않을 수도 있고 새로운 주방에서 음식을 만들어서 메뉴 완성도 떨어질 수 있기 때문에 조금 늦더라도 서두르지 말고 최소 1~2주는 기다려서 운영이 어느 정도 안정화되면 그때 오픈 마케팅을 진행하는 편이 좋습니다. "한번 떠난 고객은 다시는 돌아오지 않는다"라는 사실을 잊지 않고 먼저 가게 경쟁력부터 확보하는 일에 전념하시면 어떨까 합니다.

☞ 청결과 위생 관리 신경 쓰기

한국농수산식품유통공사에서 2022년 12월 말에 발표한 데이터에 의하면, 고객들이 음식점을 선택할 때 가장 중요하게 고려하는 1위가 '맛있는 음식과 품질'이고 2순위가 '청결 상태'라는 걸 알 수 있습니다. 가성비, 친절한 서비스, 평판, 인테리어, 인터넷과 SNS의 리뷰 수가 각각 다음 순위를 차지합니다. 예상치 못한 순위는 아닌 것 같습니다.

구분	전혀 중요하지 않음	별로 중요하지 않음	보통	조금 중요함	매우 중요함
음식이 맛있고 품질이 좋음	0.2	0.7	5.4	27.2	66.6
가성비가 좋음(가격 대비 가치/맛)	0.1	1.5	9.6	42.5	46.3
메뉴가 특색있음	0.8	9.0	36.3	39.5	14.4
서비스가 친절하고 전문적임	0.2	2.3	20.4	50.8	26.2
청결하고 위생적임	0.2	0.4	7.5	35.8	56.2
분위기가 좋음(인테리어 등)	0.9	7.7	36.5	42.2	12.7
오래된 역사(노포 등)	5.4	19.5	47.0	23.0	5.1
각종 인증을 받음(미슐랭, 빕구르망, 블루리본 등)	10.7	25.6	39.1	20.5	4.1
주변인의 평판이 좋은 곳	1.1	4.2	17.0	58.0	19.7
TV, 신문, 잡지 등 매체에 소개된 곳	12.7	26.4	39.2	18.5	3.2
TV, 웹, 유튜브 등 채널에 PPL을 하는 곳	19.5	27.9	37.8	12.2	2.6
유명인, 연예인이 추천하는 곳	18.4	28.7	37.9	12.8	2.2
유튜버, 블로거 등 인플루언서가 추천하는 곳	18.4	25.5	38.0	15.2	3.0
SNS를 통해 많이 알려진 곳	12.2	20.8	38.3	24.1	4.7
SNS에 올리기 좋은 메뉴, 분위기가 있는 곳	14.0	22.7	37.3	21.9	4.1
인터넷, SNS 등에 이용자 리뷰수가 많은 곳	10.0	15.9	33.0	34.1	6.9
음식점 및 셰프 등이 활발히 SNS 활동을 하는 곳	17.8	24.9	38.0	15.9	3.5

단위 : %

한국농수산식품유통공사 자료빅데이터를 활용한 외식업 경기 분석
2022.12월 말 데이터 기준

음식점 선택시 중요도 순서

연구에 따르면 뇌는 많은 사건들 중에 첫 번째 체험과 마지막 체험을 더 잘 기억하는 경향이 있다고 합니다. 좋은 경험을 하고 마지막에 불쾌한 경험을 하게 되면 처음 경험은 잊고 부정적인 것만 기억한다는 내용입니다. 불쾌한 경험은 서비스에 대한 불만족도 있을 수 있지만, 청결 상태가 큰 요인이 되기도 합니다. 가령 맛있게 음식을 먹고 있었는데 머리카락이나 이물질이 나왔다면 어떨까요? 성격 좋은 손님이라면 사장님한테 말하지 않고 이물질을 스스로 제거한 후 계속 식사를 이어 나가겠지만, 아마 거의 대부분은 식사를 중단할 것입니다. 그러니 고객이 음식 맛 다음으로 청결 상태를 음식점 선택 시 중요하게 고려한다는 점을 주의 깊게 여기고 식당을 운영하

시면 좋겠습니다. 아무리 맛이 좋더라도 위생 상태가 엉망인 곳을 괜찮다고 말하는 고객은 아마 없을 것입니다.

청결과 위생 상태뿐만 아니라 정리 정돈도 신경 써서 관리할 부분입니다. 가끔 식당에 가서 보면 고객이 마주하는 홀 공간이 지저분하고 정돈되지 않은 경우를 종종 보게 됩니다. 예를 들어, 직원들 옷, 택배 상자, 고무장갑, 심지어 인형이 있는 곳도 본 적이 있습니다. 하지만 식당 운영과 전혀 상관도 없는 물건들이 홀에 여기저기 흩어져 있으면 안 됩니다. 브랜드 이미지와 관계없는 컬러들로 이루어진 물건들이 놓여 있기도 한데, 이 부분 역시 금물입니다. 컬러는 브랜드의 정체성을 나타내기도 하고 전문적으로 보이도록 하는 역할을 합니다. 아무런 상관도 없는 컬러들이 식당에 보이면 고객은 신뢰감을 받지 못할 수 있습니다. 사장님은 대수롭지 않게 여기고 무심결에 가져다 놓은 것이지만 이 모든 요소들이 브랜딩 이미지를 저해하고, 전문성을 떨어트린다는 사실을 꼭 아셔야 합니다. 앞으로는 '청결 상태가 이 정도면 되겠지', '컬러가 뭐 중요하겠어', '이런저런 물건들 여기 놓는다고 뭐 어때'라는 생각은 하지 않으셨으면 좋겠습니다.

☞ 박리다매 전략은 피하기

흔히 장사를 시작하면 하는 말이 있습니다. 어느 정도 매출이 나오기 전까지는 이익을 생각하지 말고 퍼줘야 한다는 이야기입니다. 비용을 너무 따지고 장사를 하면 고객에게 제대로 서비스를 할 수 없고 인심을 얻지 못한다고 말합니다. 퍼줘야지 아끼면 안 된다고 합니다. 이익을 남기려고 처음부터 욕심을 내서 장사를 하지 말라고도 합니다. 정말 많이들 이렇게 말합니다. 틀린 이야기는 아닙니다. 하지만 이 이야기는 잘 해석해야 합니다.

퍼줘야 한다는 말이 남는 게 하나도 없거나 손해 보고서까지 하라는 뜻은 아닙니다. 무조건 퍼주라는 의미가 아닙니다. 퍼준다는 건 서비스의 일환인데, 서비스는 결국 마케팅입니다. 마케팅 비용을 어디까지 사용해도 되는지 기준이 필요합니다. 어떤 사장님의 경우 식재료비가 거의 60%에 육박하는 수준으로 메뉴를 운영하는 사례가 있습니다. 그런데 재료비뿐만 아니라 임차료, 인건비, 관리비, 수도광열비와 같은 비용들도 발생하기 때문에 모두 제외하고 나면 마이너스일 수 있다는 걸 아셔야 합니다. 마이너스 상태이면 대출을 받아야 할 수도 있겠지요.

장사는 자선사업을 하는 것이 아니기 때문에 적자를 보면서까지 장사를 한다는 건 말이 안 됩니다. 이런 상태로 하루 15시간 이상씩 오랜 시간 장사를 하는 건 의미가 없습니다. 그냥 열심히만 하면 안 되는 일입니다. 어떤 외식업 전문가들도 이런 상태에서 퍼주라는 이야기는 하지 않습니다. 그러니 퍼줘야 한다는 의미를 잘 해석해서 장사를 하시면 좋겠습니다. 이번 기회에 손익계산서와 메뉴 원가계산법을 활용하셔서 어디까지 퍼줘도 되는지 진지하게 고민해보는 계기로 삼으시면 어떨까 합니다.

창업할 때 박리다매 전략을 염두에 두고 장사를 시작하는 경우가 있습니다. 박리다매는 하나의 이익을 적게 보게 보는 대신 많이 팔아서 큰 이익을 남기겠다는 정책인데, 이 전략은 단체급식 같은 규모로나 운영되어야 통합니다. 급식과 다르게 식당업은 물리적으로 공간이 한정되어 있습니다. 회전율이 높다 해도 하루 방문 고객도 한계가 있습니다. 급식에서 받는 수준으로 손님을 받지는 못한다는 말입니다.

배달 운영의 경우, 조리 효율성이 뛰어나더라도 사람이 음식을 만드는 것이기 때문에 일 주문수가 아무리 많이 나와도 급식처럼 음식을 만들어 내지는 못합니다. 물론 밀키트 등 온라인 판매사업을 병행하면 박리다매 전략도 통할 수 있지만, 이러한 추가 수익을 배제하고 보면 식당업 자체로는 박리다매 전략으로 장사를 하는 건 어렵다는 걸 인지하셨으면 좋겠습니다.

원가 따지지 말고 장사해야 한다고 하지만 틀린 말입니다. 원가를 계산해서 가격을 제대로 책정한 후 퍼주는 전략을 적절하게 활용해서 장사해야 한다는 말이 맞는 겁니다. 제대로 가치를 주고 가격을 올려서 운영하는 전략이 오히려 승산이 있습니다. 결국 메뉴 원가를 계산할 줄 알아야 합니다. 그러니 앞으로는 '박리다매 전략도 괜찮겠지'라는 생각으로 무조건 퍼주지 마세요.

온갖 노력을 기울여서 장사를 시작했는데, 별일 아닌 것으로 장사를 망칠 수는 없습니다. 조금만 주의 깊게 생각하고 몇 가지만 실행하면 장사 고민이 사라질 수 있습니다. 지금까지 소개한 내용들을 잘 기억하시면서 앞으로는 서두르지 말고 기본에 충실하여 전략적으로 장사를 하시길 바랍니다.

답은
고객에게 있다

☞ 장사 핵심 키워드, 고객

장사에서 '고객'이라는 키워드를 빼고 과연 무언가 결정하고 일을 진행할 수 있을까요? 당연히 그럴 수 없다는 건 자명한 사실입니다. 외식업 뿐만 아니라 어떤 산업이든 이익 창출을 목적으로 운영하는 사업이라면 고객의 마음을 사로잡는 일을 가장 중요한 목표로 여깁니다.

조금 과장될 수도 있지만, 이 세상에서 거래가 이루어지는 모든 곳에는 아마 고객이 중심에 자리 잡고 있다고 해도 과언이 아닌 것 같습니다. 그래서 그런지 고객을 이해하는 방법과 고객 심리를 바탕으로 사업을 전개하는 방식에 대해 풀이해 놓은 책과 강의들이 참 많습니다. 또한 인간의 마음과 행동에 대한 연구를 하는 심리학 분야에 대한 관심이 높은 것도 고객의 심리 상태에 대해 알면 사업 운영에 도움이 되기 때문입니다. 그리고 세계적으로 저명한 연구자와 학자들이 뇌 연구를 활발하게 하는 이유도 아마 비슷한 맥락일 수 있습니다. 사업의 모든 활동은 고객을 중심으로 이루어져 있다고 볼 수 있는데, 그럼 고객 중심으로 장사를 한다는 의미는 어떤 것일까요? 고객의 입장에서 생각하고, 어떻게 하면 훌륭한 경험을 제공할 수 있는지 고민하는 걸 말합니다.

☞ 내가 손님이라면?

고객이라는 키워드를 처음 마주하는 순간이 있습니다. 바로 창업을 결정하고 장사를 준비하는 과정인데요. 이때 처음으로 고객에 대해 진지하게 고민하게 됩니다. 고객이 내 가게를 어떻게 받아들일지, 어떻게 하면 고객의 관심을 받을 수 있을지 초점을 두고 창업을 준비합니다. 창업을 하는 이유와 창업을 어떤 형태로 할지 결정하는 일은 고객과는 상관없습니다. 장사를 시작하려는 마음을 정하는 일은 순전히 사장님 몫이니까요. 창업 이유도 사장님 개인적인 상황에 달려 있습니다. 창업도 전수 창업, 양도 양수, 동업과 같은 형태로 시작하는 방법이 있고, 브랜드 관점에서 독립 브랜드 또는 프랜차이즈로 창업하는 방법도 있는데, 이것 역시 사장님 스스로 선택할 부분입니다.

여기까지 사장님이 스스로 결정하고 나면 다음부터 하는 일은 모두 고객과 관련되어 결정하고 준비해야 할 것들뿐입니다. 상권 조사, 아이템 선정, 브랜드 정체성, 메뉴 콘셉트, 인테리어, 서비스 방식, 마케팅 중 어느 하나 고객을 빼고 결정할 수 있는 것이 없습니다. 고객을 구체화하고, 고객이 있을 만한 상권을 찾고, 다른 브랜드와 내 가게를 다르게 느끼게 하기 위한 차별점을 고민하고, 고객의 기억에 각인될 만한 요소를 만들어서 알리는 모든 일에 고객과 함께합니다.

한 가지 팁을 드리면, 장사 준비를 하면서 판단이 잘 서지 않고 고민이 될 때 고객 입장으로 생각하면 답을 쉽게 얻을 수 있습니다. '내가 손님이라면?'이라는 질문을 시작으로 다양한 상황에 대입해 보면 되는데요. 내가 손님이라면 이 메뉴를 돈 주고 먹을까? 내가 손님이라면 다른 곳도 있는데 내 가게에 올까? 이러한 질문들은 실제 일을 할 때 길잡이가 되어 줍니다. 창업을 준비하는 과정에서 사장님은 직접 만난 적도 없는 가상의 고객을 대상으로 이미 장사를 시작했다고 생각해도 무방합니다. 별로 어렵지 않습니다. 그냥 장사를 준비하면서 막힘이 있을 때 내가 가상의 고객이라고 생각하고 답을 찾아가는 일을 반복하면 됩니다.

고객을 본격적으로 마주하는 순간은 장사를 시작하고 나서입니다. 이제는 가상의 고객이 아니라 본격적으로 진짜 고객을 매일 만나게 됩니다. 여기서도 역시 내가 손님이라면? 질문은 통합니다. 입장을 바꿔서 생각해 보면 답은 나와 있습니다. 내가 손님이라면 어떤 부분이 불편할까? 내가 손님이라면 어떤 부분을 더하면 좋을까? 이러한 질문들을 스스로에게 하며 고객에게 최선의 경험을 제공할 수 있도록 하는 것이 핵심입니다. 장사 중에 고객의 입장으로 생각하면 고쳐야 할 부분을 쉽게 파악할 수 있고, 앞으로 어떻게 가게를 운영하면 좋을지 알 수 있어서 '내가 손님이라면' 질문은 현실적으로 도움이 될 수 있습니다.

고객에게 좋은 경험을 제공하는 일은 매출과 직결한 문제입니다. 한번 방문하고 다시 오지 않을지, 앞으로 단골이 되어서 가게를 자주 방문할지는 순전히 고객이 갖는 경험과 관계되어 있기 때문입니다. 그래서 장사할 때는 어떻게 하면 고객에게 좋은 경험을 제공할 수 있을지 늘 연구하고, 고객의 만족도를 높이는 일을 최우선 과제로 삼아야 합니다. 이를 달성하기 위한 전략으로 고객 여정 지도를 활용해 볼 수 있습니다. '고객 여정 지도'란 말 그대로 고객이 상품을 이용하는 여정을 지도로 표현하여 시각화한 것을 말합니다.

고객 여정 지도를 만들 때는 우선 고객이 누구인지 명확하게 구분합니다. 그리고 고객 여정 지도를 어떻게 활용할지 목표를 세웁니다. 다음으로 필요한 단계를 구분하고, 단계별로 고객이 서비스를 만나고 사용하는 시간적인 순서에 따라 행동을 작성합니다. 그리고 단계마다 서비스를 이용하는 동안 어떤 감정을 느끼게 되는지 확인하고, 경험을 개선할 방법을 찾아냅니다. 이런 과정을 거쳐서 고객이 최선의 경험을 할 수 있도록 연구합니다.

고객 여정 지도를 잘 활용해서 고객 경험을 관리하고 있는 브랜드가 있는데 바로 세계적으로 유명한 커피회사인 스타벅스입니다. 스타벅스의 경우 고객 여정 지도를 통해서 고객 경험의 문제점을 파악하고 그걸 해결하는 대안을 고민한다고 합니다. 장사할 때도 고객 여정 지도를 만들어서 고객이 가게를 이용하는 과정들을 세분화해 보고, 각 과정에서 고객이 겪을 불편한 부분이 혹시 있을지 파악하면서 만족도를 높일 수 있는 방안을 계속해서 찾아보면 좋겠습니다.

장사에 도움 되는 고객 여정 지도는 고객이 식당을 이용하는 전 과정을 중심으로 놓치지 말고 챙겨야 할 부분들을 정리해 놓는 정도로 활용해 볼 수 있습니다. 먼저 브랜드를 만들 때 정한 타깃 고객층부터 점검하고, 손님이 식당을 이용하는 전 과정을 순서에 따라 '고객 입장, 메뉴 주문, 식사, 결제, 퇴장'까지 총 다섯 단계로 나누어 구분합니다. 그리고 단계별로 어떻게 손님이 행동하는지 작성하고, 손님이 각 단계에서 서비스를 이용하면서 느낄 감정을 긍정, 부정으로 나타내 봅니다.

1단계 : 고객입장	2단계 : 메뉴주문	3단계 : 식사	4단계 : 결제	5단계 : 퇴장
고객이 식당에 들어오면 밝은 얼굴로 먼저 인사하기 인사도 없이 "몇 분이세요?"라고 먼저 물어보지 않기	선호하는 음식 물어보고 고객 취향에 맞춰 메뉴 권유하기 식당 방문 전에 드신 음식을 체크하고 가능한 중복되는 메뉴는 피해서 권유하기	보이지 않는 서비스 제공하기 (묻지 않아도 필요한 부분 챙기기, 예: 물, 반찬 리필, 식사에 필요한 집게, 가위 등)	식사 만족도 물어보기	올 때는 환대하고 갈 때는 냉대하지 않기 마지막에 "고맙습니다. 안녕히 가세요"라고 인사 꼭 하기

고객 여정 지도에서 단계별 참고사항

식당에 문을 열고 들어오는 순간부터 결제를 마치고 식당을 나갈 때까지 이용 흐름을 나열하면 됩니다. 조명, 온도, 음악, 테이블 배치 등 인테리어 요소를 통해서 전체적인 식당 분위기를 느끼게 됩니다. 그리고 메뉴판을 보고 어떤 메뉴를 선택할지 고민하다가 주문을 하고 음식이 나오면 메뉴를 맛보면서 다시 한번 전체적인 식사 분위기를 경험합니다. 모든 식사를 마치면 결제를 한 후 사장님의 배웅을 받고 식당 문을 나섭니다. 손님이 느끼는 감정을 나타내는 것은 직접 물어보지 않으면 모르지만, 최소한 객관적인 입장에서 판단해 보도록 합니다.

이러한 고객 여정 지도를 만들어 보는 것 자체만으로도 고객 입장에서 식당을 관찰해볼 수 있을 것입니다. 이를 통해서 '이런 부분이 불편할 수 있겠구나' 생각해 볼 수 있는 계기가 될 것입니다.

☞ 손님과 직원이 만족하는 식당

"사장님, 쉬는 날 술 한잔하러 올게요. 안주가 진짜 맛있어 보이더라고요." 직원에게 이런 이야기를 듣는 사장님의 기분은 어떨까요? 당연히 기분이 좋고 음식이 맛있다는 이야기이기도 해서 자부심이 들 것입니다. 식당 내부 사정을 잘 아는 직원의 입에서 이런 말이 나온다는 말은 높게 평가할 만합니다. 식당의 위생 상태도 알고 음식이 어떤 과정을 통해 만들어지는지, 어떻게 가게가 관리되고 있는지 뻔히 다 아는 상태인데, 이런 모든 상황을 알고도 쉬는 날 시간을 내서 자기 돈을 들여서 근무하는 식당에 밥을 먹으러 온다는 이야기이니까요. 자랑할 만한 포인트이기도 하니 '직원이 쉬는 날 오는 식당'이라는 메시지로 오히려 손님에게 홍보할 수도 있을 듯합니다.

식당을 방문하는 손님뿐만 아니라 식당에서 근무하는 직원도 큰 의미에서는 고객입니다. 내부 고객인 셈이죠. 직원이 만족하는 식당은 결국 손님이 만족하는 경우로 이어질 가능성이 높습니다. 그러니 먼저 내부 고객이 만족하는 식당을 만들어 보는 걸 작은 목표로 삼는 것은 어떨까 합니다.

지금까지 고객이 장사에 얼마나 중요한 역할을 차지하는지 알아보았습니다. 장사할 때 고객의 입장으로 생각하면 현장에서 당면하는 문제를 해결하는 데 실질적인 도움이 된다는 것도 언급했습니다. 그리고 고객 여정 지도를 통해서 만족도를 높일 수 있는 방법도 소개해 드렸습니다.

시대가 바뀔수록 고객의 마음을 사로잡는 일이 점점 더 어려워지고 있습니다. 하지만 그럴수록 고객의 니즈가 무엇인지 천천히 알아보고, 불편한 점이 무엇인지 체크하고, 좋은 경험을 줄 수 있는 포인트가 무엇일지 끊임없이 고민하는 것이 필요합니다. 그러다 보면 결국 고객의 마음을 얻을 수 있을 겁니다. 장사에서 고민이 필요한 순간이 있다면 멀리서 찾지 말고 답은 고객으로부터 출발한다는 것만 기억해 보세요.

이제 제가 사장님들께 나누고 싶었던 이야기를 모두 한 것 같습니다. 그동안 답답했던 궁금증이 어느 정도 해결되셨나요? 부디 조금이나마 도움이 되셨기를 바랍니다. 식당 장사에 정해진 답은 없습니다. 단지 사장님의 장사 철학을 묵묵히 펼치면서 고객과 소통하는 일을 계속 이어 나가면 될 뿐입니다. 그러다 보면 어느덧 브랜드에 대한 자부심도 생기게 될 것입니다. 오늘도 꿈을 위해 하루하루 애쓰시는 사장님 모두를 응원합니다!

장사를 하려면 경영학 책은 버려라

장사 교과서 ① 사장편

손재환 지음 | 18,000원

고객의 마음을 사로잡는 장사의 비법,
내가 나를 고용하는 장사의 가치를 확실히 깨닫고 추구하자

이미 규모 면에서 소박한 장사의 사이즈를 넘어선 사업을 운영하고 있지만, 본인의 정체성을 '장사'로 표현하기에 일말의 주저함이 없는 장사의 고수, 손재환 대표. 그 자신감과 그를 장사 고수의 경지에 이르게 한 원동력이 바로 이 책 《장사 교과서》(① 사장편) 속에 고스란히 녹아들어 있다. 초심을 잃지 않고, 본래의 가치에 충실한 장사란 어떤 것이며, 어떻게 업(業)의 생명을 길게 이어나갈 것인지에 대한 모든 비밀을 이 책 속에서 찾아보자. 장사를 업으로 삼는 모든 이들의 곁에 둘 필독서로서 자신있게 권한다.

당신의 매장에 마법을 불어넣을 비법!

장사 교과서 ② 매장편

손재환 지음 | 18,000원

장사에 필수인 매장관리 기법의 정수를 숨김없이 공개한다.
경쟁 업체 사장에게 숨기고 싶은 책, 《장사 교과서 ②매장편》

바야흐로 장사의 전성시대이자 장사가 가장 고전하는 시대이다. 책과 방송, 유튜브를 비롯해 곳곳에서 장사에 관련된 콘텐츠들이 넘쳐나면서도, 반면 장사를 했다가 망하는 자영업자들이 이토록 넘쳐나는 시절이 있었던가 싶은, 대한민국 서민들의 깊게 팬 주름살 하나하나를 그대로 반영하는 삶의 풍속도가 우리 앞에 더없이 리얼하게 그려지고 있는 시대이다. 그리고 그 풍속도의 가장 정면에서 보이는 것이 바로 장사의 실제 현장, 매장이다. 따라서 이 책 《장사 교과서 ②매장편》은 그 매장을 가장 효율적이고 매력적이게, 그리고 매출 발생을 극대화할 수 있는 방식으로 집필되어 있다.

**갖가지 유형의
고객을 만족시키는
노하우**

장사 교과서 ③ 고객편

손재환 지음 | 18,000원

고객만족을 위한 노력으로
성장의 한계를 극복하는 긍정 마인드!

이 책을 통해 장사를 시작하는 독자들이 얻을 수 있는 가장 소중한 프로의 자세라면 바로 '예민한 고객을 만족시키면 장사는 롱런한다'는 손재환 대표의 가르침이다. 결국 장사에서 고객, 사장, 직원은 매장이라는 공간 속에서 매매라는 행위를 위해 서로 함께할 수밖에 없는 존재들이다. 그리고 이 일상의 공간 속에서 나의 한계를 극복하는 자세를 갖출 수 있는 사람이 진정한 고수이자 프로이다. 삶의 현장 속에서 닥치는 고비를 스승으로 삼아 자신의 한계를 극복해 내는 손재환 대표의 자세를 통해 독자들도 새로운 장사의 단계로 한 걸음 나갈 수 있기를 바란다.

**직원을 변화시키는
사장의 철학, 교육**

장사 교과서 ④ 직원편

손재환 지음 | 18,000원

노동 가능 인구는 줄어들고, 인건비는 오르고
직원과 사장이 함께 걷는 올바른 장사의 길은 무엇일까?

이 책의 핵심은 장사를 함에 있어 직원에게 어디부터 어디까지, 어떤 방식으로 일을 맡길 수 있는지, 직원의 능력은 어떻게 극대화할 수 있는지, 직원의 처우와 복지는 어떻게, 어떤 방식으로 해줘야 하는지 등의 세세한 문제를 실전 장사의 지점에서 발생하는 구체적 사례를 통해 설명한 데에 있다. 혼자 할 수 없는 장사라면 반드시 고민하게 되는 직원과의 상생 문제.《장사 교과서 ④ 직원편》속에서 그 명쾌한 해답을 찾아보기 바란다.